Die schönsten Märchen vom Mond

DIE SCHÖNSTEN MÄRCHEN VOM MOND

Herausgegeben von
Ulf Diederichs

Mit Zeichnungen von
Karen Friedrichs

EUGEN DIEDERICHS VERLAG

Im Andenken an
Ulla Schild

(1938 – 1998)

Die Deutsche Bibliothek – CIP-Einheitsaufnahme
Die Schönsten Märchen vom Mond/hrsg. von Ulf Diederichs.
Mit Zeichn. von Karen Friederichs. – München: Diederichs, 1998
ISBN 3-424-01426-5

Umschlaggestaltung: Ute Dissmann, München
Produktion: Tillmann Roeder, München
Satz: Satzpunkt Ewert, Braunschweig
Druck und Bindung: Spiegel Buch, Ulm
Printed in Germany

ISBN 3-424-01426-5

INHALT

VORWORT

Der Mond ist ein unausschöpflicher Quell des Erzählens. Diese Sammlung von Mythen und Märchen will zeigen, daß fast alle Völker, zu allen Zeiten, sich gerade vom Mond die wunderbarsten Geschichten erzählt haben.

Es geht dabei nicht, wie in den meisten einschlägigen Anthologien, um die Mondliteratur der Dichter, also um Gedichte, Oden, Balladen, Berichte, individuelle Phantasien, Abenteuer und dergleichen. Es geht vielmehr um die volksliterarischen Traditionen, um das von einzelnen, oft anonym gebliebenen Erzählern mündlich weitergereichte Erzählgut. Wobei gleich eine erstaunliche Entdeckung zu machen ist: Viele Märchen, obwohl in ganz verschiedenen Ländern und Kontinenten erzählt, weisen verblüffende Gemeinsamkeiten auf. Fachleute sprechen hier von einer polygenetischen Entwicklungsgeschichte.

Kein Gestirn evoziert so viele, so einfalls- und phantasiereiche Geschichten. Das Erzählen greift die außerordentlichen Dinge, die oben am Himmel vorgehen, auf und deutet sie aus. Es folgt der Beobachtung eines Gestirns, das sich, anders als jedes andere, in unterschiedlichsten Formen zeigt – das zunimmt, sich zur runden Kugel formt, dann abnimmt, zur Sichel wird, vollständig verschwindet, um nach einiger Zeit, erst unscheinbar, wiederzukehren, erneut zu wachsen, voll zu werden und wiederum zu vergehen.

Der Mond ist, wie die Natur, wie der Mensch, dem Gesetz zyklischen Werdens unterworfen. Er kennt Geburt, Wachstum, Siechtum, Tod und – Wiedererstehung. Er ist von daher mit dem Wasser im Bunde, mit Regen, Vegetation, Fruchtbarkeit. Er kann Heil bringen wie auch Verderben. Er ist auch das große Nichts: Die regungslose Kälte. Der Ort der Toten. Die Pforte der Wiedergeburt.

Die menschliche Zeit ist nach dem Mond und dessen Phasen eingeteilt. *Me* heißt die älteste, sich auf die Sternenwelt beziehende indoarische Wurzel, die, die den Mond bezeichnet. Im Sanskrit wird *me* zu *mâmi*, »ich messe«. Auch unser Zeitmaß Monat geht etymologisch auf »Mond« und damit auf den Monatszyklus zurück. Der Mond selbst ist ein »universales Meßinstrument«, wird aufgefaßt als die »Norm aller Rhythmen und Quelle aller Energien« (Mircea Eliade).

Das Mond-Maß bezieht sich auf Wirkliches und Lebendiges: so auf das Beginnende, wie die Aussaat oder die Initiation – so auch auf das Zyklische, wie die Gezeiten, die Menstruation (die weibliche Affinität zum Mond wird in vielen Mythen deutlich) – so auch allgemein auf den »Wandel«. *I Ging*, »Buch des Wandels«, heißt das uralte Weisheitsbuch der Chinesen, das sich als Mondbuch lesen und ausdeuten läßt.

Der Mond ist also das erdnahe Gestirn, und er ist das Gestirn der Verwandlung. Das bringt ihn in die Nähe zum »Zaubermärchen«, das ja auch von Verwandlung lebt: von den Beziehungen zwischen Himmel und Erde, von radikaler Veränderung, Tod und Vernichtung, Auferstehung und glückhaftem Ende (Neugeburt).

Lunarische Symbole werden überall auf der Welt erzählerisch eingesetzt: Sintflut und Schlange, Schildkröte, Kröte und Schnecke (Spirale), Hase und Bär, Sichel und Schiff (Kanu), Scheibe und Kugel, Mann und Frau (die Polarität der Geschlechter). Auch Zahlen verweisen insgeheim auf den Mond: die Dreizahl (drei Nächte lang fehlt der Mond am Himmel, es gibt drei Mondphasen, der Mond ist eines der drei Kinder Gottes, eine dreibeinige Kröte ist das Attribut der chinesischen Mondgöttin); die Siebenzahl (früher gab es sieben Monde, weiß man in der Karibik); die Vierzehn (Hellmond und Dunkelmond); die Dreißig (30 Ehefrauen, 30 Kinder, 30 Palmweinschalen, sie stehen für die Anzahl der Monatstage).

Mondmärchen sind voller naturhafter und zugleich poetischer Chiffren. Sehr plausibel lassen sich zum Beispiel die verschiedenen Mondphasen erklären: Durch Verschlingen von Mangrovenkrebsen wird der Mond erst immer fetter, dann aber sterbenskrank (in Australien). Oder eine seiner beiden Frauen gibt ihm immer viel zu essen, und wenn er mit der anderen geht, bekommt er wenig und wird von Tag zu Tag magerer; »geh doch zu der anderen, dann wirst du wieder fett!« (Guyana). Mutter Mond hat vor langen Zeiten ihre Kinder gefressen, ist dadurch schwanger geworden und muß von Zeit zu Zeit Kinder abstoßen; die leben auf einem roten Stern, der sie endlich wärmt (Patagonien). Über den nördlichen Himmel zieht Mani mit zwei von der Erde entführten Kindern, dem Mädchen Bil (»die Ermattung«) und dem Jungen Hjuki (»die Erholung«). Bei den Brasilianern wird der dumme Kame erst vom Jahufisch, dann vom Kampffuchs verschluckt, und jedesmal rettet ihn Bruder Keri (die Sonne).

In Stith Thompsons *Motif-Index of Folk-Literature* sind die verschiedensten »Ursachen der Mondphasen« katalogisiert, als lediglich eines von zahlreichen Mondmotiven; insgesamt füllen diese zehn Seiten.

Auf solch eine Systematik gestützt, mehr noch: auf die Lektüre mehrerer hundert Textbände, entstand mit der Zeit eine einigermaßen repräsentative Mond-Märchen-Sammlung. Zu den hier versammelten 100 Texten haben alle Kontinente das Ihre beigetragen. Die weniger bekannten Märchen erschienen besonders reizvoll: Überlieferungen der Völker Chinas, der Südseevölker, der australischen Aborigines, der afrikanischen Ureinwohner, der Indianerstämme »beider Amerikas«, der Inuit (Eskimos) und der Sibirjaken. Neben wunderbaren Mondvorstellungen in den Mythologien der alten Kulturvölker ließ sich beispielsweise auch in der Oberpfalz grandios Mythisches (wie »Der Mond im Brunnen« oder »Die Spinnerin im Mond«) entdecken.

Das ganze reichhaltige Märchenmaterial verlockte zu Parallelführungen, die Unterschiede und Gemeinsamkeiten gleichermaßen hervorheben. Um die Erzählfluten zu bändigen, wurde eine Einteilung in neun Kapitel vorgenommen, die im folgenden kurz skizziert seien.

I. Hier geht es um erzählerische Grundmotive und deren poetische Entfaltung. Es beginnt mit einer sehr frühen, vor allem in Indien populären Erzählung, die eine Fülle von Mondmotiven durchspielt. Dann folgen unbekannt-schöne, ganz im eigenen Milieu spielende Mondfrau-Mythen aus der Südsee, kontrastiert mit unserem antikischen Erbe: die griechische Göttin Selene und ihr Jüngling Endymion, der ägyptische Auferstehungsgott Osiris. Manche Astralmythen, so ein Fazit, wollen als solche erst entdeckt und dechiffriert werden.

II. Wie der Mond in die Welt kam, so ließe sich dies Kapitel überschreiben. Es bündelt Entstehungsmythen von großer Kraft und Phantasie, wobei sich erweist: Die sogenannten Naturvölker brauchen sich keineswegs verstecken vor den alten »Kulturvölkern«. Erst die ausdauernde Quirlung des Milchmeeres bringt nach Hinduglauben den Mond hervor. Der nordische Mani steuert mit zwei jugendlichen Begleitern das Phasensystem; »Vollmond und Neumond / Den Völkern zum Zeitmaß / Schufen gütige Götter einst.«

Erstaunlich, wie ein steinalter Mondmythos der Azteken – er handelt vom »Gott aus dem Land der Meerschnecke und dem Gott der kleinen Beule«, die erst nach ihrem Verbrennungstod zu Mond und Sonne werden – noch heute bei den verschiedensten Indianervölkern weiterlebt.

III. Der Mond tritt, je nach Breitengraden und Kulturkreisen, mal als männlich auf, mal als weiblich; mitunter hat er hermaphroditische Züge. Seine dämonischen Qualitäten treten hervor. Marinaua, ein geköpfter Krieger, faßt den Entschluß, sich zu verwandeln: »Was soll ich also werden? Mein Blut verwandle ich in den Weg der Feinde (Regenbogen). Meine Augen verwandle ich in Sterne. Und mein Kopf soll Mond werden.« Und er prophezeit seinen Leuten, daß ihre Frauen und Mädchen von jenem Regenbogen bluten werden – immer bei Vollmond. In diesem Kapitel treten die Mondgöttinnen fremder Kulturen auf: Chang Ou, die mittels eines Zauberkrauts zum Himmel schwebt, Coyolxauhqui, die vom eigenen Bruder enthauptet wird. Zwischen Irdischen und Himmlischen entstehen Liebesbeziehungen. Mal ist es Liebesgier, mal Zuflucht und sanfter Trost (wie im Falle der Hawaiifrau Hina).

IV. Wie auf Erden, so im Himmel, oder Die schreckliche Mondfamilie. Ein Kapitel menschlicher Wahrnehmungen, Projektionen und Phantasien. Die Mondscheibe als riesige Projektionsfläche. Das Himmelsdrama, mit der Sonne als dem anderen Protagonisten, das alles bietet: zärtliche Liebe, rasende Eifersucht, blutige Rache, vergebliches Zueinanderfinden, mörderische Rivalität, eheliche Mißhandlung, Fremdgeherei, Kidnapping, Kindestötung. Die Bühne zeigt auch die Unleidlichkeiten eines alten Ehepaars her, die Tricksereien zwischen Geschwistern, den offenen Bruderhaß, den verstohlenen Inzest.

Die Mondflecken, so erfahren wir, können vielerlei sein: die Wundnarben Tjarapas, des ersten Krieger-Toten; oder die Knöchelchen des eigenen Kindes, mit denen Sonnenmann seine Mondfrau bewarf; oder Menstruationsblut, oder das Rußzeichen eines Vergewaltigers.

V. Die vielfältigen Beziehungen des Mondes finden erzählerisch ganz unterschiedliche Gestaltung. Muntu, der Mensch, muß in eine Erdgrube gehen, dann läßt sich sehen, ob er gelogen hat; auch nach einem Monat kommt er nicht wieder, er hat gelogen – »darum soll Muntu sterben und nicht wiederkommen«.

Der Hase der Südafrikaner bringt verkehrte Botschaft vom Mond, er lügt den Menschen vor, wer tot sei, solle tot bleiben. Der freigebige Hase der Buddhisten hingegen ist ein Ausbund an Tugend, er opfert, im Widerstreit zweier Gebote, sich selbst; »zum ewigen Ruhm seiner Tugend zerquetscht der Brahmane Sakka einen Felsen und zeichnet mit dem Saft des

Felsens das Bild des Hasen in die Mondscheibe«. Der Hase der Mongolen findet das Lingzhi-Kraut, läßt es seine Wohltäterin kauen und erreicht, daß diese zum Mond schwebt; er wird dadurch zum unsterblichen Jade-hasen (Jadekaninchen).

Den altindischen Upanishaden zufolge gehen alle, die aus dieser Welt scheiden, zum Mond. Wer ihm zu antworten versteht, den läßt er an sich vorüber; wer ihm nicht zu antworten vermag, den sendet er im Regen zur Erde nieder, überantwortet ihn der Wiedergeburt.

Der Mond gebietet über das Totenreich, getreu nach der Vorstellung, daß der unsichtbar gewordene Mond in der Unterwelt weilt. Mond Balu flucht den Aborigines, als sie seine Schlangen nicht über den Fluß tragen wollen: »Hättet ihr getan, was ich euch befahl, so könntet ihr ebensooft sterben wie ich, und ebenso wie ich immer wieder lebendig werden.«

VI: Von den Mondtieren Schildkröte und Schlange, Hase und Kaninchen war schon früher die Rede. Dieses Kapitel widmet sich dem Mond als Beherrscher des Wassers (das gleich ihm rhythmischen Veränderungen unterworfen ist, einerseits keimfähig ist und andererseits, in Gestalt der Sintflut, alles verdirbt). Wasser bildet auch eine Brücke zwischen Himmel und Erde, ein Frosch kann zum eigentlichen Helden werden (»Der Sohn des Kimanaueze und die Tochter von Sonne und Mond«). Die Schlange als das Tier, das sich häutet und verwandelt, ist wie kein zweites lunarisch bestimmt. Unterirdisch lebend, verkörpert sie die Geister der Toten; sie ist seherisch und kennt, wie der Mond, alle Geheimnisse.

VII. Auch das Kapitel »Mond-Erscheinungen« faßt vordem Erzähltes noch einmal zusammen. Die hölzerne Schüssel, die Perlmuttschale, die Sichel, das Kanu und das Schiff: sie alle haben Mondbezug. Daß die Mondflecken von den Tränen eines Waisenkindes herrühren, das zuerst nicht weinen konnte, wissen die Berber in der Kabylei; daß dieses Kind beim Wasser-holen beinah vor Frost erstarrt wäre und daß es auch der Sonnenmann für sich haben wollte, wissen wiederum die in Sibirien lebenden Jakuten. – Das Silber kommt vom Mond, ist sein Blut: den Provenzalen ist das eben-so geläufig wie den Pirquitas in Argentinien.

VIII. Das Kapitel über die Magie des Mondes ließe sich noch gut und gern um ein halbes Dutzend Grimms Märchen erweitern, etwa »Der Mond«, »Die Gänsehirtin am Brunnen«, »Die Nixe im Teich« und selbst »Hänsel und Gretel«. Aber hier sollten seltenere Sagen und Märchen zu Wort kommen, darunter solche der sephardischen Juden, der ungarischen Zigeuner (mit köstlichen Erzählvarianten), der Asiaten islamischen und hinduistischen Glaubens. Und so findet sich auch das romantische »Mondenlicht«, die literarische Vorlage zu Grimms Märchen »Der Mond«.

IX. Ganz unterschiedliche »Mondreisen führt das abschließende Kapitel auf. Zunächst eine mythische Kletterei auf Bambusstangen, um die »leuchtende Mondleiche« zu bergen, mit einem Fliegenden Hund als Helfer und einem flußabwärts treibenden Kanu. Dann ein märchenhafter Gang zu Sonne, Mond und dem Raben Rabewitsch, dann die Trias Stern, Mond und Sonne in marianischer Gefangenschaft. Es folgen taoistische und schamanistische Mondreisen, und den Abschluß bilden »wahre Lügengeschichten« des Lukian. Der kannte sich in den Vorstellungen seiner Zeit gut aus, bis hin zu dem Mondspiegel, mittels dessen man alles auf Erden sieht, und dem Mondbrunnen, in dessen Tiefe man alles hört, was auf Erden gesprochen wird.

Zu danken habe ich allen Herausgebern und Übersetzern der Reihe »Die Märchen der Weltliteratur«, vor allem ihrem Begründer Friedrich von der Leyen und dessen Nachfolger Felix Karlinger. Gewidmet sei der Band der Afrikanistin Ulla Schild († 1998), die mit »Westafrikanischen« und »Märchen aus Papua-Neuguinea« unsere Kenntnis vom Erzählkosmos Mond sehr bereichert hat.

I.

DAS GESTIRN DER VERWANDLUNG

Die Geschichte vom Prinzen, seinem rätselkundigen Freund und der mondschönen Padmavati

Einst lebte in der Stadt Varanasi (Benares) ein König namens Pratapa-mukuta. Wie das brennende Feuer den Wald verheert, so zerstörte seine Heldenkraft der Feinde Scharen. Und vor seinem Sohn Vadschramukuta schwand ihr Stolz auf ihre Taten wie der des Liebesgottes auf seine Schönheit. Sein Freund und Gefährte war ein Ministersohn, Buddhicarira, und mit diesem ging er einmal auf Löwenjagd. Sie wurden versprengt, kamen in einen großen wilden Wald und erblickten einen See, bedeckt mit blühenden Wasserrosen, mit rotem und weißem Lotos, ringsum sich tummelnd Fische und Schildkröten. Näher hinzutretend, gewahrten sie am anderen Ufer eine edle Jungfrau, schön wie eine Sirischablume. Mit ihrem Gefolge war sie zum Baden gekommen. Schönheit durchfloß ihre Glieder, und ihr Antlitz war zarter als die sie umgebenden Lotosblüten, weißer noch als das milde Licht des Mondes.

Den Sohn des Königs entzückte ihr Anblick über die Maßen, und er umrundete das Wasser. Als sie dem See entstieg, sah sie auch ihn, ihre Blicke kreuzten sich. Von den fünf Liebespfeilen: Austrocknung, Betörung, Entflammung, Behexung, Berauschung, wurden sie im Herzen getroffen. Als er nun staunend kein Wort herausbrachte, tat sie, als ob sie zur Kurzweil spiele, und gab, unbemerkt von den Freundinnen, ihm Zeichen. Vom Kopf nahm sie eine Lotosblüte und hielt sie ans Ohr, nahm sie zwischen die Zähne, führte sie dann ans Herz und hielt sie schließlich an ihre Füße. Nachdem sie das getan, ging sie fort mitsamt ihrem Gefolge. Der Prinz blieb verstört zurück. Daheim wurde er schwach und elend, und die Sehnsucht nach ihr verzehrte ihn. Da fragte ihn der Ministersohn, was er denn für Kummer habe, jene Schöne sei doch leicht zu finden. Da verlor der Prinz alle Selbstbeherrschung und rief heftig: »Leicht zu finden? Kenne ich denn ihre Heimat, Herkunft, ihren Namen? Was soll der falsche Trost?« Doch sein Freund sprach: »Hast du nicht gesehen, was sie dir durch ihre Zeichen sagte? Als sie den Lotos an ihr Ohr hielt, sollte das bedeuten: Karnotpala (Lotos am Ohr) heißt der König der Stadt, in der ich wohne. – Als sie dann auf ihre weißen Zähne wies, wollte sie dir damit sagen: ›Ich bin die Tochter eines Kaufmanns‹ (wohl: eines Händlers in Elfenbein). Als sie sie ans Herz führte, meinte dies: ›Nur dir gehört mein Leben.‹ Und der Lotos am Fuß benennt ihren Namen: Padmavati (›Lotosblume‹, auch: pad ›der Fuß‹).«

Als er diese Worte des Ministersohnes hörte, sprach der Prinz: »Wenn sie meine Gattin wird, bleibe ich leben; wenn nicht, werde ich sterben.« Und er drängte seinen Freund, sich bald aufzumachen zu jener Stadt. Sie täuschten einen Jagdausflug vor, entkamen mit ihren schnellen Pferden ihrem Gefolge und gelangten in jene Stadt. Vor dem Haus eines alten Bettelweibes stiegen sie ab, und der Prinz fragte: »He, Alte, wohnst du immer in dieser Stadt?« Und als sie dies bejahte, fragte er weiter: »Und lebt hier Padmavati, die Tochter eines Vornehmen?« Sie antwortete: »Gewiß, sie ist die Tochter des hochgeschätzten Kaufmanns Samgramavardhana, und ich gehe fast ständig ins Haus.« Da sagte der Ministersohn: »Geh noch heute hin.« Sie traten ins Haus der Alten. Der Prinz schickte sie noch zu einer anderen Besorgung, band einen Blumenstrauß und gab ihn ihr, mit den Worten: »Du mußt ihn der Padmavati geben und ihr sagen: Der Prinz, den du am See gesehen hast, ist hier angekommen.« Sie antwortete ihm, so, wie er es wünsche, solle alles geschehen.

Darauf ging sie in das Haus des Kaufmanns und richtete der Padmavati alles aus. Diese las die Botschaft auch in dem Blumenstrauß, aber sie stellte sich wütend, bestrich sich die Hände mit Kampfer, schlug die Alte auf beide Backen und sprach zornesvoll: »Wenn du noch einmal so etwas zu mir sagst, bringe ich dich um. Scher dich hier weg.« So gedemütigt und des Hauses verwiesen, kam die Alte wieder zurück. Als der Prinz ihr Gesicht sah, war er niedergeschlagen, und nachdem sie alles berichtet hatte, sprach er: »Freund, was heißt das?« Der Ministersohn erwiderte: »Sei nicht traurig, ich weiß den Grund. Daß sie die Alte mit beiden kampferweißen Händen schlug, soll für dich bedeuten: Warte die zehn Tage [ausgedrückt durch Fingermale], die noch vom hellen Halbmond kommen werden; denn zu gefährlich sind sie für ein Stelldichein.«

Als er so den Königssohn getröstet hatte, ging der Ministersohn auf den Markt und kaufte von dem Gold, das er bei sich trug, täglich die feinsten Speisen, ließ sie durch die Alte zubereiten, und dann aßen sie zu dritt. Die Wartezeit verging, der dunkle Halbmond rückte heran, und der Ministersohn schickte die Alte wieder zu Padmavati: Sie sollte herausfinden, wie die Dinge nun ständen. Sie ging auch, zumal sie die genossenen Leckereien über alles liebte. Als Padmavati sie eintreten sah, rieb sie sich drei Finger mit Safran ein, schlug sie damit auf beide Backen und jagte sie fort. Wie der Prinz sie wiedererblickte, war er bestürzt. »Ach Freund«, sagte er, »was wird das? Der Tod ist mir jetzt sicher.« Doch der Ministersohn riet ihm, standhaft zu bleiben. »Jene drei Fingermale besagen, sie fühlt sich unwohl und kann dich noch drei Tage nicht empfangen. So wie es auch heißt: Am ersten Tag gilt sie als Tschandalin (Unreine), am zweiten wie eine Brahmanenmörderin, am dritten heißt sie eine Färberin, und am vierten wird sie rein. – Sie wird dann ein Bad nehmen und für dich bereit sein.«

Nach Verlauf von vier Tagen schickten sie die Alte wieder hin. Wie Padmavati sie kommen sah, band sie sie mit festen Stricken, packte sie mit der halbförmig gebogenen Hand am Hals und jagte sie zur Hintertür heraus. Völlig entgeistert kam sie zurück und erzählte den ganzen Hergang. Der Ministersohn überlegte sich die Sache, dann sagte er: »Herr, heute nacht mußt du durch die Hintertür zu ihr gehen.« Als der Prinz das hörte, verging ihm der Tag wie mehr als hundert Jahre. Als es Nacht wurde, legte er seinen schönsten Staat an und ging mit dem Ministersohn zur Hintertür des Palastes. Dort wurde er von den Mägden mit festen Stricken hochgewunden und durchs Fenster hineingelassen. Der Ministersohn ging nun nach Hause, der Königssohn aber sah die Geliebte – »Schönheitsstrahlend, lieblich wie der Vollmond / Der nur milde leuchtet, gleich als fürchte / Er des künftigen Halbmonds dunkle Nächte.« Sie erhob sich, zog ihn heftig an sich und bedeckte ihn mit heißen Küssen. Er ließ sich auf dem Lager nieder, und sie erfreuten sich ihrer ganzen Zärtlichkeit und Liebe.

Nachdem sie so die Liebesfreuden genossen und wieder zusammensaßen, fragte sie den Prinzen: »Herr, hast du meine Zeichen gut verstanden?« Der Prinz erwiderte: »Ich habe gar nichts verstanden; mein kluger Freund hat alles verstanden.« Da sprach sie: »So will ich deinen Freund ehren, morgen werde ich ihm einen Reiskuchen backen.« Als der Morgen dämmerte, ging der Prinz zu seinem Freund und erzählte ihm davon. »O Freund, für dich wird zu Mittag etwas zu essen hergeschickt.« Der Ministersohn sagte darauf: »Es werden gewiß vergiftete Kuchen sein.« Später am Tag kam eine Magd mit allerlei schönen Speisen, darunter einem Reiskuchen. Der Ministersohn sah sie sich an, dann warf er den Kuchen einem Hund vor, und kaum hatte der Hund ihn gefressen, so war er tot.

Wie nun der Prinz den Hund tot da liegen sah, sprach er zornig: »Mit der, die meines Freundes Mörderin ist, mag ich nicht mehr zusammenkommen.« Der Freund aber sprach: »Herr, sie ist gar zu verliebt in dich. Und solange ich noch lebe, meint sie, daß du ihr nicht ganz gehören würdest, daß ich dich bereden könnte, sie zu lassen und dich heim zu flüchten. Zürne ihr darum nicht. Mach es vielmehr so, daß sie Vater und Mutter läßt, um mit dir zu fliehen. Ein Mittel weiß ich, und ich will's dir sagen.« – »Mit großem Recht«, erwiderte der Prinz, »trägst du den Namen Buddhicarira (buddhi Klugheit, carira Körper: die verkörperte Klugheit).«

»Bitte tu, was ich dir sage. Wenn du heute nacht die Freuden der Liebe genossen und sie in die größte Verwirrung versetzt hast, dann mußt du mit scharfen Nagelspitzen ihr am linken Unterschenkel eine Wunde beibringen in Form eines Dreizacks; dann raffst du ihre Kleider und Schmucksachen zusammen und kommst damit zu mir.«

Was der Ministersohn gesagt hatte, das führte der Prinz alles aus und kehrte dann zu ihm zurück. Der Ministersohn ging in aller Frühe zu einem großen Totenhof, legte dort die Gewänder eines Büßers an und darüber die Schnüre und das halbmondförmige Diadem und setzte sich in der Lotosstellung nieder. Dem Prinzen aber hatte er den Fingerring der Geliebten gegeben und ihn zum Markt geschickt, ihn zu verkaufen. Dieser kam dorthin und zeigte ihn den Goldarbeitern, und als die ihn sich besahen, sagten sie: »O, das ist ein Schmuck der Padmavati.« Sie liefen und hinterbrachten die Nachricht dem obersten Polizisten. Der nahm den Prinzen fest und sprach: »He, Kriegsmann, woher hast du diesen Schmuck?« Dieser sagte: »Mein Lehrer hat ihn mir gegeben.« Darauf ließ sich der Polizeiobere zu dem Büßer führen und sprach ihn an: »He, Büßer, woher hast du den Ring hier und all deinen Schmuck?« Der erzählte ihm etwas vor: »Ein Asket bin ich und zieh im Walde sonst immer hin und her. Heute, am vierzehnten Tag des dunklen Halbmondes, blieb ich die Nacht hindurch auf dem Totenhof. Dort sah ich Hexen, die mit roten Blumen einen Zauberkreis gezogen hatten, Sprüche aufsagten und dann einen Mann zerfleischten und unter sich aufteilten; wie ich sie so essen sah, ergriff ich meinen Dreizack und eilte hinzu. Als sie meines Zorns gewahr wurden, liefen sie nach allen zehn Himmelsrichtungen auseinander. Eine konnte ich mit dem Dreizack am linken Unterschenkel verwunden; vor Schreck entfielen ihr die Kleider und Schmucksachen, die ich zunächst an mich nahm. Als frommer Büßer darf ich sie jedoch nicht mit mir tragen und wollte sie daher verkaufen lassen.«

Als der Polizeiobere dies hörte, berichtete er die ganze Sache dem König, und sobald dieser alles vernommen, ließ er die Kammerfrau rufen und sprach: »Laß die Padmavati sich ausziehen und sieh an ihrem linken Unterschenkel nach dem Zeichen.« Dem Befehl des Königs gemäß ging diese hin und besah die Padmavati, und als sie das Zeichen bemerkt hatte, sprach sie zum König: »Herr, was der Polizeiobere angegeben hat, das ist richtig so. Aber man darf es nicht bekannt werden lassen, denn wie heißt es: Geldverlust, Herzeleid und Unordnung im Haus, auch Betrug und Geringschätzung, die ihm geschehen, soll der Verständige nicht kundtun.« Da sprach der König: »Polizeimeister, geh noch einmal dorthin und frage den weisen Lehrer, welche Strafe sie bekommen soll.« Der Polizeiobere ging hin und fragte den heiligen Mann: »Welche Strafe soll sie bekommen?«

Der heilige Mann sagte: »Brahmanen, Kühe, Frauen und Kinder, Verwandte, diejenigen, deren Brot man ißt, und die Schutzbefohlenen dürfen nicht getötet werden. Auch bei einem großen Vergehen ist die Strafe der Frauen: Verbannung.«

Daraufhin ließ der König ohne Überlegung die Padmavati aus der Stadt jagen, die beiden Freunde aber setzten sie auf ein Pferd und kehrten mit ihr zu ihrer Stadt zurück, wo nun die Hochzeit mit dem Prinzen stattfand.

Es heißt: Hinter einen wohlverborgenen Betrug kommt selbst Brahman nicht. Es heißt aber auch: Man tue nichts, was man nicht zuvor geprüft hat; nur was man gehörig geprüft hat, das soll man tun, sonst folgt Reue nach. Und es heißt ebenso: Eine Tat, die das Schicksal verfügt hat und die vorher schon bestimmt ist, können selbst alle Götter, wenn sie sich zusammentun, nicht anders machen.

Agisa besucht den Mond

In alten Zeiten wußte niemand, wo der Mond lebte und ob er männlich oder weiblich war. Die Menschen vermuteten dies und das, und einige stritten sich sogar darüber.

Wegen dieser Streitigkeiten sagte eines Tages ein Mann zu seinen Verwandten: »Ich werde den Mond suchen gehen.« Er baute sich ein kleines Kanu und machte sich in der Richtung auf, aus der man den Mond jeden Abend aufgehen sah. Er paddelte flußauf. Er hieß Agisa.

Der erste Mensch, dem er auf seinem Weg begegnete, war eine alte Frau. Sie fragte ihn: »Wo gehst du hin?« Agisa antwortete: »Ich suche den Mond.« Die Frau sagte: »Kehre um, denn der Mond ist weit entfernt, und unterwegs lauert so manche Gefahr.« Agisa sagte: »Ich gehe trotzdem.« Nachdem er eine Weile gepaddelt hatte, kam er in das Reich der Fliegen. Als er die Fliegen ankommen sah, kenterte er sein Kanu, und die Fliegen flogen über sein Kanu hinweg und kehrten zurück. Er drehte sein Kanu wieder um und paddelte weiter. Er paddelte weiter, bis er zu einem Dorf kam. Die Leute fragten ihn: »Wo gehst du hin?« Agisa antwortete: »Ich will herausfinden, wo der Mond lebt.« Die Leute sagten: »Es wäre besser, du kehrtest um, denn unterwegs liegt das Reich der Wespen.« Aber Agisa weigerte sich wieder und sagte: »Nein, ich gehe weiter.«

Er paddelte weiter und kam in das Reich der Wespen. Kaum hatten sie ihn bemerkt, schwirrten sie sirrend auf ihn los. Agisa kenterte sein Kanu und verbarg sich darunter im Wasser. Die Wespen stachen in sein Kanu und flogen wieder zurück. Agisa drehte sein Kanu wieder um und setzte seinen Weg fort.

Nachdem er das Wespenreich hinter sich gelassen hatte, kam er in ein anderes Dorf, begrüßte die Menschen und erreichte dann das Bienenreich. Nach dem Kampf mit den Bienen kam er wieder in ein Dorf, begrüßte die Menschen und kam dann in das Reich der weißen Schlangen. Nach dem Kampf mit den Schlangen kam er wieder in ein Dorf. Es war das letzte der Menschendörfer. Dann traf er auf die schwarzen Schlangen. Sie waren die letzten Feinde auf seinem Weg zum Mond.

In jedem Dorf hatten ihm die Menschen dieselbe Frage gestellt und denselben Rat gegeben. Aber immer hatte er sich geweigert und die gleiche Antwort gegeben. Und er umging auch die schwarzen Schlangen auf die gleiche Weise.

Es war Neumond gewesen, als er sein Dorf verlassen hatte, und nun, da er das Reich der schwarzen Schlangen hinter sich ließ, war der Mond alt.

Agisa paddelte weiter, bis er zu einem großen *irimo*-Baum kam. Dort traf er auf einen alten Mann. Er wußte nicht, daß dies die Wohnung des Mondes und daß der Mann der Mond selber war.

Der Alte fragte ihn: »Wo kommst du denn her?« Agisa antwortete: »Ich bin aus Kiwai, und ich suche den Mond.« Der Alte sagte: »Gut, bleibe hier. Er wohnt hier. Wenn du vor Morgenanbruch aufwachst, wirst du ihn sehen.«

Als sie einander begegneten, war es Abend, aber Agisa wußte immer noch nicht, daß der Mann, dem er begegnet war und mit dem er gesprochen hatte, der Mond selber war. Agisa legte sich hin und schlief ein, aber er war so müde, daß er nicht vor dem Morgen aufwachte. Am Abend kam der Alte wieder und fragte: »Bist du vor dem Morgen aufgewacht und hast du den Mond gesehen?« Agisa antwortete: »Nein, ich habe verschlafen.« – »Wache morgen früh auf«, sagte der Alte, »er wird hier gegen Morgen vorbeikommen. Ich rate dir, am Nachmittag zu schlafen.« Aber Agisa schlief wieder bis Sonnenaufgang.

Am Abend kam der Alte wieder und fragte: »Hast du den Mond gegen Morgen gesehen?« Agisa antwortete: »Nein, ich habe wieder verschlafen.« So ging es bis Neumond weiter. Der Mond erschien ihm jetzt als kleiner Junge. Der kleine Junge besuchte Agisa am Tage. Agisa wunderte sich, fragte aber nicht und merkte gar nicht, daß der Alte ihn nicht mehr besuchte.

Der Junge fragte ihn: »Hast du den Mond am Abend kommen sehen?« »Nein«, antwortete Agisa.

So ging es weiter, bis der Mond voll war und ihn als erwachsener Mann besuchte. Aber Agisa merkte immer noch nicht, daß der Mond sich die ganze Zeit von einem Kind zum Mann und dann zum alten Mann verwandelte. Eines Tages kam er wieder zu ihm und fragte: »Hast du den Mond gesehen?« – »Immer noch nicht«, antwortete Agisa.

Dann sagte der Mann zu ihm: »Schlafe bei Tage und wache am Abend auf. Der Mond wird hierherkommen, auf diesen großen *irimo*-Baum steigen und dann in den Himmel fliegen.« – »Ja«, sagte Agisa.

Agisa schlief bei Tage und wachte am Abend auf. Er saß da und wartete und beobachtete den Weg, den der Mond kommen würde. Der Mann näherte sich dem Baum, stieg hinauf, und als er die Spitze erreicht hatte, flog er in den Himmel und verwandelte sich vor Agisas Augen in einen dicken Vollmond.

Jetzt verstand Agisa. Er sagte zu sich: »Ich habe mich die ganze Zeit mit dem Mond unterhalten, ohne ihn zu erkennen.« Er war glücklich und zufrieden. In dieser Nacht schlief er.

Am nächsten Tag kam der Mond als dicker großer Mann zu ihm und fragte: »Hast du den Mond nun gesehen?« – »Oh ja«, antwortete Agisa, »ich bin sehr glücklich, denn daheim haben sie sich immer gezankt und gestritten, wer du seiest und wo du lebtest. Deshalb bin ich hergekommen, um dich zu sehen. Jetzt, wo ich dich gefunden und mit dir gesprochen habe, möchte ich heimkehren und meinem Volk alles erzählen.«

In der Nacht packte er seine Sachen zusammen. Am Abend ging der Mond wie üblich an den Himmel und kam kurz vor Tagesanbruch wieder zu Agisa. Der Mond holte viele Nahrungsmittel für Agisa und lud sie in sein Kanu, und die beiden gingen mitsamt dem Kanu an den Himmel, und Agisa zeigte auf sein Dorf. Kurz darauf wurde es Tag, und er erzählte seinem Volk von seiner Reise zum Mond und seinem Besuch bei ihm. Er zeigte ihnen den Schaden, den die Wespen, Bienen und Schlangen angerichtet hatten. Ein paar abgebrochene Schlangenzähne steckten noch im Kanu.

Seit jener Zeit glauben die Menschen, daß der Mond männlich ist, als kleiner Junge beginnt und dann immer älter und älter wird.

Die Geschichte von Sina, der Mondfrau

Die Kinder von Tafitofau und Orgafau waren Tulifauiave und Tulau'ena. Die Knaben wuchsen heran und waren sehr schön. Um diese Zeit wurde ein Mädchen Sina bekannt, und alle sprachen von der Schönheit dieser Jungfrau. Die beiden Jünglinge rüsteten nun zur Brautfahrt. Sie brieten ein Schwein und zerschnitten es. Alles Fleisch überließen sie ihren Eltern und nahmen nur den Knöchel mit. Und als die Jünglinge hinkamen, war das Haus von Häuptlingssöhnen voll. Die Häuptlinge legten ihre Brautessen auf die Tische, »meine Gabe ist ein Schwein«, »meine Gabe ist ein Huhn«, und viele gute Sachen wurden so als Brautessen von den Anwesenden dargebracht.

Da sprach Tulau'ena: »Dies ist meine Brautgabe, nämlich ein Knöchel.« Da sprach das Mädchen: »Herr, komm doch hierher; wir wollen hier sitzen und dein tauga essen.« Da ärgerten sich die Häuptlinge sehr, weil das Mädchen den Knöchel begehrte, die vielen guten Sachen aber, die sie gebracht hatten, unbeachtet ließ. Als nun die Zeit kam, daß man die Schlafmatten auslegte, brachte sie Matten den einen Häuptlingen und brachte sie den andern, aber ihre eigene Matte breitete sie für sich und Tulau'ena aus. Und als alles im Hause schlief, da lief Sina mit dem Häuptling Tulau'ena davon, um mit ihm zu leben.

Darüber wurde nun sein älterer Bruder neidisch, weil Sina nicht mit ihm lebte. Sie lebten zusammen und gründeten ihre Familie, während das Herz dieses Häuptlings – Tulifauiave – von Schmerz ergriffen war; und er suchte einen Anschlag, um Tulau'ena zu töten. Und es sprach Tulifauiave zu Tulau'ena: »Komm, laß uns auf Bonitofang gehen, daß wir Essen bekommen für unsre Familie.« Tulau'ena sprach: »Sina, komm her, ich weiß, daß ich jetzt sterben muß. Wenn du sehen solltest, daß sich die Brandung blutrot bricht, dann denke, daß ich tot bin. Dann steh auf und wandere und such nach mir. Wenn aber die Brandung weiß bricht, dann denke, daß ich lebe.«

Darauf gingen sie auf Bonitofang. Sina aber ging hinab zum Strand und setzte sich hin, um das Meer anzusehen, eingedenk der Worte, die Tulau'ena ihr gesagt hatte. Das Boot fuhr sehr weit auf das Meer hinaus. Da sprach der Jüngling Tulau'ena: »Wohin geht denn unser Boot immerfort weiter, hier sind ja eine Unzahl Bonito.« Aber Tulifauiave sagte: »Rudere nur weiter, wir wollen dorthin gehen, wo die einäugigen Bonito sind.« Darauf gelangten sie zur offenen See, und sie hoben eine Unzahl Bonito ein, so daß das Boot beinahe sank. Dann fuhren sie ganz nahe auf das Riff hinauf. Dort setzte sich Tulifauiave hin und schnitt die Fische in Stücke. Dann sprach er zu Tulau'ena: »Fang deinen Bonito auf.« Darauf fing ihn Tulau'ena. Nun warf er ihm ein anderes Stück Bonito zu, aber vorbei und rief ihm zu: »Rasch, spring nach und bring das Stück Bonito herauf.« Aber der Jüngling sprach: »Wirf es nur weg, es sind ja sehr viele Bonito im Boot.« Doch Tulifauiave ließ sich nicht darauf ein. Da sprang alsbald Tulau'ena nach dem Stück und bekam es auch. Aber als der Rücken des Tulau'ena auftauchte, durchbohrte ihn Tulifauiave rasch mit einem Speer. Darauf starb Tulau'ena sogleich. Sein Bruder zog alsbald mit dem Boot landwärts und freute sich, daß er nun Sina zu seiner Frau machen konnte.

Als nun Sina sah, daß sich die Brandung blutrot brach, da dachte sie bei sich, daß Tulau'ena tot sei. Sie erhob sich alsbald und wanderte fort, um ihren Gatten zu suchen. Sie ging und ging und gelangte endlich zur Taube. Sie klagte: »Taube, du Vogel der Häuptlinge / Bitte, höre meine Fragen / ob hierher mein Auserwählter kam?«

Darauf antwortete die Taube: »Das Schwein ging gerade, als es zu mir geredet hatte.« Sina erwiderte: »Du da, wenn du so üble Reden führst, dann nehme ich mein Steinchen (d. h. den Mattenbeschwerer) und setz es dir auf die Nase.« – Von daher rührt die Anschwellung auf der Nase der Taube.

Darauf ging Sina weiter und gelangte zum Sultanshuhn. Auch zu ihm klagte sie, mit den gleichen Worten, und das Sultanshuhn antwortete: »Sina, komm her, derjenige ging gerade fort.« Sina erwiderte: »Da du dich gut gegen mich betragen hast, bringe ich dir die Federn meiner Matte und setze sie dir auf die Nase.«

Darauf ging Sina weiter und kam zum Manuma (kleine weiße Taube). Auch zu ihm klagte Sina, so wie sie zuerst geklagt hatte. Er antwortete: »Er ist weggegangen.« Da sprach Sina: »Komm, Freund! Da du dich gut gegen mich betragen hast, gebe ich dir meine weiße Matte, damit sie auf deiner Brust sitze.«

Darauf ging Sina weiter und gelangte zum Manutagi (und klagte): »Manutagi, du Vogel der Häuptlinge / Bitte, höre mein Fragen / Ob hierher mein Geliebter kam?«

Da antwortete der Manutagi: »Er ist weggegangen.« Da sprach Sina: »Freund! Da du dich gut gegen mich betragen hast, gebe ich dir mein rotes Federbündel und meine rote Matte auf deine Nase und meine weiße, kurzhaarige Matte auf deine Brust.«

Darauf ging Sina weiter und kam zum Sega (kleine Papageienart). Auch hier klagte Sina: »Sega, du Vogel der Häuptlinge / Bitte, laß mich fragen / Ob hierher mein Geliebter kam?« Da sprach der Sega: »Mädchen, komm und geh weiter. Wenn du aber die Frau Matamolali triffst, dann ergreife sie und schlage sie ins Gesicht mit dem Ende eines Kokoswedels.« Da sagte Sina: »Da du dich gut gegen mich betragen hast, gebe ich dir mein rotes Federbündel für deine Brust und mein Walzahnhalsband für deinen Schnabel und meine braune Matte für deine Schwanzfedern, und du sollst mir die Früchte der Kokospalme und der süßen Bäume des Waldes fressen.«

Darauf ging Sina weiter und gelangte zu der Frau Matamolali (samoanischer Name für den Dunkelmond). Da schlug Sina das Gesicht der Frau mit dem Ende eines Kokoswedels. Da schrie die Frau: »Wer ist diese ungezogene Frau in Samoa, die mein Gesicht schlägt?« Da sagte Sina: »Ich kam nur, ob du weißt, wo mein Geliebter ist?« Da sagte die Frau zu Sina: »Was ist das, dein Geliebter?« Sina antwortete: »Mein Mann, der tot ist.« Da sprach die Frau: »Geh du in das Haus; ich will gehen und ihn suchen.«

Da ging die Frau und öffnete das Lebenswasser, während sie das Todeswasser verschloß. Da kam ein Strom von Häuptlingssöhnen und Jungfrauen herab, und auch der Rest des Stromes kam, in welchem der junge Mann mitzog. Da sprach die Frau: »Gib mir deine Halskette.« Da näherte sich der Häuptling, die Frau griff nach ihm, um ihn festzuhalten. Darauf schlug sie ihn und tauchte ihn unter (in das Lebenswasser). Da jammerte der Häuptling: »Laß mich leben!« Da sprach die Frau: »Du willst leben – aber wohin gehen sie?« – »Nach Westen!« – »Wohin gehen sie?« – »Nach Osten!« – »Wohin gehen sie?« – »An Land!« – »Wohin gehen sie?« – »Zum Meer!« – »Wohin gehen sie?« – »Nach oben!« – »Wohin gehen sie?« – »Nach unten!« – »Komm, laß uns gehen, du bist geschickt.« Darauf gingen sie hinauf ins Haus.

Da sprang Sina auf und verbarg sich. Da sagte Matamolali: »Mädchen, bring eine Matte, damit sich der Häuptling bekleide, denn seine Matte ist naß!« Da griff Sina nach ihrer Matte und warf sie herzu. Und als der Häuptling sie anschaute, da schnalzte er mit den Zähnen.

Da sprach die Frau: »Was ist das nur, daß du mit den Zähnen schnalzt?« Da sprach der Häuptling: »Ich liebe die Matte, sie ist ganz wie die Matte

der Sina.« Da sprach die Frau: »Herr, ist eure Matte, nämlich die der Sina, wirklich so? Dies ist jedenfalls meine Matte.« Da sprach die Frau zu Sina: »Bring den Kamm, um damit das Haupt des Häuptlings zu kämmen.« Da sah auch diesen der Häuptling, und er schnalzte wiederum mit den Zähnen.

Und wieder sprach die Frau: »Herr, was ist nur der Grund, daß du mit den Zähnen schnalzt?« Da sprach der Häuptling: »Dieser Kamm ist gerade so wie der Kamm der Sina.« Da sprach die Frau: »Ist denn der Kamm der Sina so? Dies ist jedenfalls mein Kamm.«

Da saßen dann der Häuptling und die Frau und redeten nicht mehr, denn er war in seinem Herzen sehr traurig, da alles, was er sah, so ganz den Sachen der Sina glich.

Da sprach die Frau: »Sina, zeige dich diesem Häuptling hier, der vor Liebe krank ist.« Da sprang Sina hervor und umschlang seinen Leib, und sie weinten und herzten sich. Und sie wohnten nun mit der Frau Matamolali zusammen und Sina gebar und sie gründeten eine Familie. Und die Frau war wie eine Mutter ihrer Familie, so gut war sie gegen die beiden und ihre Kinder. Hiermit schließt die Geschichte von Sina.

Das Mädchen Egigu

Es war einmal ein Mädchen, dessen Mutter hieß Egigu, und der Vater hieß Gadia. Es hatte noch zwei ältere Schwestern, die wurden wie sie selber nach der Mutter Egigu genannt.

Eines Tages spielten alle drei um einen großen hohen Baum, als die Älteste zum ersten Mal unwohl wurde. Sie stieg auf den Baum hinauf und sang:

> »Egigu! Egigu, oho!
> O nein, ich bin unwohl!
> Geht zum Vater Gadia,
> Schmuck soll er euch geben, oho!
> Und Muschelketten und den Gürtel, oho!«

Als der Vater die Kunde erfuhr, ließ er ihr sagen, sie solle ins Frauenhaus gehen; er wolle ihr dann schönes Essen und herrlichen Zierat senden. Und die Älteste tat, was der Vater befohlen hatte.

Am andern Tag geschah dasselbe mit der zweiten Tochter; auch sie stieg auf den Baum und sang das gleiche Lied, das die ältere Schwester gesungen hatte. Sie erhielt ebenfalls ein schönes Haus und viele Geschenke.

Am dritten Tag wurde die Jüngste unwohl. Sie stieg auf den Baum und sang das nämliche Lied. Doch da antwortete die Mutter: »Dir wird der Vater kein Haus schenken, wir mögen dich nicht leiden. Geh nur wohin du willst, in den Busch oder an die See.«

Das Mädchen ging traurig fort; es ging an den Strand und fand dort eine keimende Nuß. Sie pflanzte den Keimling tiefer in den Boden ein, begoß ihn und sprach: »Wachse, Bäumlein, wachse! Du sollst nicht im Sonnenbrand oder im Sturmwind vergehen. Wachse, wachse ein wenig!« Da wuchs der Keimling rasch zum Baum heran, und der Baum wuchs höher und höher, bis er schließlich an den Himmel stieß.

Als das Mädchen dies sah, kletterte es in den Baum hinein und stieg höher und immer höher, bis es endlich in den Himmel kam. Dort schlenderte es umher und gelangte zu einer alten Frau, welche Enibarara hieß. Die Alte war blind, sie war gerade damit beschäftigt, im Kochhaus Palmwein zu Sirup einzukochen. Egigu war sehr durstig. Sie nahm eine Schale Palmwein fort, trank sie aus und setzte sie wieder an den Platz zurück. Dreißig Schalen waren es. Zunächst merkte die alte Frau nicht, daß die Schalen fortgenommen wurden, als aber das Mädchen die letzte Schale austrinken wollte und schon zugriff, da wurde es von der Alten ertappt. Sie faßte es bei der Hand und hielt es fest.

»Oh«, rief Egigu, »laß mich in Frieden, ich will brav sein, will dir helfen und dir dienen.« Doch die Alte antwortete: »O nein, ich lasse dich nicht gehen, du hast mir meinen Wein ausgetrunken, und dafür mußt du jetzt sterben.« – »Ach nein, laß mich los, ich will dir auch deine Augen wieder gesund machen!« – »Nun, wenn du das kannst und tust, will ich zufrieden sein und dich freigeben.«

Da sprach Egigu: »Puh, puh! Deine Augen, Enibarara! Puh, puh!« Und allerlei flog aus den Augen der Alten heraus: Ameisen, Fliegen, Würmer und alles mögliche Getier. Die Augen wurden klar, und die alte Frau konnte wieder sehen. Sie freute sich und wartete nun auf die Rückkehr ihrer drei Söhne. Und weil sie fürchtete, daß sie dem Mädchen ein Leid antun würden, denn sie waren Menschenfresser, versteckte sie Egigu unter einer großen Muschelschale.

Bald danach kamen die Söhne nach Haus. Zuerst erschien Ekuan, die Sonne. Er schnupperte umher und sagte: »Mutter, es riecht so, als ob hier noch jemand ist.« Die Alte antwortete nicht, sie öffnete auch nicht die Augen, denn ihr Sohn sollte nicht merken, daß sie wieder sehen konnte. Ekuan ging fort, und es erschien der zweite Sohn, Tebau, der Donner. Er schnupperte wie sein Bruder umher und sagte: »Mutter, es riecht hier nach Menschen.« Enibarara antwortete wieder nicht, sie öffnete auch die Augen nicht, sie wollte nicht hören. Tebau ging weiter, und nun kam der dritte Sohn, der milde, freundliche Maramen, der Mond. »Oh, Mutter«, rief er, »es riecht so, als ob hier noch jemand ist.« Da öffnete die Alte die Augen und sagte: »Komm, schau her, sieh mir in die Augen.« Maramen ging zur Mutter, blickte ihr in die Augen, wunderte sich und sprach: »Oh, wer hat das gemacht? Seit wann kannst du wieder sehen?« Da erzählte Enibarara ihrem Sohn die Geschichte. Maramen freute sich sehr und fragte, wo das Mädchen sei. Die Alte antwortete: »Dort unter der Tridacna-Schale sitzt das Mädchen Egigu; die tat es, und nun sollst du sie zur Frau haben!«

Jetzt war Maramens Freude noch größer. Er machte Egigu zu seiner Frau. Und heute noch kann jeder das Mädchen im Mond sehen.

Das Mädchen Egodin und seine Großmutter, die Schildkröte

Als es Nacht war, nahm Egodin ihren Schurz, ihr Häubchen und eine Matte (die Insignien der Geschlechtsreife) und ging fort. Sie ging in den Busch und kletterte auf einen Zweig und kroch auf dem Zweig entlang, bis sie an das Meer kam. Sie breitete die Matte aus und legte sich darauf hin und rief Edinamadauau (ihre Ahnin). Und Edinamadauau hörte es, und sie erschien und sagte zu ihr: »Warum rufst du mich? Wer bist du?« Egodin antwortete: »Ich bin das Kind von Arairiu, und ich rief dich, damit du mich mitnimmst; denn ich bin böse, da mein Vater mich schalt.« (Er hatte ihr nicht erlaubt, den Verschlag, eine Art Pubertätshütte, zu verlassen.)

Und die Frau legte sich auf die Matte und beide gingen fort. Als sie so auf dem Wege waren und kein Land sahen, sagte Edinamadauau: »Hast du Essen bei dir?« Egodin antwortete: »Nein.« Edinamadauau sprach: »Schlage diese Nuß auf meinem Rücken aus, damit du trinken kannst.« Eines Tages darauf sagte Edinamadauau zu Egodin: »Wenn du Land siehst, das

gerippelt ist, dann wirst du es mir sagen, damit wir dort hinaufgehen.«
Nachher sprach Egodin: »Edinamadauau, dies Land hier ist gerippelt
(durch Krabbenspuren bewirkt) und sehr schön.« Edinamadauau antwortete: »Wenn du hinaufgehst, so begib dich zuerst zum Baum, der Dogima
heißt, und du sollst dort den Vogel von oben holen und sollst ihm seine
Zunge umdrehen, dieser Vogel heißt Demaduoduo.«

Egodin ging hinauf und begab sich zum Baum und brach den Zweig ab
und fing den Vogel und drehte ihm die Zunge ab. Sie ging auch zu dem
Trinkwasserbrunnen und badete darin. Dies Land und alle Sachen darin
gehörten dem Timoro. Der Mann war nicht da, denn er war ausgegangen,
da er spielen wollte, und nur zwei seiner Diener und zwei Schwestern
waren zurückgeblieben. Das Mädchen Egodin ging hinein in das Haus des
Mannes, und als sie sich dort hinlegte, sagte die beiden Diener: »Du darfst
dich dort nicht hinlegen, denn der Platz ist tabu, weil er ein Krieger ist.«
Die Frau Egodin hörte nicht auf ihre Worte und legte sich auf ihre Matte
hin. Es flog dieser Vogel Demaduoduo fort und holte den Timoro, um es
ihm zu sagen (aber er hatte keine Zunge mehr). Und es kam der Mann
Timoro herbei und lief, und als er nahe beim Haus war, kamen die beiden
Schwestern heraus, und die beiden sprachen: »Du sollst nicht böse sein; es
ist kein Krieger, sondern eine Frau.«

Und der Mann trat in sein Haus und nahm die Decke von der Frau fort
und sagte: »Du bist eine Frau von woher?« Das Mädchen antwortete: »Ich
bin ein Weib von weither, von Nauru.« Der Mann sprach: »Warum kamst
du hierher, wer brachte dich?« Das Mädchen sagte: »Meine Großmutter,
die Schildkröte.« Der Mann sprach: »Wo ist sie?« Das Mädchen erwiderte: »Sie ist am Strand.« Und der Mann rief seine Leute herbei, und sie
hoben sie auf und legten sie unter den Giebel des Versammlungshauses.
Und der Mann machte das Mädchen Egodin zu seiner Gattin.

Zu Hause suchten alle Leute, Vater und Mutter, das Mädchen Egodin
und fanden sie nicht. Vater und Mutter sandten beide zu den Vögeln
Demarubi, damit sie beide Egodin suchten. Diese zogen nun aus, um sie
zu suchen, und sie sahen sie nicht. Später sahen die beiden die Frau, als sie
zu ihnen an den Strand kam mit ihrem Gatten. Der Mann Timoro verfolgte beide, denn er wollte sie töten, aber sie entkamen beide und kehrten nach Hause zu den beiden Alten zurück.

Egodin sagte zum Gatten: »Ich werde nicht mehr lange bei dir bleiben,
denn die zwei werden mich entführen, weil diese beiden Vögel stark und
umsichtig sind.« Und es wurde dem Mann Timoro das Herz schwer, und

er sagte allen Leuten, daß sie auf die Frau aufpassen und sie festhalten sollten, und er sagte auch, daß sie beide Vögel töten sollten, wenn sie kämen.

Als die beiden Demarubi nach Hause kamen und erzählten, daß sie Egodin gesehen hätten, sagten die beiden, Vater und Mutter, zu den beiden Demarubi: »Ja oder nein, könnt ihr sie herbringen?« Und sie antworteten: »Wir werden es versuchen und sehen, ob wir es können oder nicht.«

Die beiden gingen wieder fort und gelangten dorthin, und als die Leute sie sahen, legten sie sich unter das Dach der Egodin. Die beiden kamen herbei und zerbrachen das Dach, und als sie Egodin nahmen, sagte sie zu ihnen: »Was werdet ihr nun mit meiner Großmutter tun?« Und die beiden antworteten: »Wir werden morgen zurückkommen.«

Und die beiden nahmen Egodin und brachten sie zu dem Haus ihres Vater und ihrer Mutter, und sie kehrten beide zurück und nahmen die Großmutter und brachten sie ins Meer.

Akalapijéima

In alter Zeit war ein sehr hoher Baum. Walomäng, die Kröte, kletterte ganz hinauf. Ein Mann mit Namen Akalapijéima lauerte jeden Nachmittag am Fuß des Baumes, um Walomäng zu fangen. Walomäng sagte: »Wenn mich Akalapijéima fängt, werfe ich ihn ins Meer.« Der Mann faßte sie. Da packte ihn Walomäng bei den Händen und stieß ihn mit dem Fuß ins Meer. Sie lud ihn auf den Rücken, tauchte unter und schwamm mit ihm nach einer Insel. Dort ließ sie ihn und schwamm zurück. Sie ließ ihn unter einem Baum, auf dem Aasgeier saßen, die ihn, als er schlief, ganz vollkackten. (Die Kröte hatte es ihm vorausgesagt, er solle sie nicht fassen, sonst würde sie ihn ins Meer werfen.)

Es war sehr kalt auf der Insel und der Mann fror sehr. Da begegnete ihm Kaiuanóg, der Morgenstern, als er voll Kot der Aasgeier war und sehr stank. Er bat den Stern, ihn zum Himmel zu nehmen. Dieser antwortete: »Ich kann dich nicht mit hinauf nehmen. Du hast mir noch nichts gegeben. Du hast nur immer der Sonne Maniokfladen gegeben.« (Indem er sie tagsüber auf das Dach der Hütte legte und die Sonne sie dann »aß«, d. h. austrocknete.) Der Mann bat den Stern um Feuer, weil er sehr fror. Kaiuanóg sagte: »Ich will dir nicht helfen! Die Sonne kann dir helfen. Sie empfängt mehr Maniokfladen.« Kaiuanóg ging weg.

Da kam Kapöi, der Mond. Akalapijéima bat Kapöi, ihn nach seiner Heimat zu bringen. Der Mond wollte ihn nicht hinbringen, weil er der Sonne so viel Maniokfladen gegeben habe und ihm gar nichts. Er bat auch den Mond um Feuer, aber auch dies gab ihm der Mond nicht. Der Mann fror sehr, und die Aasgeier bekackten ihn immer mehr, denn die Insel war sehr klein.

Da kam Wéi, die Sonne. (Es war ein Glück für ihn, weil er ihr viel Maniokfladen gegeben hatte.) Die Sonne nahm ihn in ihr Boot. Sie ließ ihn durch ihre Töchter waschen und ihm die Haare schneiden. Sie machte ihn wieder schön. Wéi wollte ihn zum Schwiegersohn haben. Akalapijéima wußte nicht, daß es die Sonne war, und bat Wéi, die Sonne zu rufen, um sich zu wärmen, denn er fror sehr, als er gewaschen und in das Vorderteil des Bootes gesetzt war. (Denn es war noch sehr früh am Tag, und die Sonne hatte noch keine Kraft. Deshalb fror er sehr.) Da setzte sich Wéi einen Kopfputz aus Papageifedern auf. Akalapijéima hatte mit dem Rücken nach dem Boot gesessen. Jetzt sagte Wéi zu ihm: »Dreh dich um!« Als er sich umwandte, setzte Wéi über den Federkopfputz einen Hut aus Silber auf und legte Ohrschmuck aus Käferflügeldecken an. Da wurde es warm. (Denn es war schon spät geworden.) Wéi erwärmte den Mann. Es wurde sehr warm, und er litt unter der Hitze. Wéi führte ihn immer weiter mit sich in die Höhe. Als Akalapijéima sehr unter der Hitze litt, gab ihm Wéi Kleider. Da fühlte er die Hitze nicht mehr.

Wéi wollte ihn zum Schwiegersohn haben. Er sagte zu ihm: »Du sollst eine meiner Töchter heiraten, aber lasse dich nicht mit einer anderen Frau ein!« Wéi machte Halt an einer Maloka (Sippenhaus) und ging mit seinen Töchtern an Land und in das Haus hinein. Er befahl Akalapijéima, das Boot nicht zu verlassen und sich nicht in eine andere Frau zu verlieben. Wéi ging ins Haus. Akalapijéima ging trotzdem an Land. Da begegneten ihm einige junge Mädchen, die Töchter des Aasgeiers. Der Mann fand sie sehr hübsch und verliebte sich in sie. Wéi und seine Töchter wußten nichts davon, denn sie waren in das Haus gegangen. Als sie zum Boot zurückkamen, trafen sie ihn schäkernd inmitten der Töchter des Aasgeiers.

Die Töchter der Sonne schalten ihn aus und sagten: »Hat dir unser Vater nicht gesagt, du solltest im Boot bleiben und nicht an Land gehen? Hat dir unser Vater nicht geholfen, von der Insel wegzukommen? Wenn er dir nicht geholfen hätte, wärest du nicht in diesem guten Zustand, und jetzt verliebst du dich schon in die Töchter des Aasgeiers!« Da zürnte ihm

Wéi und sagte zu ihm: »Wenn du meinem Rat gefolgt wärst und eine meiner Töchter geheiratet hättest, so wärest du immer jung und schön geblieben wie ich. Jetzt bleibst du nur kurze Zeit jung und schön. Dann wirst du alt und häßlich!« Dann gingen sie schlafen, jeder in einem besonderen Raum, Wéi und seine Töchter allein, und Akalapijéima allein.

Am anderen Tag frühmorgens fuhr Wéi mit seinen Töchtern weg und ließ Akalapijéima schlafend zurück. Als er erwachte, fand er sich inmitten der Aasgeier, alt und häßlich, wie Wéi gesagt hatte. Die Töchter der Sonne zerstreuten sich und beleuchten nun den Weg der Toten (die Milchstraße). Akalapijéima heiratete eine Tochter des Aasgeiers und gewöhnte sich an das Leben. Er war unser Vorfahr, der Vater aller Indianer.

Deshalb leben wir heute noch in diesem Zustand. Wir bleiben nur kurze Zeit jung und hübsch und werden dann alt und häßlich.

Selene und Endymion

Wenn am Abend der Wagen des Helios im Westen untergegangen ist, steigt Selene, die Mondgöttin, aus dem Ozean im Osten empor. Mit dem Gespann zweier Pferde oder, wie andere sagen, zweier Rinder, umkreist sie den Nachthimmel. Sie ist geflügelt, ihr weißes Gewand schimmert, auf dem Haupt trägt sie eine goldene Strahlenkrone, aus der sich mildes Licht über Himmel und Erde ergießt. Ihren Leib hat sie im Ozean gewaschen, wunderbar silbriger Glanz geht von ihr aus. Ihre Festtage sind die Tage des Vollmonds, besonders der der Frühlingsnachtgleiche, wenn sie frisch gebadet und strahlender denn je dem Ozean entsteigt. Zeus hatte sie einst geliebt, und sie hatte ihm die schöne Pandia, die »ganz Leuchtende«, geboren.

Es heißt, zumal in Arkadien, daß Gott Pan sie heftig begehrte und sich ihr zuliebe in weiße Schafspelze gehüllt hat, um ihr zu gefallen. Wie Pan liebt auch Selene die Höhlen und die Gipfel der Gebirge. Jedoch sie erwidert die Zuneigung des struppigen Waldgesells nicht. Aufs innigste liebt sie den schönen Jüngling Endymion, beheimatet in dem waldigen Gebirge Latmos. Ihm hatte Zeus die freie Wahl seines Todes gelassen, und Endymion hatte sich statt des Todes lieber einen ewigen Schlaf gewünscht, um ewig jung und schön zu bleiben. Man erzählt auch, Zeus selbst habe ihm ewige Jugend und ewiges Leben verliehen, in der Gabe eines ununterbrochenen Schlafes.

So liegt nun der schöne schlafende Jüngling in einer Grotte im Lat-mosgebirge in Karien, und allnächtlich steigt Selene auf und besucht ihren schlummernden Geliebten, um ihn zu herzen und zu küssen.

Man erzählt auch, Endymion sei ein Liebling des Schlafgottes Hypnos. Der habe ihn stets mit offenen Augen schlafen lassen, um, wenn er ihn nachts mit seinen Flügeln umschwebte, sich auch der unvergleichlich schönen Augen Endymions zu erfreuen.

Andere sagen, der Jüngling sei in Elis ein großer König gewesen und zudem der glückliche Liebhaber der Selene; sie habe ihm 50 Kinder gebo-ren – und das sind die 50 Monate, die zusammen das olympische Jahr bil-den.

Der Mond und seine Mutter

Der Mond bat einst seine Mutter, ihm ein passendes Gewand zu weben. Diese aber erwiderte: »Wie soll mir das gelingen? Sehe ich dich doch bald voll, bald abnehmend, bald zunehmend.«

Dieses Geschichtlein aus dem Umkreis des alten Selene-Mythos berichtet Plutarch in seinem »*Gastmahl der sieben Weisen*«, und er knüpfte daran eine Moral: »So gibt es denn auch, mein lieber Chersias, für einen unverständigen und untüchtigen Menschen kein Maß des Vermögens; denn er ist in seinen Bedürfnissen bald so, bald wieder anders: wegen seiner Begierden und wegen der wechselnden äußeren Umstände.«

Jacob Grimm lernte diese Mini-Mondmythe kennen als eingedeutschten Reim-schwank (1806, in Falks »*Grotesken und Naivitäten*«) und machte eine Prosafassung daraus, die er im ersten Band »Kinder- und Hausmärchen« (1812) veröffentlichte:

Der Mond sprach einmal zu seiner Mutter, sie möchte ihm doch ein warmes Kleid machen, weil die Nächte so kalt wären.

Sie nahm ihm das Maß, und er lief davon; wie er aber über ein Kleines wiederkam, so war er so groß geworden, daß das Röcklein nirgends passen wollte. Die Mutter fing daher an, die Nähte zu trennen, um es auszulas-sen, allein da dies dem Mond zu lang dauerte, so ging er wieder fort sei-nes Weges. Die Mutter nähte emsig an dem Kleid und saß manche Nacht auf beim Sternenschein.

Als nun der Mond zurückkam und viel gelaufen hatte, so hatte er sehr abgenommen, war dünn und bleich geworden, daher ihm das Kleid viel zu weit war und die Ärmel schlotterten bis auf die Knie. Da wurde die Mutter gar sehr verdrossen, daß er ihr solche Possen spiele, und verbot ihm, je wieder in ihr Haus zu kommen.

Deswegen muß nun der arme Schelm nackt und bloß am Himmel laufen, bis jemand kömmt, der ihm ein Röcklein tut kaufen.

Die Verjüngung des Aison

Drei Nächte fehlten noch, bis die Hörner des Mondes sich trafen und zum Kreis schlossen. Als er im vollsten Lichte schien und makellos rund auf die Erde herabsah, ging Medea aus dem Palast, in wallende Kleider gehüllt und mit bloßen Füßen: auf ihre entblößten Schultern fällt das lange Haar. Unstet und ohne Begleitung wandelt sie durch mitternächtliches Schweigen. Menschen, Vögel und Wild lagen tief in Schlaf versunken, es raschelte keine Hecke, von keinem Luftzug bewegt schweigt das Laub, es schweigt der feuchte Nachtwind. Nur die Sterne schimmern. Zu ihnen wendet sie sich dreimal mit ausgestreckten Armen, dreimal besprengt sie mit Wasser vom Fluß ihr Haar, öffnet zu dreifachem Heulen den Mund, kniet dann auf den harten Boden nieder und spricht: »Nacht, du treueste Bewahrerin des Geheimen, und ihr, die ihr samt dem goldenen Mond nun statt des Tagesgestirns erstrahlt, ihr Sterne, du auch, Hekate mit den drei Häuptern, die du erscheinst als Vertraute bei meinem Beginnen und als Helferin bei Beschwörung und Zauberkunst, und du, Mutter Erde, die den Magiern kräftige Kräuter schenkt, ihr Lüfte und Winde, Berge, Flüsse und Seen, all ihr Götter der Wälder, all ihr Götter der Nacht, steht mir bei! Mit eurer Hilfe kehrten, wenn ich es wollte, zur Verwunderung ihrer Gestade Ströme zu ihren Quellen zurück. Ist es empört, beruhige ich es, ist es ruhig, wühle ich es mit meinem Hexenlied auf, das Meer: Wolken verscheuche ich, Wolken ziehe ich zusammen, Winden gebiete ich zu gehen und zu kommen, Vipern zerreiße ich mit Zaubersprüchen den Rachen, gewachsenen Fels und Eichen, aus ihrem Grund gerissen, ja Wälder setze ich in Bewegung und heiße die Berge erzittern, den Erdboden aufbrüllen und die Toten aus ihren Gräbern steigen.

Auch dich, Luna, ziehe ich herab, wie sehr auch eherne Becken aus Zypern deine Not zu lindern versuchen. Selbst der Sonnenwagen meines Großvaters verblaßt bei meinem Lied, es erblaßt durch meinen Zauber Aurora. Ihr, die ihr für mich dem Feueratem der Stiere die Kraft nahmt und ihren Nacken,

der solche Last nicht kannte, unter das Joch des Pflugs zwangt, die ihr unter den Drachensöhnen den wilden Bruderkrieg entfachtet, den schlaflosen Wächter betäubtet und das Gold, weil der Verfolger sich täuschen ließ, zu den griechischen Städten entsandtet: Nun bedarf ich der Säfte, die Alte verjüngen und sie zur Blüte der Jugend, ja zur ersten Lebenszeit zurückführen. Ihr werdet sie mir geben, denn nicht umsonst blinken die Sterne, nicht umsonst ist, von den Nacken beflügelter Drachen gezogen, der Wagen da – und da war der Wagen, aus Himmelshöhen herabgesandt!«

Sie besteigt ihn, streichelt die angeschirrten Hälse der Drachen und schüttelt mit den Händen die leichten Zügel. Dann fährt sie empor; unter sich sieht sie das Tempetal in Thessalien und lenkt ihre Drachen in die Richtung von Thrakien. Was der Ossa, was der hohe Pelion an Kräutern trug, was Othrys, Pindos und, höher als der Pindos, der Olymp ihr boten, mustert sie und reißt, was ihr gefällt, teils mit der Wurzel aus, teils schneidet sie es auch ab mit der krummen, ehernen Sichel. Auch viele Pflanzen an den Ufern des Apidanos sagten ihr zu, viele auch am Amphrysos; auch du bliebst nicht verschont, Enipeus. Etwas müssen der Peneios, etwas die Wasser des Spercheios beisteuern, dazu das binsenreiche Ufer des Boibesees. Ja selbst bei Anthedon auf Euböa pflückt sie jenes Kraut, das damals noch nicht durch die Verwandlung des Glaukos berühmt war.

Und schon hatte sie der neunte Tag auf ihrem Wagen mit den geflügelten Drachen, hatte die neunte Nacht sie alle Gefilde durchsuchen sehen, da kehrte sie heim. Die Drachen hatte nur der Duft der Kräuter gestreift, und doch legten sie ihr uraltes Schuppenkleid ab!

Bei ihrer Ankunft tritt sie nicht über die Schwelle, sondern bleibt vor der Tür und hat nichts als den Himmel über sich. Sie meidet die Berührung durch einen Mann und errichtet zwei Altäre aus Rasenstücken, rechts für Hekate, links aber für die Göttin der Jugend. Als sie diese mit Eisenkraut und wildem Strauchwerk bekränzt und im Boden daneben zwei Gruben ausgehoben hat, bringt sie das Opfer dar; sie stößt das Messer in die Kehlen schwarzwolliger Schafe und läßt das Blut in die weiten Gruben rinnen. Darauf ergießt sie Becher klaren Weins und andere Becher voll warmer Milch, murmelt zugleich Sprüche, ruft die Mächte der Erde an und beschwört zusammen mit seiner entführten Gemahlin den König der Schatten, die Glieder des Greises nicht so bald ihres Lebens zu berauben. Nachdem sie die Götter der Tiefe durch Gebete und lange Beschwörung besänftigt hatte, ließ sie Aisons kraftlosen Leib ins Freie bringen; sie hatte ihn durch ein Zauberlied in tiefen Schlaf versenkt und bettete ihn nun, gleich einem Toten, auf ein Lager aus Kräutern. Dann gebietet sie Jason, gebietet dem Diener, sich weit weg zu begeben, und warnt sie, uneingeweiht das Geheimnis zu schauen. Sie zerstreuen sich, wie befohlen.

Mit flatternden Haaren, nach Bacchantenweise, tanzt Medea um die lodernden Altäre, taucht vielfach gespaltene Fackeln ins dunkle Blut in der Grube und zündet sie, damit benetzt, auf den beiden Altären an. Dreimal entsühnt sie den Greis durch Feuer, dreimal durch Wasser, dreimal durch Schwefel. Mittlerweile siedet im aufgesetzten Kessel das kräftige Zaubergebräu, wallt auf und bedeckt sich weiß mit brodelndem Schaum. Nun mischt sie die in Thessaliens Tälern gesammelten Wurzeln, Samen, Blüten und scharfen Säfte darunter, wirft Steine hinein, die sie im fernsten Morgenland holte, und Sand vom Weltmeer, gespült von verebbenden Fluten, gibt in mondheller Nacht gesammelten Tau dazu und der blutsaugenden Eule verfluchte Flügel samt dem Fleisch, auch dessen Aufbruch, der oft in einen Menschen seine Raubtiergestalt verwandelte, die Eingeweide des Werwolfs. Dabei fehlte auch nicht die schuppige, dünne Haut der afrikanischen Schildkrötenschlange noch die Leber eines langlebenden Hirschs. Überdies wirft sie noch Schnabel und Kopf einer Krähe hinein, die neun Jahrhunderte durchlebte.

Als die Kolcherin mit diesen und tausend unnennbaren anderen Dingen für den Erfolg ihres übermenschlichen Beginnens gesorgt hatte, rührte sie mit einem längst vertrockneten Zweig des gütigen Ölbaums alles um und vermengte das Unterste mit dem Obersten. Siehe, da beginnt der dürre Ast beim Rühren im heißen Kessel erst zu grünen, nach einer Weile bekleidet er sich mit Laub, und plötzlich ist er mit schweren Oliven beladen. Und wo nur beim Kochen Schaum aus dem ehernen Kessel flog oder heiße Tropfen auf die Erde fielen, wird der Boden frühlingsfrisch, und Blumen und weicher Rasen sprießen hervor.

Sobald Medea das sieht, schlitzt sie mit gezücktem Schwert dem Greis die Kehle auf, läßte das alte Blut herauslaufen und ersetzt es durch ihre Zaubersäfte. Kaum hat Aison diese in sich aufgenommen und teils durch den Mund, teils durch die Wunde eingesogen, da legen Haupt- und Barthaar das Grau des Alters ab und färben sich unverzüglich schwarz; besiegt, flieht die Magerkeit, es verschwinden Blässe und Grinde, mit neuem Fleisch füllen sich die tiefen Runzeln und üppig schwellen die Glieder. Aison staunt und erinnert sich, daß er selbst vor langer Zeit, vor viermal zehn Jahren das war, was er jetzt ist.

Osiris, der Gott im Zeichen des Mondes

In seiner Schrift über Isis hat Plutarch den altägyptischen Göttermythos überliefert: »Rhea (Nut), so erzählt man, vereinigte sich heimlich mit Kronos (Geb); das habe Helios (Re) bemerkt und sie verflucht, daß sie in keinem Monat und keinem Jahr gebären sollte. Aber auch Hermes (Thoth) liebte die Göttin und wohnte ihr bei. Als er hierauf mit der Mondgöttin Brett spielte und ihr den siebzigsten Teil jedes Tages abgewonnen hatte, faßte er alle diese Teile zu fünf Tagen zusammen und schaltete sie hinter die 360 Tage des Jahres, die die Ägypter deshalb noch jetzt ›die Drangefügten‹ (Epagomenen) nennen und als Geburtstage der Götter feiern. Am ersten Tage wurde Osiris geboren.«

Plutarch zufolge regierte Osiris 28 Jahre und wurde an einem 17. getötet, bei abnehmendem Mond. Seth entdeckte den Sarg, in dem Isis Osiris verborgen hatte, auf der Jagd in einer Mondnacht; Seth teilte den Körper in 14 Stücke, die er im ganzen ägyptischen Land verteilte. Über die Mysterien der Auferstehung des Osiris berichtet der griechische Schriftsteller unter anderem:

»Die Weiseren der Priester nennen nicht nur den Nil (Neilos) Osiris und das Meer Typhon (Seth), sondern sie betrachten Osiris völlig als den ganzen befeuchtenden Anfang und die Kraft, den Ursprung der Entstehung und das Wesen des Samens, den Typhon aber als das ganz Trockene und Versengende und ganz Ausdörrende und der Feuchtigkeit Feindliche.

Die sogenannte Einschließung des Osiris in den Sarg scheint nichts anderes zu bedeuten, als das Fallen und Verschwinden des Wassers (der Überschwemmung des Nil). Deshalb sagen sie, Osiris sei im Monat Athyr (Hathor, 3. Monat der Überschwemmung) verschwunden. Wenn dann die Etesien (Nordwinde) überall aufhören, tritt der Nil zurück, und das Land wird entblößt. Während die Nacht länger wird, vermehrt sich die Dunkelheit; die Kraft des Lichtes aber vermindert sich und wird überwältigt.

Die Priester verrichten dann manche düsteren Handlungen. Sie stellen das vergoldete Bild einer Kuh aus, indem sie es mit einem Gewand aus schwarzem Byssos-Gewebe umhüllen wegen der Trauer um die Göttin – die Kuh halten sie nämlich für ein Abbild der Isis (Gattin des Osiris) und für die Erde –, und zwar vier Tage lang, vom 17. Athyr angefangen. Vier Trauerfeiern werden begangen. Zuerst der fallende und versiegende Nil. Zweitens das Nachlassen der Nordwinde und die Beherrschung durch die

Südwinde. Drittens die Verkürzung des Tages gegenüber der Nacht. Zu allem die Entblößung der Erde zusammen mit der Kahlheit der Pflanzen, die nun ihre Blätter abwerfen. Am 19. Athyr steigen sie in der Nacht zum Meer hinab. Die Stolistai (die das Götterbild zu bekleiden hatten) und die Priester tragen den heiligen Schrein hinaus; er enthält das goldene Gefäß, in das sie etwas trinkbares, zuvor geschöpftes Wasser gießen. Unter den Anwesenden entsteht ein Geschrei, als sei Osiris gefunden. Sodann tun sie fruchtbare Erde in das Wasser, mischen aromatische Drogen und erlesene Räucherharze hinein und formen daraus ein Bildchen in Gestalt einer Mondsichel. Sie bekleiden und schmücken sie und geben dadurch zu erkennen, daß sie diese Gottheiten für das Wesen der Erde und des Wassers ansehen.«

Flucht vor der Schwester

Es waren sieben Brüder, die sieben Brüder aber hatten eine Mutter. In einem Frühling, als die sieben Brüder Gras mähen gegangen waren, da gebar ihre Mutter ein Mädchen mit Hauern und band es in der Wiege an; sie selbst aber begann den Mähern das Mittagessen zu bereiten. Als das Mittagessen fertig war, sagte die Mutter: »Ich will meinen Söhnen Brot hintragen.« Als das Mädchen dies hörte, da sprach es: »Mutter, auch ich gehe mit dir.« Wie war die Mutter da erstaunt, sie sagte zu ihm: »Wohin gehst du denn, wohin willst du?« – »Wohin du willst, dahin will auch ich.«

Sie gingen hinaus und gingen fort, ihr Essen hatten sie aufs Pferd gelegt. Als sie angelangt waren, da sandten sie das Mädchen in eine Niederung, um das Pferd an den Füßen anzubinden. Als das Mädchen lange ausblieb, da sagten sie zum jüngsten Bruder: »Geh, schau nach, warum unsere Schwester sich verspätet, damit sie nicht verloren geht.« Der Jüngste ging und sah, wie das Mädchen die Hälfte des Pferdes schon verzehrt hatte. Er kehrte zurück und verabschiedete sich von seinen Brüdern. »Lebt wohl«, sagte er, »ich werde mit euch nicht mehr zusammen arbeiten.«

Als er sie verlassen hatte, ging er fort und Gott weiß, welche Strecke er gegangen war, da erblickte er einen Turm und ging hinein. Dort aber saß ein schwarzäugiges, braunhaariges Mädchen, eins, das wie Schnee leuchtete. Das Mädchen freute sich über ihn, und sie begannen zusammen zu leben. Eines Tages aber seufzte der Mann und sagte zu dem Mädchen: »Wir waren Brüder, und was sie geworden sind, das weiß ich wirklich nicht; wenn ich sie doch finden könnte.« Das Mädchen aber sprach: »Laß sie, ob sie gesund sind oder nicht, gleichwohl, geh nicht mehr zu ihnen.« Der Mann aber sagte: »Ohne sie gefunden zu haben, geht für mich kein Weg weiter.« – »So geh denn«, sprach zu ihm das Mädchen, »wenn es dich so stark treibt; hier hast du einen Schleifstein, einen Kamm und ein Stück Kohle. Wenn du in Bedrängnis kommst, so wirf eins von ihnen fort, vielleicht können sie dir zu etwas nützen.«

Er ging fort und er ging dorthin, wo er im Dorf gelebt hatte. Er schaute nach dem Haus, in dem die Seinigen gelebt hatten; aus diesem Haus stieg noch Rauch auf, sonst gab es nichts Lebendiges mehr. Das verfluchte Mädchen mit den Hauern hatte alle ins Jenseits befördert.

Als der Bruder zu ihr ins Haus trat, da lief das Mädchen zu ihm hin und fing an, sich über ihn zu freuen: »Wo warst du, mein einziger Bruder«, sagte sie, »bis jetzt habe ich auf dich gewartet. Komm herein, wie schön, daß ich dich lebend wiedersehe.«

Sie gingen ins Haus. Als der Bruder sich auf eine Bank gesetzt hatte, da gab ihm seine Schwester eine Geige: »Spiel indessen darauf«, sie selbst lief aber unter dem Vorwand, das Essen zu bereiten, in die Vorratskammer, um ihre Hauer zu schleifen. Als sie in ihre Hinterstube gegangen war, da lief aus einem Winkel eine Maus heraus zum Bruder, jene Maus, in welche die Seele der Mutter verwandelt war, und sie sprach zu ihm: »Flieh, deine Schwester schleift ihre Hauer und wird dich fressen.« Der Junge sprang durchs hintere Fenster hinaus und lief fort. Die Maus aber sprang auf der Geige hin und her, und als ob der Junge spielte, so ließ sie die Geige ertönen. Das Mädchen horchte auf die Musik. Als sie ihre Hauer geschliffen hatte, da kam sie heraus, und als sie die Maus erblickte, da schrie sie auf: »O Gjaur (Ungläubiger), du hast aus meinem Munde meinen Bissen entschlüpfen lassen.« Sie griff nach ihr und verschlang sie, die Maus sprang wiederum aus ihrem Hinterteil heraus. Das Mädchen aber verschlang sie wieder, die Maus sprang wiederum aus ihrem Hintern. So bewirkte die Maus eine Verzögerung von einer Stunde.

Als das Mädchen schließlich für die Maus kein Mittel fand, um sie zu töten, da ließ sie von ihr ab und begann ihren Bruder zu verfolgen. An einer Stelle erblickt sie ihn und ruft ihm zu: »Verflucht dein Tag, wohin willst du vor mir fliehen?«

Als sie näher kam, da warf der Jüngling den Kamm fort, und hinter ihm wuchs ein stacheliges Gestrüpp, in dem kein Durchgang war. Das Mädchen begann mit ihren Hauern das Gestrüpp zu durchbrechen und machte sich so selber einen Weg. Der Jüngling flüchtete, während das Mädchen den Weg frei machte und ihn weiter verfolgte. Wiederum holt sie ihn ein und ruft ihm zu: »Bis wohin noch wirst du vor mir fliehen, ein Mittel hattest du – jetzt aber hat Gott dich mir gegeben.« Als sie anfing ihn zu bedrängen, da warf er das Stück Kohle fort, und zwischen ihnen beiden entstand ein dunkler Wald, so einer, aus dem kein Herauskommen war. Das Mädchen begann auch dort, mit seinen Hauern einen Weg zu machen, und er war schnell fertig. Der Bruder aber setzte seinen Lauf fort und schaute öfter nach ihr zurück. Wieder begann sie ihn einzuholen. Der Bruder aber warf seinen Schleifstein fort, und ein schwarzer Berg entstand. Doch das Mädchen zernagte ihn mit ihren Hauern, kam heraus und näherte sich ihm von neuem. Der Bursche aber kam unterdessen zu seinem alten Turm. Als er vor dem Turm stand und seine Frau ihre Hand nach ihm ausstreckte, kam auch das Mädchen an und ergriff ihn am Fuß. So begannen sie ihn zwischen Himmel und Erde zueinander zu ziehen. Das Mädchen sprach: »Es ist mein Bruder und mein.« Die Frau aber: »Bis wann Gott ihn dir gegeben hat, bis dahin war er dein, jetzt aber ist er mein.«

So begannen sie sich über ihn zu zanken. Lange stritten sie; darauf kamen sie überein, daß er zwei Wochen vom Monat der Frau gehören sollte, zwei Wochen aber der Schwester. Von da ab bis jetzt steht der Mond am Himmel, und wenn er in der Hand der Schwester ist, so frißt sie ihn, wenn er in der Hand seiner Frau ist, so macht diese ihn wieder ganz.

II.

SCHÖPFUNGSAKTE, WELTANFÄNGE

Der Kazike von Sogamoso

Im Anfang gab es bereits Himmel und Erde und alle Dinge an und auf ihnen, mit Ausnahme von Sonne und Mond, so daß noch alles im Dunkel lag. In dieser Zeit der Dunkelheit lebten als einzige Wesen der Kazike von Sogamoso und der von Ramiriqui oder Tunja (in beiden Orten gab es niemals mehr als einen Kaziken, und der, der es war, herrschte über die ganze Provinz). Diese beiden Kaziken schufen, so heißt es, alle Menschen: die Männer aus gelber Erde und die Frauen aus einer hochwachsenden Pflanze mit hohlen Stengeln. Noch lag die Erde im Dunkel, und um ihr Licht zu spenden, befahl der Kazike von Sogamoso dem von Ramiriqui, der sein Neffe war, zum Himmel hinaufzusteigen und, nachdem er Sonne geworden, die Welt zu erleuchten. So geschah es; da aber der Kazike von Sogamoso sah, daß es nicht genügte, um auch die Nacht zu erleuchten, stieg er selbst zum Himmel empor und machte sich zum Mond, der die Nacht erhellt ...

Dies geschah nach der indianischen Zeitrechnung im Dezember; darum feierten in diesem Monat die Indianer der Provinz Tunja, besonders die von Sogamoso, zur Erinnerung an jenes Ereignis ein Fest namens Huan, bei dem, wenn alle beisammen waren, zwölf Tänzer auftraten, ganz in rote Gewänder gekleidet und mit Girlanden und Kränzen geschmückt, deren jeder in einem Kreuz endete und vorn an der Stirn einen kleinen Vogel trug. Inmitten dieser zwölf gleichartig Gekleideten war ein dreizehnter mit blauer Kleidung, und alle zusammen sangen in ihrer Sprache ein Lied von der Vergänglichkeit aller Menschen.

Kadifukke, der Gestirnefänger

Kadifukke (»Der sich selbst macht«) hatte weder Vater noch Mutter. Kadifukke traf eines Tages auf der Wanderschaft Tschauke. Tschauke sagte: »Wer bist du?« Kadifukke sagte: »Ich bin Kadifukke. Mich hat nicht Fidi Mukullu gemacht. Mich hat keine Mutter geschaffen, ich bin aus mir selbst gekommen.« Tschauke sagte: »Ich bin Tschauke, die Tochter Fidi Mukullus.« Kadifukke sagte: »Ich würde dich gern heiraten.« Tschauke sagte: »Es ist gut.«

Sie gingen in das Dorf Kadifukkes. Tschauke sagte: »Kennst du den Weg zum Himmel?« Kadifukke sagte: »Gewiß, ich kenne ihn.« Tschauke sagte: »Ich gehe heute abend zu meinem Vater Fidi Mukullu. Komm morgen früh nach.« Tschauke ging. Kadifukke legte sich schlafen. Am andern Morgen machte Kadifukke ein Feuer aus trockenen Palmblättern. Es stieg Rauch zum Himmel. In dem Rauch ging er zum Himmel auf. Er kam im Himmel am Platz Tschaukes an. Tschauke sagte: »Wir wollen zu meinem Vater gehen.« Kadifukke sagte: »Heute will ich noch einmal zur Erde zurückkehren.« An dem Tag kehrte Kadifukke noch einmal zur Erde zurück. Am dritten Tag kam er wieder am Platz Tschaukes an. Er sagte zu Tschauke: »Nun wollen wir zu deinem Vater Fidi Mukullu gehen.«

Sie gingen zu Fidi Mukullu. Fidi Mukullu machte Biddia (Brei). Er machte Tschingu (Fliegen) als Beigabe. Kadifukke aß ein wenig. Kadifukke betrachtete die Tschingu. Er sagte: »Ist das alles, was dein Vater als Zutat gibt?« Tschauke sagte (beschwichtigend): »Laß nur, laß nur, laß doch nur!« Kadifukke sagte: »Fidi Mukullu kann viel geben.« Kadifukke begann zu singen: »Weshalb tötet mir Fidi Mukullu nicht eine Ziege? Weshalb tötet mir Fidi Mukullu nicht ein Huhn?« Dann ging Kadifukke zur Ruhe.

In der Nacht bekam Kadifukke Magenweh. Er ging aus seiner Hütte, ganz in die Nähe hin und entleerte sich. Dann ging er in das Haus zurück. Es begann auf allen Seiten die Tschonde (Holzpauke) zu ertönen. »Er hat auf die Erde gekackt. Er hat auf die Erde gekackt.« Tschauke sagte: »Weißt du, was das ist?« Kadifukke sagte: »Ja, das ist, weil ich auf die Erde gekackt habe.« Kadifukke ging heraus. Er nahm Palmblätter und wickelte seinen Unrat hinein. Er steckte das Paket in seinen Sack. Dann ging er in sein Haus zurück. Die Leute Fidi Mukullus sangen nun: »Du hast gekackt, kack nicht noch einmal!« Darauf schliefen alle bis zum Morgen.

Am andern Tag sagte Fidi Mukullu zu Kadifukke: »Du willst Tschauke zur Frau haben?« Kadifukke sagte: »Ja, ich möchte Tschauke zur Frau haben. Was soll ich geben?« Fidi Mukullu sagte: »Packe mir Diba (Sonne), sie macht mir alle Tage Streit! Packe mir Gondo (Mond), er macht mir alle Tage Streit! Packe mir Tschidiminasaschi und Niama (Plejaden), Muntu und Mboa (Oriongruppe), denn sie machen mir alle Tage Streit! Pack mir Nguffu (Nilpferd), denn er macht mir alle Tage Streit! Pack mir Kaphumbu (Elefant), denn er macht mir alle Tage Streit! Nachher will ich dir meine Tochter zur Frau geben!« Kadifukke sagte: »Es ist gut.« Kadifukke ging zur Erde zurück.

Kadifukke ging zur Erde zurück. Kadifukke rief Kapullukussu (die kleine Fledermaus). Kadifukke aß Freundschaft mit Kapullukussu. Kadifukke sagte zu Kapullukussu: »Ich will Tschauke, die Tochter Fidi Mukullus, heiraten.« Kapullukussu sagte: »Was will Fidi Mukullu?« Kadifukke sagte: »Ich soll Diba, Gondo, Tschidiminasaschi und Niama, Muntu und Mboa, Nguffu und Kaphumbu fangen. Dann will er mir Tschauke geben.« Kapullukussu sagte: »Das könnte ich sogleich machen.« Kadifukke sagte: »Ich will dir meine Schwester schenken.« Kapullukussu sagte: »Es ist recht.«

Kapullukussu machte eine Schnur. Die Schnur war nicht aus Ananasfaser, sie war nicht aus Rotang. Sie war aus Eisen. Sie war gedreht wie ein Strick und reichte weit, weit fort. Kapullukussu machte eine große, große Schlinge. Am Abend ging er fort. Der Regen hörte ein wenig auf. Der Regen ging ein wenig zur Seite. Kapullukussu legte seine Schlinge auf den Weg des Gondo. Gondo ging seinen Weg. Er ging in die Schlinge. Gondo war in der Schlinge. Kapullukussu rief: »Bantu, Bantu! Alle Menschen müssen an der Schnur ziehen!« Alle Leute kamen herbei. Alle Leute zogen an dem eisernen Strick. Sie zogen den Mond ganz nahe heran und banden ihn an einen starken Baum.

Kapullukussu machte eine (andere) Schnur. Die Schnur war nicht aus Ananasfaser, sie war nicht aus Rotang. Sie war aus Eisen und gedreht wie ein Strick. Sie war so stark wie ein Arm und reichte bis dahin, wo sich Erde und Himmel berühren. Kapullukussu machte eine große Schlinge in den eisernen Strick. Er trug die Schlinge dahin, wo die Sonne morgens einhergeht. Er ging hin und legte nachts seine Schlinge auf den Weg. Dann kam die Sonne und machte gewaltiges Feuer nach allen Seiten. Nach allen Seiten gingen gewaltige Flammen aus. Dann trat die Diba in die Schlinge. Kapullukussu rief: »Bantu! Bantu! Bantu! Alle Menschen müssen an der Schnur ziehen! Alle Menschen müssen stark ziehen!« Alle Leute kamen und alle Leute zogen an dem eisernen Strick, der so dick war wie ein Arm, und die Diba warf Feuer nach allen Seiten. Doch die Leute zogen. Sie zogen Diba heran, bis sie ganz dicht war, und dann schlangen sie die Schnur aus Eisen um einen großen Stein. Diba war gebunden.

Kadifukke sagte zu Kapullukussu: »Für Tschidiminasaschi und Niama, Muntu und Mboa (Plejaden und Oriongruppe) brauchst du nicht eine so starke Schnur zu nehmen.« Kapullukussu sagte: »Nein, das mach ich so!« (Der Erzähler spuckt in die Hand und fährt dann erst langsam, dann schnell zupackend vor sich hin, genau wie wir etwa eine Fliege fangen.) Kapullukussu fing so Tschidiminasaschi und steckte ihn in seinen Sack. Kapullukussu sagte: »Den habe ich.« Kapullukussu spuckte wieder in die Hand, holte aus, fing Niama und steckte ihn in den Sack. Kapullukussu spuckte wieder in die Hand, holte aus, fing Muntu und steckte ihn in den Sack. Kapullukussu spuckte wieder in die Hand, holte aus, fing Mboa und steckte ihn in den Sack. Kapullukussu band den Sack fest zu. Er hielt ihn an Kadifukkes Ohr und fragte: »Hörst du?« Kadifukke hörte hin. Die Sterne machten: »Tue té! Tue té! Tue té!« (der erste Ton dreieinhalb Ton höher als der zweite und das ganze gesprochen, wie wir das Uhrticken nachahmen.) Kadifukke nahm den Sack und hängte ihn im Haus auf.

Kapullukussu sagte: »Schenke mir noch etwas.« Kadifukke sagte: »Es ist gut.« Er nahm seinen Bruder und gab ihn Kapullukussu. Kapullukussu nahm die Schwester und den Bruder Kadifukkes und stellte sie nebeneinander. Dann klopfte Kapullukussu leicht auf ihre Schultern. Darauf flatterten beide wie Kapullukussu und beide wurden wie Kapullukussu.

Kapullukussu ging hin und machte einen Dobbo (Angelhaken). Der Dobbo war so stark wie eine große Zehe. An dem Dobbo befestigte er junges, schönes Gras, wie es Nguffu gern ißt. Den Dobbo mit dem jungen Gras warf Kapullukussu ins Wasser; dahin, wo Nguffu jeden Abend essen kam. Der Dobbo war an einem Tau befestigt. Das Ende des Taues hielten die Leute im Dorf. Der Mond ging auf. Die Leute im Dorf fühlten, wie es stark am Tau zog. Kapullukussu rief: »Zieht, zieht!« Sie zogen und zogen Nguffu heraus. Sie banden Nguffu die Beine zusammen.

Kapullukussu ging hin und machte einen Dobbo so stark wie einen Arm. An dem Dobbo befestigte er Zweige mit jungen Blättern, wie sie Kaphumbu gern ißt. Den Dobbo mit den jungen Zweigen warf Kapullukussu in die Krone der Bäume. Der Dobbo war an einem Tau befestigt. Das Ende des Taues hielten die Leute im Dorf. Der Mond ging auf. Die Leute im Dorf fühlten, wie es stark am Tau zog. Kapullukussu rief: »Zieht, zieht!« Alle Leute zogen und zogen Kaphumbu aus dem Wald. Sie banden Kaphumbu die Beine zusammen.

Kadifukke ging nun hinauf in Fidi Mukullus Dorf. Er sagte: »Ich habe Diba, die dir immer Streit machte, sie ist an ein Seil gebunden. Wenn deine Leute aber die Sonne heraufholen, so sollen sie fest zupacken, denn die Diba ist stark und viel Feuer geht von ihr aus.« Fidi Mukullu sagte: »Habe ich nicht genug Leute? Alle meine Leute werden die Sonne halten.« Die Leute Fidi Mukullus kamen alle heran. Sie hielten den Eisenstrick. Sie führten die Sonne herauf. Diba warf viel Feuer nach rechts und links. Sie warf nach allen Seiten Feuer. Diba konnte nicht fort. Fidi Mukullu sagte: »Bindet Diba hier an. Diba soll am Himmel bleiben. Diba soll hier gehen nach meinem Willen. Diba soll mit ihrem Feuer nichts verbrennen.« Fidi

Mukullu rief Kadifukke: »Hast du Gondo, Tschidiminasaschi, Niama, Muntu, Mboa?« Kadifukke sagte: »Ich habe sie. Gondo ist stark.« Fidi Mukullu sagte zu seinen Leuten: »Bringt Gondo herauf. Alle Leute sollen Gondo heraufbringen. Bindet Gondo hier an, und er soll nicht häufiger umgehen, als ich es will. Es soll ein großer Zeitraum sein, wenn Gondo umgeht. Tschidiminasaschi, Niama, Muntu und Mboa sollen am Himmel angebunden werden. Wenn der Regen kommt, sollen sie hier gehen, und wenn der trockene Wind kommt, dort.«

Fidi Mukullu gab Kadifukke Tschauke zur Frau. Kadifukke und Tschauke kehrten zur Erde zurück.

Die Färber des Mondes

Altvater hatte schon die ganze Welt erschaffen, aber noch war sein Werk nicht vollkommen, wie es wohl sein sollte, denn noch mangelte es der Welt an reichlichem Licht. Des Tages wandelte die Sonne ihre Bahn am himmlischen Zelt, aber wenn sie abends unterging, so deckte tiefe Finsternis Himmel und Erde. Alles, was geschah, verbarg die Nacht in ihrem Schoß.

Gar bald ersah der Schöpfer diesen Mangel und gedachte dem abzuhelfen. So gebot er denn dem Ilmarinen (›der große Schmied‹, Bestirner des Himmels) dafür Sorge zu tragen, daß es fortan auch in den Nächten auf Erden hell sei. Ilmarinen gehorchte dem Befehl, trat hin zu seiner Esse, wo er vordem schon des Himmels Gewölbe geschmiedet, nahm viel Silber und goß daraus eine gewaltige runde Kugel. Die überzog er mit dickem Gold, setzte ein helles Feuer hinein und hieß sie nun ihren Wandel beginnen am Himmelszelt. Darauf schmiedete er unzählige Sterne, gab ihnen mit leichtem Gold ein Ansehen und stellte jeden an seinen Platz im Himmelsraum.

Da begann neues Leben auf der Erde. Kaum sank die Sonne, da stieg auch schon am Himmelsrand der goldene Mond auf, zog seine blaue Straße und erleuchtete das nächtliche Dunkel nicht anders als die Sonne den Tag. Dazu blinkten neben ihm die unzähligen Sterne und begleiteten ihn wie einen König, bis er endlich am anderen Ende des Himmels anlangte. Dann gingen die Sterne zur Ruhe, der Mond verließ das Himmelsgewölbe, und die Sonne trat an seine Stelle, um dem Weltall Licht zu spenden.

So leuchtete nun Tag und Nacht ein gleichmäßiges Licht hoch von oben auf die Erde nieder. Denn des Mondes Angesicht war ebenso klar und rein wie der Sonne Antlitz, und nur gleicher Wärme ermangelten seine Strahlen. Am Tag brannte aber die Sonne oftmals so heiß, daß niemand eine Arbeit verrichten mochte. Um so lieber schafften sie dann unter dem Schein des nächtlichen Himmelswächters, und alle Menschen waren von Herzen froh über das Geschenk des Mondes.

Den Teufel aber ärgerte der Mond gar sehr, denn in seinem hellen Licht konnte er nichts Böses mehr verüben. Zog er einmal auf Beute aus, so erkannte man ihn schon von fern und trieb ihn mit Schanden heim. So kam es, daß er sich in dieser Zeit nicht mehr als zwei Seelen erbeutet hatte.

Da saß er nun Tag und Nacht und sann, wie er's wohl angriffe, damit es ihm wieder glückte. Endlich rief er etliche Gesellen herbei, aber die wußten auch keinen Ausweg. So ratschlagten sie denn zu dreien voll Eifer und Sorge, es wollte ihnen aber nichts einfallen. Am siebenten Tag hatten sie keinen Bissen mehr zu essen, saßen seufzend da, drückten den leeren Magen und zerbrachen sich die Köpfe mit Nachdenken. Und sieh, endlich kam dem Bösen selbst ein glücklicher Einfall.

»Wir müssen den Mond wieder fortschaffen, wenn wir uns retten wollen. Gibt es keinen Mond mehr am Himmel, so sind wir wieder Helden wie zuvor. Beim matten Sternenlicht können wir ja unbesorgt unsere Werke betreiben!«

»Sollen wir denn den Mond vom Himmel herunterholen?« fragten ihn die Knechte.

»Nein«, sprach der Teufel, »der sitzt zu fest daran, herunter bekommen wir ihn nicht! Wir müssen es besser machen. Und das Beste ist, wir nehmen Teer und schmieren ihn damit, bis er schwarz wird. Dann mag er am Himmel weiter laufen, das wird uns nicht verdrießen.«

Dem Höllenvolk gefiel der Rat des Alten wohl, und alle wollten sich sogleich ans Werk machen. Es war aber zu spät geworden, denn der Mond neigte sich schon zum Niedergang, und die Sonne erhob ihr Angesicht. Den andern Tag aber schafften sie mit Eifer an ihrer Arbeit bis zum späten Abend. Der Böse war ausgezogen und hatte eine Tonne Teer gestohlen, die trug er nun in den Wald zu seinen Knechten. Indes waren diese geschäftig, aus sieben Stücken eine lange Leiter zusammen zu binden, und ein jedes Stück maß sieben Klafter. Darauf schafften sie einen tüchtigen Eimer herbei und banden aus Lindenbast einen Schmierwisch zusammen, den sie an einen langen Stiel steckten.

So erwarteten sie die Nacht. Als nun der Mond aufstieg, warf sich der Böse die Leiter samt der Tonne auf die Schulter und hieß die beiden Knechte mit Eimer und Borstwisch folgen. Als sie angekommen waren, füllten sie den Eimer mit Teer, schütteten auch Asche hinzu und tauchten dann den Borstwisch hinein. Im selben Augenblick lugte auch schon der Mond hinter dem Wald hervor. Hastig richteten sie die Leiter auf, der Alte aber gab dem einen Knecht den Eimer in die Hand und hieß ihn hurtig hinaufsteigen, indes der andere unten die Leiter stützen sollte.

So hielten sie nun unten beide die Leiter, der Alte und sein Knecht. Der Knecht aber vermochte der schweren Last nicht zu widerstehen, so daß die Leiter zu wanken begann. Da glitt auch der Mann, der nach oben gestiegen war, auf einer Sprosse aus und stürzte mit dem Eimer dem Teufel auf den Hals. Der Böse prustete und schüttelte sich wie ein Bär und fing an, schrecklich zu fluchen. Dabei hatte er der Leiter nicht mehr Acht und ließ sie fahren, so daß sie mit Donner und Gekrach zu Boden fiel und in tausend Stücke schlug.

Als ihm nun sein Werk so übel geraten und er selbst anstatt des Mondes vom Teer begossen war, da tobte der Teufel in seinem Zorn und Grimm. Wohl wusch und scheuerte, kratzte und schabte er seinen Leib, aber Teer und Ruß blieben an ihm haften und ihre schwarze Farbe trägt er noch bis auf den heutigen Tag.

So kläglich schlug dem Teufel sein Versuch fehl, aber er wollte von seinem Vorsatz nicht ablassen. Darum stahl er andern Tages wiederum sieben Leiterbäume, band sie gehörig zusammen und schaffte sie an den Waldsaum, wo der Mond am tiefsten steht. Als der Mond am Abend aufstieg, schlug der Böse die Leiter fest in den Grund ein, stützte sie noch mit beiden Händen und schickte den anderen Knecht mit dem Teereimer hinauf zum Mond, gebot ihm aber streng, sich fest an die Sprossen zu hängen und sich vor dem gestrigen Fehltritt zu hüten. Der Knecht kletterte so schnell als möglich mit dem Eimer hinauf und gelangte glücklich auf die letzte Sprosse. Eben stieg der Mond in königlicher Pracht hinter dem Wald auf. Da hob der Teufel die ganze Leiter auf und trug sie eilig bis hin an den Mond. Und welch ein Glück! Sie war wirklich gerade so lang, daß sie mit der Spitze an den Mond reichte.

Nun machte sich des Teufels Knecht ohne Säumen ans Werk. Es ist aber nichts Leichtes, oben auf einer solchen Leiter stehen und dem Mond mit einem Teerwisch ins Gesicht fahren wollen. Zudem stand auch der Mond nicht still auf einem Fleck, sondern wandelte ohne Unterlaß seines Weges fürbaß. Darum band sich der Mann da oben mit einem Seil fest an den Mond, und da er so vor dem Fall behütet war, ergriff er den Wisch aus dem Eimer und begann, den Mond zuerst von der hinteren Seite zu schwärzen. Aber die dicke Goldschicht auf dem reinen Mond wollte keinen Schmutz leiden. Der Knecht strich und schmierte, daß ihm der Schweiß von der Stirne troff, bis es ihm nach vieler Mühe endlich doch gelang, des Mondes Rücken mit Teer zu überziehen.

Der Teufel unten schaute offenen Mundes der Arbeit zu, und als er das Werk zur Hälfte vollendet sah, sprang er vor Freude von einem Fuß auf den andern.

Als er so des Mondes Rücken geschwärzt hatte, schob sich der Knecht mühsam nach vorn, um auch hier den Glanz des Himmelswächters zu vertilgen. Da stand er nun, verschnaufte ein wenig und dachte nach, wie er es anfinge, um mit der anderen Seite leichter fertig zu werden. Es fiel ihm aber nichts Gescheites ein, und er mußte es wie zuvor machen.

Schon wollte er sein Werk wieder beginnen, als gerade Altvater aus kurzem Schlummer erwachte. Verwundert nahm er wahr, daß die Welt um die Hälfte dunkler geworden, obgleich kein Wölkchen am Himmel stand. Wie er aber schärfer nach der Ursache der Finsternis ausschaute, erblickte er den Mann auf dem Mond, der eben seinen Wisch in den Teertopf tauchte, um die erste Hälfte des Mondes der zweiten gleich zu machen. Unten aber sprang der Teufel vor Freuden wie ein Ziegenbock hin und her. »Solche Streiche macht ihr also hinter meinem Rücken!« rief Altvater zornig aus. »So mögen denn die Übeltäter den verdienten Lohn empfangen! Auf dem Mond bist du und sollst da ewig mit deinem Eimer bleiben, allen zur Warnung, die der Welt das Licht rauben wollen.«

Altvaters Worte gingen in Erfüllung. Noch heute steht der Mann mit dem Teereimer im Mond, der deswegen nicht mehr so hell leuchten will wie sonst. Oft wohl steigt der Mond hinab in den Schoß des Meeres und möchte sich rein baden von seinen Flecken; aber sie bleiben ewig an ihm haften.

Mani

In der altnordischen Lieder-Edda fragt Gott Odin den Riesen Wafthrudnir nach der Entstehung von Erde und Himmel:

Odin:
»Sage mir zum andern,
wenn deine Einsicht taugt,
und du, Wafthrudnir, es weißt:

Woher mag Mani der Mond,
der über die Menschen geht,
und woher die Sonne wohl sein?«

Wafthrudnir:
»Mundilfari heißt er,
er soll des Mondes Vater
und der der Sonne sein;
sie ziehen täglich,
zum Zeitmaß den Menschen,
über den Himmel hin.«

Odin:
»Sage mir zum dritten,
wenn man bedacht dich nennt
und du, Wafthrudnir, es weißt:
Woher kam der Tag,
der über die Täler geht,
und die Nacht mit dem Neumond?«

Wafthrudnir:
»Delling heißt er,
von diesem stammt der Tag,
doch Nör hat die Nacht gezeugt;
Vollmond und Neumond,
den Völkern zum Zeitmaß,
schufen gütige Götter einst.«

In einem weiteren Eddalied fragt Gott Thor den Zwerg Alwis aus, so unter anderem:

Thor:
»Sage mir, Alwis
(von allen Weltreichen
weißt, Zwerg, du wohl),
wie man den Mond heißt,
den die Menschen sehn,
bei den Bewohnern jeder Welt!«

Alwis:
»Mond bei den Menschen,
Mindrer bei den Göttern,
Himmelsrad bei Hel,
Eiler bei den Riesen,
bei den Alben Schein,
bei den Zwergen Zeitmesser.«

Die etwas komplizierte Familiengeschichte derer »am Himmel wie auf Erden« führt später Snorri Sturluson in seiner Prosa-Edda aus. Ihr zufolge hatte der Riese Nörfi eine Tochter namens Nott (Nacht), von Natur aus schwarz und dunkel. In dritter Ehe heiratete sie den Asen Delling (Morgentau), ihrer beider Sohn war Dag (Tag) – und dieser war licht und schön kraft Geburt.

Da nahm Allvater die Nott und ihren Sohn Dag, schenkte ihnen zwei Pferde und zwei Wagen und schickte sie für immer zum Himmel hinauf, daß sie in je zweimal zwölf Stunden um die Erde fahren sollten. Die Nacht fährt voran mit dem Hengst Reifmähne, der betaut jeden Morgen die Erde mit dem Schaum seines Gebisses. Der Hengst des Dag heißt Leuchtmähne, von dessen Mähne fällt Glanz auf Himmel und Erde.

Nun fragt Gangleri der Wildniswanderer den König Hoch: »Wie aber lenkt er (Allvater) den Gang von Sonne und Mond?«

Hoch erwiderte: »Es war ein Mann namens Mundilfari, der zwei Kinder hatte, die waren so blond und schön, daß er seinen Sohn Mani (der Mond) nannte und seine Tochter Sol (die Sonne), und diese gab er einem Mann namens Glen (der Glänzende) zur Frau. Doch die Götter wurden zornig über diese Anmaßung [die in den Namen steckt], nahmen die Geschwister und versetzten sie an den Himmel, und Sol mußte die Rosse lenken, die den Wagen eben jener Sonne zogen, welche die Götter aus einem Funken, der aus Muspelsheim (Feuerwelt) geflogen kam, geschaffen hatte, damit sie die Welten erleuchte. Die Rosse heißen Frühwach und Allbehend, und unter ihrem Bug brachten die Götter zwei Blasebälge an, um ihnen Kühlung zu verschaffen. Mani jedoch lenkt den Gang des Nachtgestirns und bewirkt die Mondphasen. Er entführte von der Erde die beiden Kinder Bil (die Ermattung, weiblich) und Hjuki (die Erholung, männlich), als sie von dem Brunnen Byrgir weggingen und auf den Achseln die Tragstange Simul und den Zuber Sög trugen. Ihr Vater heißt Widfinn (der Waldfinne). Daß diese Kinder den Mond begleiten, kann man von der Erde aus sehen.«

Daß die Sonne so eilig dahinzieht – dies eine weitere Himmelsvorstellung, wie sie sich im Wechselgespräch zwischen Ganglieri und Hoch ergibt –, rührt von daher, daß ein Angreifer ihr auf den Fersen ist. »Das Ungemach droht von zwei Wölfen: Der, der hinter ihr her ist, heißt Skoll (die Bosheit), dieser macht ihr Angst, und er wird sie eines Tages einholen. Der andere, Hati (der Hasser), Hrodwitnirs Sohn, rennt vor ihr her und will den Mond erschnappen, und das wird eines Tages auch geschehen.«

»Man sagt, einer aus dieser Brut von Wolfsriesen werde der stärkste von allen«, so führt König Hoch aus, »und dieser heißt Managarm (Mondhund, Synonym von Hati). Er füllt sich mit dem Fleisch aller Menschen, die sterben, er verschlingt den Mond und besprizt mit dem Blut den Himmel und alle Lufträume; davon verliert die Sonne ihren Schein, und die Winde werden unruhig und rauschen hin und her.«

Soweit die bildhaft-poetische Erklärung der Mondphasen, der Mondfinsternis und der Vorzeichen des Ragnarök (letztes Geschick, Weltuntergang) in der Vorstellung der Germanen.

Das Ochsenauge

Im Anfang gab es nicht die Sonne und den Mond. Sie entstanden auf folgende Weise:

Eines Tages gingen ein junger Ochse und ein junger Widder zusammen. Sie hatten Freundschaft geschlossen. Beide Tiere bekamen die Krankheit *ischér*, die besonders bei dem Rindvieh sehr häufig ist und in einer Verhärtung oder Eiterung im nach innen gewandten Teil des Augenlides besteht. Die erste Mutter der Welt sah, daß beide Tiere krank waren. Sie nahm den Ochsen, band ihm stark die Füße zusammen und schnitt ihm dann die Geschwulst um den Teil des Augenlides, der die Form eines Mondviertels hatte, ab. Den Teil warf sie in eine Schüssel mit Wasser. Dann ergriff sie den jungen Widder und schnitt ihm das Augenlid, das erkrankt war, ab und warf es in das Feuer.

Nachdem der Ochse losgebunden war, blickte er in die hölzerne Wasserschale, in der der Abschnitt seines Augenlides lag. Da sah er den Abschnitt. Nun wurde sein Auge zum Himmel, das Dunkle darin zum Blau des guten Wetters. Der Abschnitt seines Augenlides wurde zum Mond. Das Schwarze zwischen dem Bild seiner Augen und der Abschnitt der Augenlider wurde die Nacht, und der Streifen zwischen dem Augenlidabschnitt und dem Rand der (spiegelnden, weil mit Wasser gefüllten) Holzschale zum Mondschein. Seitdem ist der Mond in der Welt. Vorher war über der Erde das Nichts. Nun aber entstanden die sieben Himmel.

Als das junge männliche Schaf freigelassen wurde, rannte es zu dem Feuer, in welches der Abschnitt seines Auges geworfen war. Der junge Widder blickte in die Feuerflamme. Nach einiger Zeit ging darauf aus dem Feuer die Sonne auf, die seitdem die Welt erhellt. Seitdem ist es hell, und das verdankt man dem jungen Widder.

Die Sterne aber sind entstanden aus Bohnen, die ein Mann an den Himmel warf.

Wie der Makai die Erde und den Himmel machte

Am Anfang gab es da, wo jetzt Erde, Sonne, Mond, Sterne und alle übrigen Dinge dieser Welt sind, nichts. Lange Zeit hindurch ballte sich das Dunkel zusammen, bis es schließlich eine große Masse wurde, in der sich Erddoktors (d. i. des Makai) Geist bildete. Dieser trieb, wie eine Baumwollflocke vor dem Wind, hier- und dorthin ohne festen Halt. Endlich beschloß er, da er sich seiner Macht bewußt war, sich eine feste Wohnstätte zu gründen. Daher nahm er von seiner Brust ein wenig Staub und machte daraus einen flachen Kuchen; dann dachte er: »Irgendeine Pflanze soll erscheinen«, und der Kreosotebusch war zur Stelle. Er stellte ihn vor sich hin, sah aber, daß er umfiel, sobald er seine Hand von ihm zog; noch zweimal richtete er ihn auf, aber immer wieder fiel er um, bis er schließlich beim vierten Mal stehenblieb. Als der flache Staubkuchen endlich stillstand, tanzte und sang der Erddoktor auf ihm.

Jetzt schuf Erddoktor schwarze Insekten, die schwarzes Harz auf dem Kreosotebusch erzeugten, sodann die Termite, die sich ebenfalls sogleich ans Werk machte und den feinen Staubkuchen bis zum Umfang unserer heutigen Erde anwachsen ließ. Wieder sang und tanzte Erddoktor, und die Erde entwickelte sich weiter; dann machte er einen Himmel darüber, damit er sie bedecke, und der Himmel war wie die runde Hütte der Pima geformt. Aber die Erde schwankte und dehnte sich, so daß sie sich nicht zur Besiedlung eignete. Da schuf Erddoktor eine graue Spinne, die ein Netz weben mußte, das die Kanten von Himmel und Erde miteinander verband. Jetzt erst war die Erde fest und dauerhaft.

Weiter wurde alles, was wir jetzt auf der Erde sehen, geschaffen – Wasser, Berge, Bäume, Gräser und Kräuter –, dann machte Erddoktor eine Schale, goß Wasser hinein, und das Wasser wurde zu Eis. Er nahm den Eisklumpen heraus und schleuderte ihn gen Norden, wo er an der Stelle niederfiel, wo Erde und Himmel aneinanderstoßen; sogleich erglänzte der Eisblock als die leuchtende Scheibe, die wir jetzt Sonne nennen. Die Sonne stieg eine Strecke weit am Himmel empor und fiel sodann wieder hinab. Erddoktor ergriff sie von neuem und warf sie gen Westen, dahin, wo Erde und Himmel zusammengenäht sind, und wieder stieg sie empor und glitt auf den Boden hinab. Im Süden geschah dasselbe; als Erddoktor sie aber gen Osten warf, stieg sie höher und höher empor, bis sie den Zenit erreicht hatte und nun wieder zum Westen hinabsank; und so ist es bis zum heutigen Tag geblieben.

Als das Abendrot verblaßt war, wurde es pechschwarze Dunkelheit. Da goß Erddoktor wiederum Wasser in die Schüssel, das zu Eis wurde, nahm den Eisblock und warf ihn gen Norden, wo er an den Rändern von Erde und Himmel, da, wo die Spinne beide zusammengewoben hatte, niederfiel. Er wurde zu der glänzenden Scheibe, die wir jetzt Mond nennen. Auch der Mond versuchte nacheinander, wie die Sonne, im Norden, Westen und Süden emporzusteigen, ohne daß es ihm gelang, bis Erddoktor ihn nach Osten warf, von wo er sich erhob und bis zum heutigen Tag seinen Lauf über den Himmel fortgesetzt hat.

Als Erddoktor sah, daß der Mond zwar genügend Licht verbreitete, solange er über dem Horizont stand, daß aber die Dunkelheit noch immer sehr groß war, sobald er verschwand, nahm er etwas Wasser in den Mund und spritzte es an den Himmel, wodurch die Sterne entstanden, und als das immer noch nicht genügte, nahm er seinen Zauberkristall, zerbrach ihn und warf die Stücke an den Himmel, wo sie die größeren Sterne bildeten. Dann ergriff er seinen Wanderstab, tauchte dessen Ende in Asche und zog damit quer über den Himmel einen Strich, um die Milchstraße zu machen.

Wie Sonnengott und Mondfrau die Tiere und Menschen schufen

Am Anfang aller Dinge gab es auf der Welt nur Erde und Wasser. Einmal aber ließ der Sonnengott einige Samen fallen, als er gerade aß. Und ein andermal ließ er einige Körner fallen, und wieder ein andermal spuckte er die Kerne von Früchten aus, und alles, was vom Himmel heruntergefallen war, wurzelte im Erdreich oder im Wasser ein, und so entstanden nach und nach auf der Erde die gleichen Pflanzen, die auch im Himmel wuchsen.

Als nun der Sonnengott sah, daß die Erde nicht mehr so wüst und leer war, wollte er auch einige Tiere darauf versetzen, und er nahm eine Handvoll Tiere und ließ sie auf die Erde fallen. Aber da im Himmel die Fleischfresser immer am Tisch des Sonnengottes gefüttert worden waren, und da diese Nahrung jetzt nicht mehr da war, begannen die Fleischfresser über die Pflanzenfresser herzufallen.

Als in der Nacht die Frau des Sonnengottes, die Mondgöttin, sah, daß auf der Erde Tiere herumliefen, daß aber das Meer, die Seen und die Flüsse leer waren, nahm sie ein großes Netz und fischte im himmlischen Teich, und die Fische, die sie gefangen hatte, warf sie auf die Erde herunter ins Wasser. Aber da im Himmel die fleischfressenden Fische immer von der Mondfrau gefüttert worden waren, und da sie nun auf der Erde nichts zum Fressen fanden, fingen die Fleischfresser an, die Pflanzenfresser unter den Fischen und den Landtieren zu überfallen und zu fressen.

Und als nun der Sonnengott erkannte, daß die Tiere sich gegenseitig töteten, wollte er wieder Frieden unter ihnen machen. Und er sagte: »Ich muß ein großes Tier machen, das mir ähnlich und allen andern Tieren überlegen ist. Dieses Tier soll die Fleischfresser füttern.« Und der Sonnengott machte den ersten Mann.

Und als die Mondfrau erfuhr, was ihr Mann gemacht hatte, sagte sie: »Mein Mann hat nur an die Lebewesen auf dem Lande gedacht und nicht an die im Wasser. Und ich werde ein Tier machen, das mir ähnlich und den Tieren im Wasser überlegen ist.« Und sie machte die erste Frau. Aber die erste Frau wollte sich nicht um die Fische kümmern, sondern sie lief nur hinter dem Mann her. Und als die Mondfrau das sah, wurde sie zornig, nahm einen Dornenstock und schlug die Frau zwischen die Füße und riß ihr damit das Geschlecht ab. Und so kommt es, daß die Frauen einen Riß zwischen den Schenkeln haben und oft bluten.

Dem Mann aber gelang es nicht, den Frieden zwischen den Fleischfressenden und den Pflanzenfressenden wiederherzustellen, denn er hatte nichts, um die Fleischfresser zu füttern. Der Sonnengott hatte vergessen, ihm etwas zu geben. Und so herrscht auch heute noch Krieg zwischen den Tieren des Landes und auch Krieg zwischen den Tieren des Wassers.

Die Quirlung des Milchmeeres

Nach alter hinduistischer Vorstellung gleicht der Weltleib, vom eigenen Lebenssaft durchtränkt, einem mit Milch gefüllten Butterfaß. Der Mythos besagt, daß in unendlicher Arbeit der Weltberg, der den Kosmos durchragt, wie ein Quirl herumgewirbelt wird, bis die Milch des Lebens »gebuttert« ist und dabei einen Unsterblichkeitstrank (Amrita) absondert. Als Quirlstab dient der Berg Mandara, dessen Fundament die kosmische Schildkröte (Kurma) bildet. Die Weltenschlange wird zum Quirlstrick, der sich um den Berg schlingt. An der einen Seite ziehen die Götter, an der anderen die ihnen feindlichen Dämonen (Asaras).

»Herr der Götter, wir quirlen das Milchmeer, um Unsterblichkeit zu erlangen – hilf uns, daß wir unsterblich werden! Ohne dich vermögen wir es nicht. Führe uns an, o Herr, den Trank der Unsterblichkeit zu gewinnen!«

So sprachen sie, und der unnahbare Vishnu, Vernichter seiner Feinde, schritt samt den Göttern zum Mandaraberg hin, der war von einer Windung der Weltschlange umgürtet, und Götter und Dämonen hielten ihn. Da stellten sich die Götter aus Furcht vor dem Gift der Weltschlange an ihr Schwanzende, die Dämonen aber standen bei ihrem Kopfteil, allen voran Rahu, der Mondverschlinger, der die Mondfinsternis wirkt. Und Bali ergriff mit der linken Hand das Haupt der Schlange mit tausend Mündern, mit der rechten zog er an ihrem Leib. Vishnu hielt mit zwei Paar Armen den Weltberg Mandara samt seinen lieblichen Schluchten als Quirl umfaßt. Da riefen Götter und Widergötter »Sieg« und quirlten das göttliche Milchmeer volle hundert Jahre lang. Dann waren alle Götter und Dämonen matt, und Indra ward zu einer Wolke und regnete auf die Erschöpften mild stäubende Tropfen, und der Windgott wehte sie kühlend an. Die ermatteten Götter erholten sich, und der lotosthronende Brahma rief: »Quirlt das Weltmeer!«, so rief er immer wieder, »wer unbezwinglich sich müht, dem winkt uferloses Glück!«

Von Brahma angefeuert, quirlten die Götter das Meer aufs neue, da wirbelte der Berg umher mit seinem Gipfel, der Myriaden Meilen maß, und im Wirbeln sausten Elefanten herdenweis von ihm ab, Wildschweine, Ungeheuer und Myriaden wilder Tiere, Blüten, Früchte und Bäume zu Tausenden. Dank der Kraft dieser Früchte und dem Saft der Blüten und Kräuter gerann das flüssige Milchmeer ganz und stockte zu dichter Milch. Da wurden all die Tausende Lebewesen zerquirlt und strömten Fett und Saft aus – daraus entstand gegorener Rauschtrank.

Die Götter und Dämonen rochen den Duft des Rauschtranks und jubelten auf. Sie schmeckten von ihm und wurden davon voller Kraft; da packten die Widergötter den Schlangenkönig ringsum. Vishnu trat allen voran und umschlang den Mandara mit seinen Armen; an den hinteren Teil der Schlange trat Indra, neben ihm der Sonnengott, dahinter die übrigen Götter, und es erhob sich ein gewaltiger Schall aus dem Meer, wie mächtiger Wolkendonner, als sie die Flut quirlten. Da schleuderte der große Berg Wassertiere aller Arten durcheinander, zu Hunderten und Tausenden kamen sie um, viele Geschöpfe des Meergottes Varuna, die im tiefsten Grund der Welt hausen, vernichtete er. Und Riesenbäume, aneinander zerrieben, stürzten da samt ihren Vögeln vom Gipfel des Berges, als er herumgewirbelt wurde; sie rieben sich aneinander, entzündeten sich, und Feuer umlohten den Berg. Immer wieder flammte es auf wie mit Blitzen und stand in schwarzblauer Wolke, es verzehrte Elefanten und Löwen, die nach allen Seiten herausflohen, und alle anderen Geschöpfe von vielen Arten, die ihr Leben verloren.

Als es verzehrend nach vielen Seiten griff, löschte es Indra rings mit Wasser, das er aus Wolken strömen ließ. Da flossen Säfte von vielerlei Art in die Flut, Harze der Riesenbäume und viele Säfte von Kräutern. Und die Milch solcher Säfte, die in sich die Kraft des Unsterblichkeitstrankes bargen, schenkte den Göttern Unsterblichkeit, daß ihre Haut wie Gold glänzte.

Aber des Meeres Milch, die Flut, die in ihm war, wandelte sich, mit den anderen Säften vermischt, von Milch zu Butter. Da sprachen die Götter zu Brahma, der da saß: »Wir sind gewaltig müde, Brahma, und der Trank der Unsterblichkeit kommt nicht hervor, außer Vishnu sind alle Götter und Dämonen müde, und allzulange währt auch das Quirlen des Weltmeers.« Da sagte Brahma zu Vishnu: »Gib du ihnen Kraft, du bist die höchste Rettung.« Und Vishnu sprach: »Kraft schenke ich allen, die sich zu diesem Werke angeschickt haben. Rührt den Mandara Schritt um Schritt und laßt ihn kreisen!« Alle vernahmen sein Wort, da wurden sie stark und regten vereint die Flut des Weltmeers gewaltig auf.

Da erhob sich klaren Glanzes, weißgewandet und leuchtend wie hundert Sonnen, der Mond aus dem Meer. Ihm nach erstand Shri – Glück und Schönheit –, sie trug ein Gewand licht wie zerlassene Butter; und die Göttin des Rauschtranks erstand und ein lichtes Pferd. Und es erstand das Juwel Kaustubha, das im Trank der Unsterblichkeit seinen Ursprung hat, in Strahlen aufblühend, und der Parijatawunderbaum mit Büscheln geöffneter Blüten, von dessen Zweigen die Seligen Erfüllung aller Wünsche pflücken.

Der Mond steht für das lebensgebende Prinzip. Dieses sanfte Licht der Nacht gießt die kühle Milch aus, in der sich die Welten der Pflanzen und Tiere erfrischen, nachdem ihre Lebensfluiden am Tag von der verzehrenden Sonne aufgetrocknet sind. Es ist die strahlende Schale des Mondes, aus der die Götter Amrita, das Unsterblichkeitselixier, trinken.

Der Dämon Rahu naschte einst als erster – vorwitzigerweise – ein Schlückchen vom Elixier, worauf ihn ein Schlag Vishnus sofort enthauptete. Weil aber der Trunk schon durch seinen Mund und durch seinen Hals gegangen war, waren diese unsterblich geworden, während der Körper den Mächten der Verwesung verfiel. Der Kopf, heißhungrig nach einem anderen Schluck, verfolgt seitdem dauernd den Mond, die Schale, in der das Elixier aufbewahrt ist. Wenn er sie erreicht und verschluckt, kommt eine Mondfinsternis. Aber da kein Magen mehr vorhanden ist, es zurückzuhalten, gleitet das Gefäß nur durch Mund und Hals, um sofort wieder zu erscheinen, worauf die Jagd sogleich von neuem beginnt.

König Soma

Pradschapati vermählte seine Töchter, die Nakschatra, dem König Soma.*
Er aber wohnte nur der Rohini bei. Die andern, mit welchen er keinen Umfang pflog, gingen wieder von ihm. Daher geht ein Weib wieder, wenn man mit ihm keinen Umgang pflegt. Er ging ihnen nach und warb wieder

---

* »König Soma« ist die Pflanze, aus welcher der berauschende Unsterblichkeitstrank bereitet wird, dieser selbst, und schließlich das Gefäß, in dem er aufbewahrt wird, nämlich der persönlich gedachte Mond. Pradschapatis Töchter sind die Nakschatra, die Sternbilder, welche die abendländische Astrologie als »Mondhäuser« bezeichnet. Eins von ihnen heißt Rohini.

um sie. Pradschapati aber gab sie ihm nicht wieder. Er sagte zu ihm: »Wohne allen gleichmäßig bei; dann will ich sie dir geben.« Er aber wohnte wieder nur der Rohini bei. Dieses Unrechts wegen ergriff ihn die Krankheit. Der Mond aber ist der König Soma. Indem ihn, den Köng, diese Krankheit ergriff, entstand die Königskrankheit (Schwindsucht). Er trocknete aus wie ein Strohhalm. Da flehte er Pradschapati um Hilfe an. Dieser sprach: »Wohne allen gleichmäßig bei; dann will ich dich davon befreien.« Daher weilt seitdem der Mond bei allen Nakschatra gleichmäßig. Da opferte Pradschapati für ihn ein den Allgöttern geweihtes Mus in der Neumondnacht. Dadurch befreite er ihn von der Krankheit. Der König Soma nahm zu in dem Maße, in dem jener (Mond am Himmel) zunimmt.

Das den Allgöttern geweihte Mus soll man in der Neumondnacht opfern, wenn man sich etwa vor der Schwindsucht fürchtet. Der Opferpriester befreit ihn dadurch von der Schwindsucht. Der Kranke nimmt zu in dem Maße, wie jener (Mond am Himmel) zunimmt.

Der Gott aus dem Land der Meerschnecke und der Gott der kleinen Beule

Es wird überliefert, daß die Götter, als es in der Welt noch nicht Tag geworden war, sich an dem Ort Teotihuacan versammelten. Sie sprachen zueinander: »Ihr Götter! Wer wird es auf sich nehmen, der Welt Licht zu spenden?« Auf diese Frage antwortete ein Gott namens Tecuciztecatl (»Der aus dem Land der Meerschnecke«) und sprach: »Ich nehme es auf mich.«

Wieder fragten die Götter: »Und wer sonst noch?« Gleichzeitig blickten sie einander an und stellten darüber Betrachtungen an, wer der andere sein würde, aber keiner von ihnen wagte, sich zu diesem Amt anzubieten, denn alle hatten Furcht und machten Ausflüchte. Nur einer von den Göttern, von dem niemand viel Aufhebens machte, weil er mit der Lustseuche behaftet war (d. h. ein syphilitisches Geschwür hatte), sagte nichts, sondern hörte nur zu, was die anderen sprachen; und als diese zu ihm sagten: »Sei du es, armseliger Geschlechtskranker!«, da gehorchte er willig ihrer Aufforderung und erwiderte: »Als ein Zeichen eurer Gunst nehme ich auf, was ihr von mir heischet. Sei es drum.«

Nun begannen die beiden eine viertägige Bußübung. Darauf entzündeten sie Feuer auf einem Herde, der auf dem Felsen errichtet wurde, der heute »Götterofen« heißt. Was Gott Tecuciztecatl opferte, waren lauter

Kostbarkeiten; denn an Stelle der Fichtenzweige brachte er Quetzalfedern dar, an Stelle der Grasballen Ballen aus Gold, an Stelle der Agaveblattspitzen solche aus kostbaren Steinen, an Stelle mit Blut bestrichener Agaveblattspitzen solche aus roter Muschelschale, und der Kopal, den er opferte, war vom besten. Der geschlechtskranke Gott mit Namen Nanauatzin (»Die kleine Beule«) brachte hingegen an Stelle der Fichtenzweige grüne Rohrstengel, im ganzen neun, zu je dreien zusammengebunden, dar; er opferte Grasballen und Agaveblattspitzen, die er mit seinem eigenen Blut bestrich, und an Stelle der Kopalkugeln den Schorf seiner Schwären. Für jeden der beiden wurde eine Pyramide, wie ein Berg, erbaut; auf dieser fasteten sie und kasteiten sich vier Nächte lang. Noch heute liegen diese Pyramiden in der Nähe des Ortes San Juan Teotihuacan.

Sobald die vier Nächte ihrer Bußübung vorüber waren, legte man an jenem Ort die Fichtenzweige und sonstige Geräte nieder. Damit war die Buße beendet. Bevor man um die Mitte der darauffolgenden Nacht mit der heiligen Handlung begann, stattete man kurz vor Mitternacht Tecuciztecatl mit dem Federschmuck »Reiherfedertopf« und einem Wams aus weißem Stoff aus; dem Nanauatzin setzte man eine Papierkrone, »Papierhaar« genannt, aufs Haupt und legte ihm eine Papierschärpe und eine Schambinde aus dem gleichen Stoff an.

Als es Mitternacht geworden war, versammelten sich alle Götter um den Feuerherd »Götterofen«, wo das Feuer bereits vier Tage brannte. Dann ordneten sie sich in zwei Reihen, die einen hüben, die andern drüben, worauf die beiden Götter zwischen die Reihen vor das Feuer traten, die Gesichter ihm zugekehrt. Die Götter hatten sich alle erhoben und sprachen zu Tecuciztecatl: »Wohlan, Tecuciztecatl! Hinein ins Feuer!« Da machte er Anstalten, sich ins Feuer zu stürzen; da aber das Feuer groß war und mächtige Glut ausstrahlte, bekam er es, als er die Hitze spürte, mit der Angst zu tun, wagte den Sprung nicht und verzog sich nach rückwärts. Und als er ein zweites Mal, sich Mut machend, einen Anlauf nahm und dem Feuer nahekam, stutzte er wiederum und wagte es nicht, auf den Herd zu springen. So versuchte er es viermal, ohne ein einziges Mal den Sprung zu wagen.

Es war aber bestimmt worden, daß niemand öfter als viermal es versuchen solle; deshalb sprachen die Götter nunmehr zu Nanauatzin: »Auf, Nanauatzin! Versuche du es!« Kaum hatten die Götter dies gesagt, da nahm er allen Mut zusammen, schloß die Augen, nahm einen Anlauf und sprang ins Feuer. Sogleich prasselte es laut auf, wie wenn etwas brät. Als

Tecuciztecatl sah, daß er brannte, nahm auch er einen Anlauf und sprang auf den Herd, und es heißt, daß nach ihm ein Adler sich ins Feuer stürzte und gleichfalls verbrannte; deshalb hat der Adler sein schwärzlich-braunes Gefieder. Zu allerletzt sprang ein Jaguar hinein; der verbrannte nicht mehr, sondern versengte nur noch; deshalb ist der Jaguar hell und dunkel gefleckt. Von dieser Geschichte leitet sich der Brauch her, hervorragende Krieger »Adler-Jaguar« zu nennen, und zwar Adler zuerst, weil der Adler vor dem Jaguar ins Feuer sprang …

Nachdem die beiden Götter verbrannt waren, setzten sich die übrigen nieder in der Erwartung, daß Nanauatzin alsbald aufgehen werde. Und als sie schon eine ganze Weile so gesessen und gewartet hatten, begann sich der Himmel zu röten, und allenthalben verbreitete sich das Licht der Morgendämmerung. Es heißt, die Götter seien danach auf die Knie gefallen, um so zu warten, bis irgendwo der zur Sonne gewordene Nanauatzin erschiene. Sie blickten allenthalben umher in der Runde, konnten es aber weder richtig erraten noch voraussagen, wo er aufgehen werde, und waren sich völlig unschlüssig darüber. Die einen dachten, er werde im Norden aufgehen, und starrten unablässig dorthin; andere meinten wieder, im Süden – kurz, in allen Himmelsrichtungen vermuteten sie seinen Aufgang, weil der Glanz der Morgenröte alles erfüllte. Einige richteten ihre Blicke auch nach dem Osten und sagten: »Dort wird die Sonne aufgehen.« Das war die richtige Ansicht, und es ist überliefert, daß diejenigen, die sie vertraten, folgende Götter waren: Quetzalcouatl, der auch »Windgott« heißt, sodann Totec, mit anderem Namen »Herr des Küstenlandes« oder »Roter Tezcatlipoca«, die »Wolkenschlangen«, deren Zahl unendlich ist, und vier Frauen, die ältere, jüngere, mittlere und jüngste Schwester (der Tlazolteotl).

Als die Sonne endlich aufging, erschien sie rotglühend und wiegenden Ganges; niemand konnte sie anblicken, weil er sonst das Augenlicht verloren hätte, so groß waren ihr Glanz und die Macht ihrer Strahlen, die sich nach allen Seiten ergossen. Nach ihr ging der Mond an derselben Stelle des Osthimmels neben der Sonne auf – erst die Sonne, dann der Mond, in der Reihenfolge, in der sie ins Feuer gesprungen waren. Und die Märchenerzähler berichten, daß sie ursprünglich in gleichem Glanze leuchteten. Als die Götter dies bemerkten, berieten sie miteinander und sprachen: »Ihr Götter! Was ist da zu machen? Ist es gut, daß sie ganz ebenbürtig sind, daß sie in gleichem Glanz erstrahlen?« Da fällten die Götter den Spruch und sagten: »So sei es denn folgendermaßen.« Und einer der Götter lief hin und schlug mit einem Kaninchen Tecuciztecatl ins Antlitz: Dadurch verdunkelte er es ihm und machte seinen Glanz matt, so daß es wurde, wie es noch heute ist.

Als danach Sonne und Mond sich über der Erde erhoben hatten, standen sie plötzlich still, ohne sich weiter vom Fleck zu rühren. Wiederum berieten die Götter und sprachen: »Werden wir so bestehen können? Die Sonne bewegt sich nicht – sollen wir etwa immer auf gleicher Stufe mit den Menschen leben? So laßt uns denn allesamt sterben und bewirken, daß die Sonne durch unseren Tod neu belebt werde.« Da machte sich der Windgott daran, alle Götter zu opfern. Und während er sie opferte, weigerte sich einer namens Xolotl (»Zwilling«) zu sterben und sprach zu den Göttern: »Ihr Götter, laßt mich am Leben!« Er weinte, so daß ihm die Augen aus den Höhlen quollen; und als die Reihe zu sterben an ihn kam, da ergriff er die Flucht und verbarg sich in einem Maisfeld; hier verwandelte er sich in eine Maisstaude mit doppeltem Stengel, die der Landmann darum Xolotl nennt, wurde aber zwischen den Stauden entdeckt. Da floh er zum zweitenmal, barg sich zwischen den Agaven und verwandelte sich in eine Agave mit doppeltem Schaft, die man darum Mexolotl nennt. Wiederum wurde er ertappt und floh, diesmal ins Wasser, wo er sich in einen Fisch verwandelte, der darum Axolotl heißt. Dort wurde er nun aber doch ergriffen und geopfert.

Es heißt, daß trotz der Opferung der Götter die Sonne sich noch nicht in Bewegung setzte. Da machte sich der Wind auf und begann kräftig zu blasen; so bewirkte er, daß die Sonne wieder in Bewegung kam und ihre Bahn durchlief. Aber der Mond stand noch immer still an dem Platz, wo er sich befand. Erst nachdem die Sonne ihre Bahn durchlaufen hatte, begann auch der Mond seine Straße zu ziehen. Auf diese Weise kamen sie auseinander, und seitdem gehen sie zu verschiedenen Zeiten auf; die Sonne ist den ganzen Tag über da, der Mond wirkt während der Nacht und spendet ihr sein Licht.

Als Nanauatzin [nach seiner Selbstverbrennung] im Himmel angekommen war, badeten der Herr und die Herrin unseres Fleisches ihn, setzten ihn auf einen Stuhl aus roten Löffelreiherfedern und umwanden ihm das Haupt mit einem rotgesäumten Tuch. Vier Tage lang verweilte er im Himmel; als Naui olin (der Sonnengott) nahm er nun zwar am Himmel seinen Platz ein, bewegte sich aber diese vier Tage lang nicht, sondern blieb an einer Stelle stehen. Da fragten die Götter: »Warum bewegt er sich nicht?« Und sie sandten den Sperber, daß er zum Sonnengott spreche und ihn danach frage. Er sagte zu ihm, daß er im Auftrag der Götter zu ihm spreche, die als Könige von ihm Antwort heischten, warum er sich nicht bewege. Und der Sonnengott erwiderte: »Mit welchem Recht fragt mich der hochgeborene Herr danach?«

Nun berieten die Götter miteinander, und der »Herr der Dämmerung« (der Gott des Morgensterns) sprach voll Zorn: »Warum soll ich nicht meine Pfeile auf ihn schießen? Daß er nur ja nicht gleich ganz stehen bleibt!« Darauf schoß er nach dem Sonnengott, konnte ihn aber nicht treffen. Nunmehr schoß der Sonnengott auf den »Herrn der Dämmerung« seinen mit Ararafedern befiederten Pfeil und stürzte ihn kopfüber in den neunfachen Strom; und so wurde der »Herr der Dämmerung« der Gott der Kälte.

Darauf taten sich die Götter Tezcatlipoca und Uitzilopochtli und die Göttinnen Xochiquetzal, »Grünrock« und »Karminrock« zusammen, und es begab sich, daß diese Götter dort in Teotihuacan geopfert wurden. Und nachdem sich infolgedessen die Sonne am Himmel in Bewegung gesetzt hatte, begann auch der Mond seinen Lauf ... Als er aber am Rande des Himmels angelangt war, bedeckte Papaztac ihn mit einem Papier in Gestalt eines Weinkruges; dann kamen die am Kreuzweg [lauernden] Tzitzimitl-Gespenster über ihn und sprachen zu ihm: »Hierhin sollst du gehen.« Und sie hielten ihn dort fest, indem sie ihn mit einem alten Lappen anbanden; solange der Sonnengott am Himmel war, hielten sie den Mond fest, und erst nach Sonnenuntergang [gaben sie ihn frei].

Als die Götter sich opferten, hinterließ jeder seinen Verehrern das Gewand, das er getragen hatte, als Zeichen seiner Zuneigung und Freundschaft; jene Verehrer und Diener der toten Götter umhüllten mit diesen Gewändern Holzpfähle, in die sie eine Kerbe oder ein Loch machten, worin sie als Herz einen kleinen grünen Stein mit einem Stück Schlangenhaut oder Jaguarfell taten. Diese Bündel nannten sie Tlaquimilolli, und ein jeglicher legte seinem Bündel den Namen des Gottes bei, der ihm das Gewand gegeben hatte. Das war ihr Hauptidol, welches sie hoch verehrten ...

Es heißt nun, daß die Verehrer der toten Götter voll trauriger Gedanken umherzogen, ein jeder mit seinem heiligen Bündel auf dem Rücken, suchend und Ausschau haltend, wo sie ihre Götter erblicken könnten und ob sie ihnen nicht wieder erscheinen würden. Da soll nun dem Verehrer Tezcatlipocas, als er, in dieser Verehrung verharrend, bis an das Gestade des Meeres gelangt war, der Gott daselbst in drei Formen oder Gestalten erschienen sein, ihn gerufen und zu ihm gesprochen haben: »Komm her zu mir; da du mir so treu ergeben bist, so will ich, daß du zum Haus der Sonne gehst und von dort Sänger und Musikinstrumente holst, damit du mir ein Fest geben kannst. Zu diesem Ende sollst du den Walfisch, die Meerfrau und die Schildkröte rufen, auf daß sie sich zur Brücke machen, auf der du hinübergelangst.« Als dann die Brücke hergestellt war und Tezcatlipoca ihn ein Lied gelehrt hatte, das er singen sollte, warnte der Sonnengott, der ihn gehört hatte, sein Gefolge und seine Diener davor, daß sie auf seinen Gesang antworteten, denn diejenigen, die das täten, würde jener mit sich nehmen. Und es begab sich, daß einige von ihnen, die sein Gesang lieblich dünkte, in ihn einstimmten; diese führte er mit sich fort samt der Fellpauke, die man Ueuetl nannte, und dem Teponaztli. Von dieser Zeit an soll man begonnen haben, die Götter mit Festen und Tänzen zu feiern.

Keri und Kame

Kamuschini, der Mann der Sonne (Kamu), begegnete, als er im Wald Blätter der Tukumpalme suchte, um sich Schnur für Bogensehnen zu verschaffen, dem Jaguar Oka, fürchtete sich vor ihm und versprach, ihm Frauen zu machen, wenn er ihn verschone.

Zuerst fällte er Bäume mit rotem Holz, brachte die Klötze nach Hause, stellte sie an einen Maismörser, blies sie an und zog sich ein Weilchen zurück. Als er wiederkam, waren es aber lauter Männer geworden, die Pfeile schnitzten! Er tötete sie, ging wieder fort und fällte nun mit seinem Steinbeil fünf oder sechs andere Bäume, verfuhr damit ebenso wie mit den ersten und fand dieses Mal, als er die Angeblasenen sich ein Weilchen überlassen hatte, daß es Frauen geworden waren. Sie sagten alle »Papa« zu ihm, und mit Ausnahme der letzten, die faul dasaßen, und die er deshalb erzürnt sofort tötete, stampften sie eifrig Mais – Maniok soll es damals noch nicht gegeben haben – und machten Fladen und Getränke.

Die beiden ältesten, Nimagakaniro und Ichoge, gab Kamuschini dem Jaguar Oka, und dieser führte sie nach Hause. Unterwegs aber verunglückte Ichoge; sie kletterte auf eine Buritipalme, um sich Nüsse zu holen, und stürzte hinab.

Nimagakaniro verschluckte zwei Bakairi-Fingerknochen, von denen viele im Hause waren, weil Oka sie für seine Pfeilspitzen gebrauchte und viele Bakairi tötete, deren Fleisch er aß. Von den Fingerknochen wurde die Frau schwanger.

Ihre Schwiegermutter Mero aber, die außer Oka noch zwei Jaguarsöhne hatte, Kuara und Zaupanyua, kam zu Besuch, als Oka auf der Jagd war. Sie wollte nicht, daß er von einer Bakairi Söhne habe, denn sie haßte und aß die Bakairi. Sie riß Nimagakaniro mit ihren Krallen die Augen aus und ging wieder. Nimagakaniro starb, aber der Oheim Kuara schnitt ihr den Leib auf, holte die Zwillinge Keri und Kame hervor und legte sie in eine Kalabasse wie junge Papageien. Dann schnitten er und seine Leute Nimagakaniro in Stücke, brieten und verzehrten sie und setzten den Rest dem heimkehrenden Oka vor, der ihn ahnungslos aß. Heftig erzürnt, als er den Hergang erfuhr, lief er, Mero zu töten, stand aber davon ab, weil sie sagte: »Ich bin deine Mutter.«

Keri und Kame zog der Pflegevater Jaguar auf. Er ließ sie auf seinem Rücken reiten und lehrte sie mit Pfeilen schießen. Nun fragten sie ihn aber nach ihrer Mutter. Er hatte von ihrem Tod geschwiegen, weil er sich schämte, von ihrem Fleisch gegessen zu haben, und gab auch jetzt keine Auskunft. Doch die Großmutter oder Tante Ewaki berichtete die Untat Meros. Keri und Kame gingen und töteten Mero, obwohl diese sie freundlich mit dem Gruß »oh, meine Enkel« empfing.

Die verdammte Mero wurde nicht beerdigt, o nein, sie wurde verbrannt. Keri und Kame trugen Scheiter zusammen und legten Feuer an; dann gruben sie sich ein Loch, um zuzuschauen. Mero brannte »bopopo-po« … Man sieht das Feuer noch heute am Himmel. Zu jener Zeit hatten Keri und Kame noch keine menschliche Gestalt. Kame kroch aus seinem Loch neugierig hervor und fing Feuer. Er verbrannte, starb. Keri blies ihn an und machte ihm Nase und Hände und Füße, wie sie die Menschen haben. Aber auch Keri fing Feuer, verbrannte, starb, wurde von Kame lebendig geblasen und menschlich gestaltet. Auch diese Feuer sieht man am Himmel. Da kamen drei Tierarten, die man auch noch am Himmel sieht, die kleinen Fischotter, die sich den Schwanz, die großen, die sich Hände und Füße von Keri und Kame nahmen, und der Tukan, der sich den Schnabel nahm. Keri hatte einen größeren Schnabel gehabt als Kame.

Keri und Kame zankten mit dem Vater und wollten ihn töten, weil sie ihre Mutter nicht gesehen hatten. Sie sagten dem Vater: »Mach viele Pfeile zurecht!« Dieser tat es und gab sie ihnen. Nun machten sie Kaabi. Sie rammten die Pfeile in einem Kreis aufrecht in den Boden und bliesen sie an. Da kamen die Kaabi. Keri hieß diese, auf Oka zu schießen, aber sie fehlten. Da schoß Keri selbst. Der Pfeil drang in das Knie des Jaguars ein. Der Jaguar stürzte sich ins Wasser und entkam.

Die Brüder empfingen nun von ihrer Tante Ewaki den Auftrag, die Sonne zu holen, die der Königsgeier besaß. Bisher war es Nacht, wenn nicht der Königsgeier mit der Sonne erschien. Am Himmel gibt es ein schwarzes Loch, das den Geiern gehörte. In dieses Loch stürzte der Tapir, weil es finstere Nacht war. Man sieht ihn noch in der Milchstraße. Keri sah den Tapir und ging in seinen Vorderfuß hinein. Kame aber ging in einen kleinen gelben Singvogel und setzte sich auf einen Ast; er sollte Keri, der nichts sehen konnte, von allem, was vorging, unterrichten. Der Königsgeier öffnete die Sonne; es wurde hell, und so erblickten die Aasgeier den Tapir. Alle schwarzen und weißen Geier – nur der rote, der Königsgeier, blieb noch fern – stürzten sich auf den Tapir. Sie holten Schlingpflanzenstricke herbei, zogen ihn mit aller Mühe aus dem Loch und wollten ihn zerteilen. Da machte Kame auf seinem Ast »neng-neng-neng«, Keri blies, und die Geier konnten mit ihren Schnäbeln den Tapir nicht öffnen. Sie riefen den Königsgeier zu Hilfe. Dieser kam, und Kame hörte auf, »neng-neng-neng« zu machen.

Der rote Geier öffnete den Tapir mit seinem Schnabel. In diesem Augenblick ergriff ihn Keri und packte ihn so fest, daß er fast starb. Nur wenn er die Sonne hergebe, solle er am Leben bleiben. Da schickte der Königsgeier seinen Bruder, den weißen Geier, die Sonne zu holen. Dieser brachte die Morgenröte. »Ist das recht?« fragte Kame Keri, der festhalten mußte. »Nein, nicht die Morgenröte«, erwiderte Keri. Da brachte der weiße Geier den Mond. »Ist das recht?« fragte Kame. »Ach was!« erwiderte Keri. Nun brachte der weiße Geier die Sonne, und als Kame fragte: »Ist das recht?« antwortete Keri: »Jetzt, ja!« Dann gab er den Königsgeier frei, der sehr erzürnt war.

Der Mond bestand damals aus (gelben) Japu-Federn, die Sonne aus Federn des Tukan und des roten Arara, die Morgenröte aus Tukan-Federn. So haben es die Alten gewußt. Wenn es jetzt, wie ihr sagt, anders sein soll, so weiß ich davon nichts, und niemand weiß es. Dann muß man geblasen haben, daß sie wie Feuer geworden ist.

Keri sann und sann, was er nun mit der Sonne und dem Mond anfangen sollte. Es war immer hell. Ewaki wußte ihm auch nicht zu raten. Endlich machte er einen großen Topf und stülpte ihn darüber. Da war es dunkel. Er gab den Mond Kame. Sonne und Mond waren beide unter dem Topf. Wenn der Topf aufgehoben wird, ist es Tag.

Keri und Kame wollten nun gern schlafen und konnten zu ihrem Leidwesen nicht. Sie gingen zu Ewaki, und diese sagte ihnen, wo sie den Schlaf holen sollten. Po, die Eidechse, war im Besitz des Schlafes. Sie empfing Keri und Kame freundlich und sagte: »Oh, meine Enkel!« – Sie blieben in ihrem Haus, legten sich in die Hängematte und schliefen. Als sie erwachten, fühlten sie sich wieder wohl. Am anderen Morgen sagten sie Lebewohl und zogen mit der Hängematte, die ihnen die Eidechse geschenkt hatte, von dannen. Unterwegs, als sie eine Meile gegangen waren, wollten sie nun das Schlafen versuchen. Sie legten sich in die Hängematte und versuchten, aber es ging nicht. Sie quälten sich vergebens. Da gingen sie wieder zum Haus der Eidechse zurück, ergriffen sie und zogen ihr das Augenlid aus. Sie nahmen sich ein großes Stück, und die Eidechse war sehr böse. Nun hatten sie Augenlider und konnten schlafen.

Keri und Kame gingen zu Ewaki, und diese befahl ihnen, das Feuer zu holen. Der Kampfuchs war der Herr des Feuers. Er hatte es in den Augen und schlug es sich heraus, wenn er Holz anzünden wollte. Der Kampfuchs hatte eine Reuse angelegt, um Fische zu fangen. Zu der Reuse gingen Keri und Kame. Sie fanden darin einen Fisch und eine Schnecke. Keri ging in den Fisch, und Kame ging in die Schnecke. Beide waren gut darin versteckt. Singend kam der Kampfuchs gegangen und machte Feuer an. Dann sah er nach, was in der Reuse war, holte den Fisch und die Schnecke und legte sie in das Feuer, um sie zu braten. Aber die beiden gossen Wasser in das Feuer. Erzürnt ergriff der Kampfuchs die Schnecke; die hüpfte aber in den Fluß und holte neues Wasser und goß es ins Feuer, daß dieses beinahe ganz verlöschte. Der Kampfuchs ergriff sie wieder und wollte sie auf einem Holz in Stücke schlagen, die Schnecke aber entglitt ihm und fiel auf die andere Seite. Das wurde dem Kampfuchs zuviel; ärgerlich lief er davon. Keri und Kame aber bliesen das Feuer wieder an und gingen damit zu Ewaki.

Ewaki schickte die beiden Knaben aus, das Wasser zu holen. Sie wanderten drei Tage. Sie fanden drei Töpfe, die der Wasserschlange gehörten. In den Töpfen war Wasser; in zweien war gutes Wasser, aber in dem dritten war schlechtes, von dem man nicht trinken kann, ohne zu sterben. Diesen dritten Topf ließen sie ganz; sie wollten gutes Wasser haben. Die zwei anderen Töpfe zerschlugen sie. Das Wasser, das aus dem einen abfloß, war der Paranatinga, das Wasser des anderen der Ronuro und Kulisehu (Quellflüsse des Xingu). Keri nahm sich des Paranatinga-Wassers, Kame des Ronuro-Kulisehu-Wassers an. Beide Flüsse liefen weiter, und Keri und Kame liefen jeder hinter dem seinen; sie riefen einander zu, damit sie sich nicht verlören. Auf einmal hörte Kames Rufen auf. Keri schrie und schrie, doch die Antwort blieb aus. Da ließ er den Paranatinga stillstehen und warten und ging zum Ronuro. Der dumme Kame hatte sich den schlechtesten Fluß ausgesucht; er konnte nicht mit ihm fertig werden. Das Wasser wurde groß und breit, und Kame ertrank. Ein gewaltiger Jahufisch verschluckte ihn. Keri kam und fand den Ronuro stillstehend, Kame verschwunden. Sogleich machte er sich ans Fischen. Er fing drei Jahus, und einer war dick geschwollen. Dem riß er den Bauch auf und erblickte nun Kame, der tot war. Er legte die Leiche auf große, grüne Blätter und blies sie an. Da stand Kame auf und sagte: »Ich habe gut geschlafen.« – »Nein«, rief Keri, »du hast ganz und gar nicht geschlafen! Ein Jahu hat dich gefressen.« Mit dem Ronuro wollten sie nichts mehr zu tun haben. Keri ließ eine Ente kommen und befahl ihr, das Wasser mitzunehmen. So geleitete die Ente den Fluß wieder weiter, und die beiden Knaben begaben sich zu Keris Paranatinga, der noch geduldig wartete. »Das ist das Wasser«, sagte Keri, »das wir mitnehmen wollen.«

Drei Tage liefen sie mit ihm talwärts. Da kamen sie zum Katarakt des Paranatinga, allein es war noch kein Wasserfall, sondern nur trockener Fels. Sie selbst brachten jetzt das Wasser zum Katarakt und ließen es jenseits des Falles warten. Aber da sie nun hier blieben, ließ Keri bald Enten und Tauben kommen und andere Vögel, die das Wasser mitnahmen und weiterführten.

Keri begegnete dem Kampfuchs und vereinigte sich mit ihm zur Jagd, indem der Kampfuchs das Gras im Kreis anzündete. Was von Getier eingeschlossen war, sollte verbrennen. Nun war der dumme Kame gerade in eine Maus gegangen. Keri wußte nichts davon; er dachte, Kame sei draußen. Das Feuer hörte auf, und die beiden streiften umher, ob sie Beute fänden. Keri fand keinen Braten. Der Fuchs fand eine verbrannte Maus und aß sie auf. Dann trafen sich die beiden wieder. »Großpapa, was für Braten hast du gegessen?« sagte Keri zum Fuchs. »Nur eine Maus habe ich gegessen«, antwortete dieser. Da merkte Keri, daß der Kampfuchs den Bruder verschluckt hatte, und ersann ein Mittel, diesen zu retten, ohne den Fuchs töten und aufschneiden zu müssen. »Laß uns rennen, Großpapa«, sagte Keri. »Jawohl, mein Enkelkind.« Sie rannten eine lange Strecke. Dann standen sie still. Als der Fuchs stillstand, erbrach er sich. Darauf lief er eiligst davon. Keri ging dorthin, wo sich der Fuchs erbrochen hatte. Er sah die Mäuseknochen und sammelte sie. Dann blies er. Nachdem er geblasen hatte, erhob sich Kame. »Ich habe gut geschlafen«, sagte er. »Du hast ganz und gar nicht geschlafen! Der Kampfuchs hatte dich gefressen.«

Meri und Ari

Eines Tages vergnügten sich Meri und sein Bruder Ari damit, daß sie wechselseitig sich mit Pfeilen aus der Burity beschossen. Da trug es sich zu, daß Ari im Eifer des Spiels mit aller Kraft gegen die Brust Meris schoß und ihn so schwer traf, daß er tödlich verwundet zu Boden stürzte und starb. Ari lachte, denn er glaubte, daß Meri nur scherze und zum Spiel sich tot stelle, aber als er sah, daß sich sein Bruder nicht erhob, ging er zu ihm und sagte: »Steh auf!«

Nachdem er gesehen hatte, daß Meri wirklich tot war, wurde er sehr traurig, weil er schuld am Tode seines Bruders war. Dann begann er mit jenen Versuchen, den Toten wiederzubeleben, die er auch bei Meri einigemal gesehen hatte, aber hier blieb nun alles vergeblich. Schließlich merkte er, daß hier nichts mehr zu machen sei, und er verließ den Bruder und irrte einige Zeit im Wald umher, bis er endlich eine Siedlung von Indianern fand, wo er um Obdach bat. Die Indianer nahmen ihn nicht gern auf, weil sie ihm den Tod des Bruders vorwarfen; und er mußte – da sie ihm nichts zu essen gaben – sich von den weggeworfenen Knochen nähren.

So verbrachte er die Zeit und magerte so ab, daß ihn niemand mehr erkannt hätte. Und er litt sehr unter dem Tod seines Bruders.

Der Bruder aber kannte ein spezielles Mittel, auf geheimnisvolle Weise wieder lebendig zu werden, und er wurde eines Tages zu einem Arara mit roten Federn.

Ari, der immer mit großer Sehnsucht an seinen Bruder dachte, sah eines Tages einen Schwarm von Araras mit so roten Federn fliegen, daß man hätte meinen können, die Sonne komme geflogen, und er sagte zu ihnen: »Mein großer Bruder, komm! Ich bin hier.«

Aber die Araras sagten: »Dein Bruder ist bei denen, die hinter uns fliegen.« Und damit flogen sie weiter. Nach einer Weile sah er einen anderen Schwarm von Araras. Und wieder sagte er zu ihnen: »Mein großer Bruder, komm! Ich bin hier.«

Aber die Araras sagten: »Dein Bruder ist nicht unter uns; er ist bei denen, die hinter uns geflogen kommen.« Nach einer Weile kam wieder ein Schwarm von Araras, und Ari sagte: »Mein großer Bruder, komm! Ich bin hier.«

Aber auch diese Araras sagten: »Dein Bruder ist nicht bei uns; er ist bei denen, die hinter uns geflogen kommen.«

Endlich, nach einer langen Zeit, kam ein anderer Schwarm von Araras, in dem sich auch Meri befand. Und auch zu diesem Schwarm sagte Ari: »Mein großer Bruder, komm! Ich bin hier.«

Als Meri seinen Bruder Ari hörte, flog er auf die Erde herunter, und als er sah, in welchem erbärmlichen Zustand sich sein Bruder befand, sagte er: »Oh, wie schlecht geht es dir denn? Paß auf, daß du mich nicht ein zweitesmal tötest, denn sonst mußt du vor Hunger sterben!«

Voll Mitleid mit dem jüngeren Bruder führte Meri ihn zum Ufer eines Flusses, ließ ihn dort hinsitzen und gab ihm eine Harpune in die Hand. Und er sagte ihm, er möge hier aufpassen, denn er würde ihm Fische schicken.

Damit ging Meri weg, und nach einer Weile sah Ari eine große Menge Fische von allerei Art im Fluß schwimmen. Da tötete er mit der Harpune viele und zog sie heraus. Es war aber Meri gewesen, der sich aus Mitleid mit dem kleinen Bruder in jene Fische verwandelt hatte, um Aris Hunger zu stillen.

Als dann am nächsten Tag die Sonne wieder aufging, fragte sie Ari, ob er die Fische gesehen und getötet habe.

Voll Freude zeigte Ari auf die Menge der toten Fische, und nachdem er seinen Hunger gestillt hatte, ging er wieder zusammen mit seinem größeren Bruder Meri auf die Jagd.

Eines Tages ging ein Stamm Indianer zum Fischen und fing eine große Menge Fische. Sie machten ein großes Feuer, legten die Fische in die Asche unter der Kohlenglut und gingen wieder an den Fluß zurück, um weiterzufischen.

Da kamen zufällig Meri und sein kleiner Bruder Ari vorbei, und sie pißten so lange in das Feuer, bis es ausging. Aber die Kröte, die damals noch ein Mensch war, hatte zugeschaut, sie stocherte so lange in der Feuerstelle herum, bis sie ein kleines Stückchen Glut fand, und das verbarg sie in ihrem Mund. Als die Indianer zurückkamen, sahen sie, daß das Feuer ausgelöscht war, und sie wurden zornig und sagten: »Irgend jemand hat unser Feuer ausgelöscht. Wir werden aber den Bösen suchen und ihn umbringen.«

Und damit machten sie sich auf die Suche und fragten alle Leute und alle Tiere, die sie trafen: »Warst du es, der unser Feuer ausgelöscht hat?« Aber jeder antwortete: »Nein, ich war es nicht.«

Wie sie da die Kröte sahen, fragten sie auch diese: »Warst du es, die unser Feuer ausgelöscht hat? Dann werden wir dich töten!« Aber die Kröte entgegnete: »Tötet mich nicht, aber drückt euern Fuß auf mich!« Da drückte sie jemand mit dem Fuß, und die Kröte öffnete den Mund und spuckte ein Stück Glut aus. Da sagten die Indianer: »Aha! Es war sicher die Kröte, die unser Feuer ausgelöscht hat. Töten wir sie!« – »Nein! Ich war es nicht, ich war es nicht! Es waren Meri und sein kleiner Bruder Ari, die aus dem Wald gekommen sind und euer Feuer ausgepißt haben. Ich habe nur dieses kleine Stückchen Glut gesucht, habe es in den Mund genommen und euch aufgehoben.«

Da sagten die Indianer: »Nein, wir werden dich nicht umbringen. Es stimmt, du hast nur unser Feuer bewahrt.«

So verschonten sie die Kröte, beschlossen jedoch, Meri und Ari umzubringen, weil die ihnen das Feuer ausgelöscht hatten. Sie gingen also auf die Jagd und riefen alle Vögel und alle Tiere zusammen; und dann fingen sie den Nandú, den Seriema und das Rebhuhn, banden ihnen die Federn auf dem Kopf zu einem Schopf, steckten in jeden Schopf ein brennendes Holzscheit hinein und ließen sie durch jene Gegend laufen, wo sich meistens Meri und Ari aufhielten.

Die Vögel aber, die dort herumliefen, zündeten mit ihren Holzscheiten das trockene Gras an; und da sie im Kreis liefen, befanden sich bald Meri und Ari inmitten des Feuers und fanden keinen Ausweg, um aus dem Feuerkreis herauszufliehen. Und als das Feuer immer näher kam, flohen sie auf zwei Bäume hinauf. Meri stieg auf eine Tara, einen großen, hohen Baum von hartem Holz; Ari aber stieg auf einen Kwogo, der niedrig ist und ein morsches Holz hat.

Das Feuer breitete sich sehr schnell aus, und als es den Kwogo erreichte, entzündete es den Stamm, der durchbrannte, so daß der ganze Baum mitsamt dem Ari ins Feuer stürzte und der bis auf die Knochen verbrannte.

Dann erreichten die Flammen auch den Stamm der Tara, auf welcher Meri saß; aber da dieser Baum ein sehr hartes Holz hat, fing er nicht Feuer, sondern wurde nur etwas angesengt. Dann verloren sich die Flammen gegen den Wald hin, und das Feuer erlosch nach und nach.

Als das Feuer ausgegangen war, stieg Meri von seinem Baum herunter und ging allein, ohne seinen Bruder Ari, der jämmerlich verbrannt war, davon. Aber da er große Sehnsucht nach seinem Bruder hatte, machte er sich auf die Suche nach ihm, obwohl er wußte, daß Ari tot war. Und als er zu dem Platz kam, wo Ari verbrannt war, sah er die Knochen seines Bruders. Er sammelte sie und legte sie mit der Asche zu einem Haufen zusammen. Dann machte er sich wieder auf den Weg.

Nach einiger Zeit kehrte er an jene Stelle zurück, aber er fand die Knochen nicht mehr. Er stocherte noch etwas in der Asche, und als er nichts mehr fand, ging er wieder davon.

Als er einige Zeit gegangen war, hörte er eine Stimme: »Ari, Ari war mein Fressen, die Knochen von Ari habe ich verschlungen.« Es war ein Okwa (Waldhund), der so vor sich hinredete. Meri fragte ihn: »Was hast du da gerade gesagt?« – »Ich habe gesagt, daß ich die Knochen des verbrannten Ari gefressen habe.« – »Willst du meinen Strick hier haben?« – »Ja«, sagte der Okwa, »den hätte ich gern.« Da band Meri den Strick los, den er um den Leib trug, und gab ihm dem Okwa mit den Worten, er solle sich daraus einen Gürtel machen. Der Okwa band sich den Strick um den Leib, aber da er ihn nur leicht band, sagte Meri: »Du mußte den Gürtel ganz fest binden, sonst verlierst du ihn, wenn du durch den Wald läufst.«

Da band ihn sich der Okwa ganz streng um den Leib, und sogleich begann sein Bauch anzuschwellen. Und Meri sagte: »Jetzt lauf davon, denn ich werde hinter dir herrennen.«

Der Okwa begann zu laufen, aber der Strick um den Bauch ließ ihn nicht recht atmen, und Meri lief hinter ihm und gab ihm einen Schlag um den anderen. Und schließlich stürzte der Okwa zu Boden und starb.

Da schlitzte Meri den Bauch des Okwa auf und suchte in den Eingeweiden nach den Knochen seines Bruders Ari, aber er fand nur wenige Reste, die er behutsam sammelte.

Da Meri seinen Bruder Ari wieder lebendig machen wollte, nahm er einen dicken Pfahl, zwei kleinere und nochmals zwei kleinere und legte alles auf den Boden, so daß der dicke Pfahl den Leib und die kleineren Stecken die Arme und die Füße geben sollten. Und als Kopf holte er ein Termitennest. Und am Ende legte er die kleinen Knochenreste unter den großen Pfahl.

Dann ging er weg und suchte Heilkräuter, und aus ihnen kochte er ein Gebräu, das er über das Holzskelett seines Bruders ausgoß. Außerdem sammelte er noch Heilpflanzen und streute sie ebenfalls über den Leib, bis er ganz davon bedeckt war. Da ging er fort.

Als Meri am nächsten Tag wieder zurückkam, nahm er die Blätter und Heilpflanzen weg und sah, daß aus dem Termitennest ein richtiger Kopf geworden war, aus dem Pfahl ein Leib und aus den kleinen Stecken Arme und Beine, genauso, wie es sich für einen Körper gehört. Es war sein eigener Bruder Ari, der dort lag, aber er schien tot zu sein und gab kein Lebenszeichen.

Da rief ihn Meri an und sagte: »Los, Ari, steh auf! Ich habe dich ins Leben zurückgerufen. Wir wollen wieder auf die Jagd gehen.«

Die Zwillinge

Am Anfang waren nur zwei Menschen, Mann und Frau, und die Frau war schwanger. Der Gatte befahl ihr, Mais zu pflanzen. Als diese Arbeit getan war, befahl er ihr, zurückzukehren und grüne Maiskolben zu suchen. Sie hielt es nicht für möglich, sie zu finden, und gehorchte ihm nicht. Er bestand darauf und fügte hinzu, daß der Sohn, den sie bei sich trug, auch Hunger habe. Da wurde sie zornig und erklärte ihm, daß er nicht der Vater des Sohnes wäre. Der Gatte verließ sie. Die Frau folgte traurig seiner Spur. Von weitem erblickte sie ihn am Horizont, wo er verschwand. Der Sohn gab ihr den Weg an, den sie gehen mußte, aber zur Belohnung bat er sie, ihm Blumen und Früchte zu reichen. Dabei wurde sie verschiedene Male von der Wespe gestochen. Darüber geriet sie in Zorn und züchtigte den Sohn, indem sie sich auf den Leib schlug. Da hörte der Sohn auf, ihr den Weg zu zeigen, und sie verirrte sich.

Sie kam zu der Wohnung der Jaguare, einer Höhle neben einem Abgrund. In dem Eingang stand die alte Jary, die Mutter der Jaguare, und teilte ihr mit, daß die einzigen lebenden Wesen sie und ihre Söhne wären, und die würden sie bei ihrer Rückkehr fressen.

Gerührt durch ihre Bitten gab ihr die Alte ein Viertel eines Hirsches zum Essen und verbarg sie.

Die Jaguare kamen heim mit ihrer Jagdbeute. Nur der letzte, der nichts brachte, schnupperte und fragte: »Da hältst du ja ein gutes Wildbret versteckt, Großmutter. Ich werde es essen.«

Die alte Jaguarin bat, sie sollten ihr den Sohn überlassen, der doch wohl zärter für sie sei, da sie keine Zähne mehr hätte. Die Jaguare fraßen die Mutter auf und überließen die Zwillinge, die sie in ihrem Bauch fanden, Jary. Diese wollte die Kleinen auf den Bratrost legen, aber sie entwischten ihr. Sie wollte sie mit Steinen und in dem Mörser töten, aber sie entsprangen ihren Händen, bis sie ermüdete und die Kinder auf den Boden losließ.

82

Als die Jaguare sich zurückzogen, blieb der ältere der Zwillinge, Derekey, stehen und bat die Alte, ihm Bogen und Pfeile zu machen, wobei er ihr versprach, Vögel für sie zu jagen, was ihr sehr zusagte. Der jüngere, Derevuy, aß nicht und weinte vor Hunger. Der Ältere erfuhr durch die roten Araras, wie seine Mutter gestorben war. Er suchte in dem Kot der Jaguare ihre Knochen und fügte sie zusammen. Es fehlte nur noch sehr wenig an ihrer Vollendung, da warf sich der jüngere Sohn über sie, um an ihrer Brust zu trinken, und zerstörte das Werk.

Zornig trat Derekey auf ein faules Holz, und heraus kamen gelbe Bienen und eine süße Flüssigkeit, die Honig war. Er ließ das Brüderchen in der Obhut der Bienen, die es ernährten, bis es heranwuchs und aufhörte zu weinen.

Darauf banden sie die Jaguare an, außer Jary und einer ihrer Töchter, und gingen auf die Suche nach ihrem Vater. Nach vielen Wechselfällen und verschiedenen Trennungen, die der Jüngere verschuldete, kamen sie zur Wohnung des Ahan, mit dessen Tochter sich der Jüngere verheiratete und einen Sohn hatte. Als Ahan einmal ausgegangen war, um nachzusehen, ob die Bäume einem Sturm Widerstand leisten würden, benutzten sie seine Abwesenheit und entflohen und nahmen den Sohn mit.

Von einem hohen Baum rief Derekey: »Unser Vater!« und dieser antwortete von fern: »Kommt alle! Ich bin hier.« Sie kamen und fanden den Vater, der ein alter weißer Mann war mit einer Krone von roten Arara- und Tukanfedern und feurigen Augen.

Er nahm sie mit in sein Haus und fragte sie, wie sie leben wollten. Da wählte der Ältere den Tag und der Jüngere die Nacht, und sie verwandelten sich in die Sonne und den Mond.

So rot wie die Sonne, so weiß wie der Mond

Am Anfang gab es nur einen Mann und eine Frau. Die Frau aber war schwanger mit einem Zwillingspärchen.

Eines Tages wollte der Mann auf die Jagd gehen, und er befahl seiner Frau, ihm zu folgen. Der Mann aber ging ziemlich schnell, und die Frau konnte ihm nicht so rasch folgen. So verlor sie seine Spur.

Was machte sie, als sie den Weg nicht mehr wußte? Sie fragte ihre Kinder, denn die Kinder wußten, wohin der Vater gegangen war. Nach einiger Zeit aber war die Frau hungrig, und sie setzte sich hin, um Mais zu essen. Da sagten die Kinder in ihrem Leib: »Gib uns auch zu essen!« Aber die Mutter antwortete: »Nein, ihr seid noch zu klein.« – »Dann sagen wir dir auch nicht mehr, wohin der Vater gegangen ist.«

Da schlug sich die Frau auf den Bauch, um die Kinder zu züchtigen, und die Kinder schwiegen. So verirrte sich die Frau und kam zu der Hütte eines Jaguars. Der Jaguar aber war gerade auf die Jagd gegangen.

Die Frau ging in die Hütte hinein, fand dort einen Fleischvorrat, nahm sich davon, machte ein Feuer und briet das Fleisch. Als sie es gegessen hatte, kam der Jaguar nach Hause. »Hier ist ja besseres Fleisch, als ich mir mitgebracht habe!« sagte er.

Dann fiel er über die Frau her, um sie aufzufressen. Da kam das Zwillingspaar aus dem Bauch heraus und lief davon. Der Jaguar lief hinter ihnen her, aber da der Bruder in eine andere Richtung lief als die Schwester, rannte er einmal hierhin und einmal dorthin und erwischte so keins von den Kindern. Endlich sagte er: »Zuerst den Burschen und dann seine Schwester!« Und er rannte hinter dem Burschen her. Als er ihn fast erreicht hatte, machte der einen großen Sprung zum Himmel hinauf und verwandelte sich in die Sonne.

Da wandte sich der Jaguar um, weil er nun das Mädchen fressen wollte. Er rannte so schnell, daß er es fast eingeholt hätte. Aber im gleichen Augenblick, als er schon seine Krallen in ihr Fleisch schlug, reichte ihr der Bruder vom Himmel die Hand herunter und zog sie hinauf. Und da wurde aus dem Mädchen der Mond. Die Spuren der Krallen aber kann man heute noch sehen.

In der Zwischenzeit hatte der Mann ein Tier erlegt und wunderte sich, daß seine Frau nicht nachkam. Er ging zurück und fand sie tot mit zerrissenem Bauch.

Da nahm er Bast und flickte den Bauch der Frau wieder zusammen, so gut er konnte. Aber der Bast reichte nicht ganz, und so blieb unten die Wunde offen.

Dann machte er die Frau wieder lebendig und sagte zu ihr: »Bleib immer in meiner Nähe, damit dir nichts zustößt. Ein zweites Mal könnte ich dich nicht wieder heilen und auch nicht wieder lebendig machen.«

So blieben sie nun immer zusammen, und die Frau gebar viele Kinder, unsere Ahnen.

Viele glauben, die Mutter sei rot gewesen wie die Sonne und der Vater weiß wie der Mond.

Der ungeliebte Sohn

Obassi Nsi, der Herr der Erde, hatte drei Söhne: Eyo, die Sonne, Ejirum, die Finsternis, und Mi, den Mond. Die beiden ersten liebte er, aber den jüngsten liebte er nicht. Eines Tages sagte Nsi zu Mi: »Geh in den Busch und fange mir einen Leoparden.«

Traurig brach Mi auf. Als er aus der Stadt herauskam, begann er zu weinen. Da begegnete ihm ein Mann namens Isse und fragte ihn, was los sei. Mi antwortete: »Mein Vater liebt mich nicht und schickt mich in den Busch, einen Leoparden zu fangen, damit ich umkomme.«

Der Mann tröstete ihn. »Ich gebe dir ein Zaubermittel, das dir helfen wird.« Dann ging er weg, kam aber gleich wieder und rieb das Mittel auf die Hand des Jungen.

Mi zog in den Busch, und schon entdeckte er einen schlafenden Leoparden. Er schnitt starke Lianen ab und fesselte das Tier, daß es sich nicht bewegen konnte. Dann zog er es hinter sich her nach Hause.

Als er vor seinem Vater stand, war der sehr erstaunt, verbarg aber seinen Ärger und sagte hinterlistig: »Das ist aber ein guter Sohn.«

Einige Zeit später heiratete Nsi eine neue Frau. Obassi Osau, der Herr des Himmels, seine Söhne und Töchter und ein großes Gefolge kamen zur Hochzeitsfeier und vergnügten sich mit den Erdbewohnern. Im Spiel wickelten sie ein Tuch zu einem Bündel und befestigten einen Strick an einem Ende. Nsis Sohn zog das Ganze über den Boden, und alle versuchten, mit Stöcken das Bündel zu treffen, während es am Boden hin und her gezerrt wurde. Auch Ejirum versuchte das Bündel zu treffen, aber als sein Stock auf den Boden schlug, sprang ein Spreißel ab und traf einen von Osaus Söhnen ins Auge, so daß er erblindete. Osau war sehr erbost darüber und sagte: »Dafür blende ich Obassi Nsi.«

Das Volk umringte ihn und bat um Mitleid, aber vergebens. So versteckten sie Nsi, damit Osau ihn nicht finden konnte. Osau suchte vergeblich und schwor dann: »Ich gehe zurück in meine Stadt, aber Nsi entkommt mir nicht.«

Nach zehn Tagen schickte er zehn Männer, um Obassi Nsi zu fangen, aber das Volk sagte: »Hier sind Geschenke, Kühe, Bullen, Ziegen. Bringt sie eurem Herrn, vielleicht ist er dann besänftigt.«

Die Männer kehrten in den Himmel zurück und berichteten: »Obassi Nsi schickt dir eine Botschaft. Er bittet um Verzeihung. Er sagt: ›Nicht ich war es, der deinem Sohn das Auge verletzte.‹«

Aber Osau hörte nicht, sondern schickte drei andere Männer und ließ sie ausrichten: »Auch wenn du meinen Sohn nicht selbst geblendet hast, so mußt du doch mit heraufkommen.«

Als Nsi das hörte, rief er seine Leute zusammen und sagte zu seinem Sohn Eyo, der Sonne: »Hier sind vierzig Tücher. Bring sie Osau und bitte ihn um Verzeihung.«

Eyo brach auf. Als er auf halbem Wege war, traf er fünf schöne Mädchen an einem Stadttor. Kaum sah er sie, vergaß er auch schon seinen Auftrag, tauschte seine Stoffe gegen Kochbananen, Palmöl und Palmwein und feierte ein Fest für die schönen Frauen. Er verweilte einige Wochen, dann zog er mit dem Rest der Geschenke weiter, bis er zu einer anderen Stadt kam, in der er wieder zwei Frauen traf, die so schön waren wie die ersten. Vier Jahre lang pendelte er so zwischen den beiden Städten hin und her.

Als Eyo nach vier Jahren weder zurückgekommen war noch eine Nachricht geschickt hatte, rief Nsi seinen Sohn Mi und sagte: »Mein Streit mit Obassi Osau dauert jetzt schon sehr lange. Geh zu Nsann in die Donnerstadt, hol dort eine Kuh und bringe sie Obassi Osau und beende den Fall.« »Gut«, sagte Mi.

Dann rief ihn seine Mutter und sagte zu ihm: »Tu, was du kannst, für deinen Vater, denn er ist unschuldig, aber gib acht auf dich, wenn du in Nsanns Stadt kommst. Laß niemanden wissen, wo du schläfst, damit du nicht umkommst in der Nacht.« – »Ich tue, was ich kann«, antwortete Mi.

Am nächsten Morgen brach er auf, und bevor noch der Abend da war, erreichte er Nsann. »Wo willst du schlafen?« fragten ihn die Bewohner, und er antwortete: »Bei den Ziegen.« Aber als es dunkel war, verließ er den Ziegenpferch und legte sich im Egbohaus (Versammlungsplatz einer Geheimgesellschaft) zum Schlafen nieder.

Um Mitternacht schlug ein Blitz in den Ziegenpferch und tötete alle Ziegen.

Am Morgen kamen die Leute und öffneten das Gatter. Sie sahen, daß alle Ziegen tot waren, konnten aber den Burschen nicht finden. Als sie noch ratlos herumstanden, erschien Mi und sagte: »Wäre ich nicht so schlau, hätte mich der Blitz getötet. So aber habe ich mich gerettet.« Die Leute bedauerten den Burschen und sagten: »Wir wollen ihm die Kuh für seinen Vater geben.«

Zufrieden zog der Junge heimwärts. Angekommen, zeigte er Nsi die Kuh, aber Nsi sprach leise zu sich selbst und glaubte, niemand höre ihn: »Was kann ich noch tun, um diesen Sohn umzubringen?«

Aber Mi hatte ihn gehört. Am nächsten Morgen nahm er sein Gewehr und ging zur Jagd in den Wald. Zuerst schoß er Ise, die kleine graue Antilope, dann Ngumi, den wilden Eber. Er trug beide nach Hause und brachte sie seinem Vater. Der aber sagte: »Ich esse nichts davon.«

Traurig brachte Mi die Beute seiner Mutter. Sie bereitete das Fleisch köstlich zu und brachte es ihrem Mann. Dem schmeckte es gut. Aber als er hörte, was sie getan hatte, sagte er: »Schaff deinen Sohn fort von hier. Von heute an soll keiner von euch beiden mehr in meiner Stadt leben.«

Mi war darüber sehr böse. Er nahm Gewehr und Buschmesser und ging zu seinem Freund Isse, der ihm schon einmal mit dem Leoparden-Zaubermittel geholfen hatte. Zu seinem Leidwesen erfuhr er aber, daß sein Freund gestorben war, während er in Nsann weilte. Traurig zog er in den Wald zur Jagd, damit seine Mutter wenigstens keinen Hunger litte.

Nach einer Weile entdeckte er ein Eichhörnchen zwischen den dicken Ästen, aber als er sein Gewehr anlegte, wurde plötzlich alles dunkel, und eine Stimme hinter ihm rief: »Mi, Mi.« – »Wer ruft mich?« – »Ich bin dein toter Freund«, antwortete die Stimme, »sag mir, willst du lieber leben oder sterben?« – »Lieber sterben«, antwortete Mi, »was nützt mir das Leben, wenn mein Vater versucht, mich umzubringen?«

Kaum hatte er gesprochen, befiel ihn ein tiefer Schlaf. Als er aufwachte, befand er sich auf einer Lichtung. Die Sonne schien, und vor ihm stand ein langer Tisch mit getrocknetem Fleisch und Keksen, mit Rum, Palmwein und allen Arten von Gin. Isse lief wie zu Lebzeiten hin und her und gab vielen eifrig arbeitenden Leuten Anweisungen. Immer mehr Menschen kamen aus dem Wald, und alle arbeiteten schwer, bis in kurzer Zeit ein Haus errichtet war.

»Das ist dein Haus«, sagte Isse, »und das ist dein Gefolge. Weil die Sache deines Vaters aber langwierig ist, will ich dir Geschenke geben, damit du sie regeln kannst.«

Am nächsten Morgen rief Mi sieben Gefolgsleute und gab ihnen dreihundert Tücher, viele Bündel Tabak und zahllose Korbflaschen Palmwein. Dann setzte er sich an ihre Spitze und machte sich auf nach Obassis Stadt.

Am Stadttor angekommen, rief er die Bevölkerung zusammen und sagte: »Ich bin gekommen, um die Sache meines Vaters zu regeln, die schon so lange dauert. Sagt mir, wieviel ich bezahlen muß.« – »Laß sehen, was du hast«, antworteten die Leute.

Er zeigte ihnen alles, und sie gingen zu Obassi und baten ihn, die Geschenke anzunehmen und die Angelegenheit zu beenden. »Einverstanden«, sagte Obassi, »ich nehme an, was du gebracht hast. Die Angelegenheit ist beendet.«

Mi ging dann zurück in seine Vaterstadt, um seine Mutter zu holen. Er begegnete ihr, als sie vor dem Stadttor spazierenging. Aber als er sie gerade wegführen wollte, kam Nsi herbei. »Wo geht ihr hin?« fragte er. »Ich hole meine Mutter in meine eigene Stadt«, antwortete Mi. »Sie ist weit weg von hier und voller Reichtümer.« – »Ich möchte deine Stadt sehen«, sagte Nsi und folgte seiner verbannten Frau und ihrem Sohn, bis sie zu der neuen Stadt im Wald kamen.

Nsi war höchst erstaunt über das, was er da sah, um so mehr, als er erfuhr, daß seine Angelegenheit mit Obassi Osau geregelt war. Dann schickte er eine starke Truppe los, um Eyo festzunehmen. Er sagte zu seinen beiden Söhnen: »Von heute an, Eyo, bist du mein ungeliebter Sohn. Du bist zu hitzköpfig. Niemand kann dich mehr leiden. Du bist oft sorglos und vernichtest die zarten Schößlinge auf dem Feld.«

Und zu Mi sagte er: »Du, Mi, bist mein guter Sohn. Des Nachts sollst du sanft leuchten, damit die Menschen ihren Weg finden.« Als Eyo das hörte, dachte er: ›Jetzt wird mich mein Vater hassen, wie er einst Mi gehaßt hat. Vielleicht wird er jetzt versuchen, mich umzubringen. Ich bleibe nicht auf der Erde, ich gehe in den Himmel zu Osau.‹

Und auch Mi dachte: ›Vielleicht betrügt mich mein Vater, oder eines Tages haßt er mich vielleicht von neuem. Es ist wohl besser, wenn ich zu Obassi Osau in den Himmel gehe. Von da kann ich sehen, was in beiden Ländern geschieht. Auch kann ich von oben viel heller scheinen, so daß Himmel und Erde voller Licht sind.‹

So verlor Nsi beide Söhne und blieb allein zurück auf der Erde mit seinem dritten Sohn, Ejirum, der Dunkelheit.

Der Sonne- und Mondfels

Im Langen Weißen Gebirge gibt es eine Felsspitze, die »Sonne- und Mondspitze« heißt. Von fern sieht sie aus wie ein Mädchen, das mit zusammengelegten Händen, sich verbeugend, grüßt. Das Gesicht hat es nach Osten gewandt, und es scheint zu beten. Sieht man genauer hin, so merkt man, daß das Mädchen nur Nase, Mund und Ohren, jedoch keine Augen besitzt.

Worum betet es? Wo hat es seine Augen verloren?

Die Geschichte geht auf die ferne Zeit der Weltschöpfung zurück. Damals gab es weder Sonne noch Mond oder Sterne, und auf der Erde war es stockfinster. Die eiskalte Erde lag in tiefer Todesstarre, und natürlich bewohnten sie auch keine Lebewesen. Eines Tages sprach die jüngste Tochter des Himmelsgottes zu ihrem Vater: »Kaiservater! Auf der Erde ist es aber doch zu dunkel! Man sollte sie heller werden lassen!« Der Himmelsvater wiegte seinen Kopf, ohne etwas zu sagen.

Wieder sprach die Tochter eines Tages: »Kaiservater! Auf der Erde ist es aber doch zu kalt! Man sollte es dort warm werden lassen!« Doch der Himmelsvater schüttelte abermals sein Haupt und sagte nichts.

Zum dritten Mal sprach sie zu ihrem Vater: »Kaiservater! Auf der Erde ist es aber doch zu öde! Man sollte sie blühen und gedeihen lassen!« Der Himmelsgott wurde nun ungehalten, heftig schüttelte er den Kopf, warf die Arme hoch und ging davon.

Darüber geriet die kleine Fee sehr in Wut. Sie stahl sich aus dem Himmelspalast, bestieg eine Glückswolke und gelangte schwebend zur Erde, wo sie auf dem Langen Weißen Gebirge hinabstieg.

Welch hohe Berge! Doch die nackten Steinfelsen waren das einzige, das weit und breit zu sehen war. Keine Bäume, keine Blumen, keine Vögel oder anderen Tiere … wie leid ihr dies tat!

Wie sie auf den hohen Bergen umherwanderte, beschloß sie, es auf der Erde hell und warm und voller Leben werden zu lassen. Sie wußte nicht, wie lange sie dort schon verbracht und gegrübelt hatte, aber immer noch nicht war ihr eingefallen, wie sie dies bewerkstelligen könnte.

Niemand weiß, wie lange sie so auf der Erde blieb. Als der Himmelsgott davon erfuhr, geriet er in großen Zorn und befahl, daß seine Tochter zur Strafe nie wieder zum Himmel zurückkehren dürfe.

Die eigensinnige kleine Fee beschloß nun ihrerseits, dem Himmel für alle Zeiten den Rücken zu kehren. Sie war bereit, alles, was sie besaß, herzugeben, damit es auf der dunklen, kalten und leblosen Erde anders werden möge. Nach einer schier endlosen Zeit des Umherwanderns und Nachsinnens verfiel sie endlich auf eine Lösung: da sie bemerkte, wie stark die Leuchtkraft ihrer Augen war, ganz als würden diese Lichtstrahlen aussenden, und auch, wie sehr die Kette kostbarer Perlen, die sie am Hals trug, funkelte und leuchtete, beschloß sie, ihren eigenen Körper zur Hilfe zu nehmen.

Die kleine Fee dachte voller Freude bei sich: ›Wenn ich meine Augen hoch zum Himmel hinaufwerfe, werden sie gewiß die Erde ganz hell erleuchten. Gibt es Licht, dann gibt es auch Wärme, und auch auf der Erde wird es warm werden. Hat sich die Erde aber erst einmal erwärmt, dann werden auf ihr Blumen und Bäume wachsen, und Würmer und Fische, Vögel und wilde Tiere werden auf ihr gedeihen können.‹

Welch schwerer Entschluß war das aber! Waren die Augen erst einmal hinaufgeworfen, würde sie nie wieder zum Himmelspalast zurückkehren und nie wieder etwas sehen können – damit wäre es für alle Zeiten vorbei. Wieder lief sie lange umher und dachte lange, lange nach.

Eines Tages jedoch machte sie ihr Herz gefühllos, biß sich die Lippen blutig und preßte die Zähne fest zusammen, riß sich unter Schmerzen ihr linkes Auge heraus und warf es hoch zum Himmel empor, wo im selben Augenblick die strahlende Sonne erschien.

Aber nachdem die Sonne am Himmel einen halben Kreis zurückgelegt hatte, tauchte sie langsam in die Westberge ein, und auf der Erde wurde es wieder dunkel. Da bezwang sich die kleine Fee ein weiteres Mal, riß sich das rechte Auge heraus und schleuderte es gen Himmel, wo sogleich ein bleicher Mond erschien. Er leuchtete jedoch nicht sehr kräftig, so daß man alles nur undeutlich und verschwommen wahrnehmen konnte. Daraufhin warf sie auch noch die Perlenkette, die sie am Hals trug, hoch in die Luft empor. Die Perlen verwandelten sich sogleich in Sterne, sie funkelten und glitzerten über den ganzen Himmel verstreut, und die Erde wurde viel heller.

Die kleine Fee hatte beide Augen verloren und vermochte sich nun keinen Schritt mehr zu bewegen. Ihre Perlenkette hatte ihr einst als ein Zauberding zum Fliegen auf Wolken und Nebel gedient, und da sie sie nun verloren hatte, gab es für sie keinen Weg mehr zum Himmelspalast zurück. Nichts blieb ihr übrig, als dort, wo sie gerade war, stehenzubleiben und den Wind blasen, den Regen strömen und die Sonne brennen zu lassen. Allmählich gab sie das Atmen auf, und langsam erstarrte sie, bis sie schließlich zu einer Felsspitze wurde. Doch hat sie sich das Aussehen und die Haltung eines schönen jungen Mädchens bewahrt: Das Gesicht nach Osten gewandt, verharrt es den ganzen Tag in Gebetspose; abwechselnd begrüßt es die Ankunft von Sonne und Mond, als wolle es sie einladen, der Erde Licht zu spenden.

Die Erde wurde hell und erwärmte sich, und seitdem gibt es Leben auf ihr.

Dies ist die Geschichte der Sonne- und Mondspitze, die von den Vorfahren der Mandschu als heilige Bergspitze verehrt wurde.

III.

MANN IM MOND ODER FRAU IM MOND

Der Mann im Mond

I

In der Landschaft Schwansen in Schleswig wie auch in der Umgebung von Bornhöved in Holstein sammelte ein Mann im Mondschein dürre Reiser im Walde und trug sie auf dem Rücken heim. Unterwegs begegnete ihm der Herrgott und fragte ihn, ob er auch wüßte, wie das dritte Gebot hieße? Wie er das nicht wußte, sagte Gott (der Mann wußte nicht, daß der es war), daß er bestraft werden müsse, doch könne er wählen, ob er lieber in dem Mond oder in der Sonne sitzen wolle. Sprach der Mann: »Wenn ich durchaus bestraft werden muß, so will ich lieber in dem Mond erfrieren als in der Sonne verbrennen.« Und so ist es denn auch gekommen.

II

Die Görlitzer erzählten: Es war ein Mann, der wollte stehlen; aber der Mond schien so helle, daß ers nicht wagen mochte. Da nahm er ein Bündel Reisigholz und wollte den Mond damit zustopfen. Er stopfte und stopfte und stopfte immer tiefer; aber die Helle nahm nicht ab, und als er den Arm wieder herausziehen wollte, war der Mann so tief hineingekommen, daß er nicht wieder aus dem Mond herauskonnte, und so sitzt er noch heute drin.

III

Der heilige Georg spielte gern auf. Einmal sah er vom Himmel herab, wie ein Hochzeitszug ging, aber ohne Musikanten. Da bat er den Herrgott, er möge ihm erlauben, den Hochzeitern aufzuspielen. Also hat es ihm der Herrgott erlaubt. Da ergriff der heilige Georg die Geige, verwandelte sich in einen Menschen, ging zu dieser Hochzeit und sagte, daß er ihnen aufspielen werde. »Ah, das ist recht.«

Und er spielte. Da kam gerade ein Priester des Weges mit den heiligen Sterbesakramenten. Alle knieten nieder auf beide Knie, aber der heilige Georg nur auf ein Knie und spielte weiter.

Das nahm ihm jedoch der Herrgott übel, daß er den Menschen ein schlechtes Beispiel gibt.

Zwar brauchte er als Heiliger, der bei Gott wohnt, nicht einmal auf ein Knie niederzuknien, aber der Herrgott nahm es ihm so übel, daß er da zum ersten Mal einen Blitz zückte. Der heilige Georg erschrak und sprang auf den Mond, so wie er gerade kniete. Bis zum heutigen Tag kniet er dort auf einem Knie und spielt. Und das kann man manchmal sehen, wenn der Mond voll ist.

Thang kuoi, der Mann vom Mond

Es waren einmal zwei Brüder, die bauten ein Floß und begaben sich in den Wald, um Holz zu schlagen. Der Ältere schlug das Holz, und der andere Bruder bewachte das Floß. In einem Dickicht fand er ein Tigerjunges. Er hielt es für einen Hund, trug es fort, schabte es ab, um es zu kochen. In diesem Augenblick kam der ältere Bruder vom Wald zurück. Er erkannte den kleinen Tiger und sagte zu seinem Bruder, er möge ihn in das Dickicht zurückbringen, aus Angst, sie könnten den Zorn der Tigermutter auf sich ziehen. Der jüngere Bruder gehorchte. Kaum hatte er das Tigerjunge ins Dickicht zurückgebracht, als die Tigerin zurückkam und ihr Junges vollkommen abgeschabt und tot vorfand. Sie nahm einige Blätter des Baumes, kaute sie und spie sie auf ihr Junges, das sogleich wieder zum Leben erwachte. Kurz danach liefen beide davon und ließen den Rest der Blätter hinter sich.

Der junge Mann hatte vom Baum herunter diese Szene beobachtet. Als die Tigerin mit ihrem Kind nicht mehr zu sehen war, sammelte er den Rest der Blätter und kehrte zum Floß zurück, aber er erzählte seinem Bruder nichts von dem, was er erlebt hatte. Als sich die Brüder auf den Heimweg machten, sahen sie einen Hundekadaver, der auf dem Fluß schwamm und schon vollkommen aufgedunsen war. Der jüngere Bruder kaute die mitgenommenen Blätter und spie sie auf den Hund. Dieser belebte sich sofort und folgte ihm.

Dieser Hund war von besonderer Intelligenz. Eines Tages hörte er einen reichen Alten jammern, denn seine Tochter war dem Tode nahe. Der Alte versprach in seiner Verzweiflung demjenigen, der seiner Tochter das Leben wiedergeben würde, das ganze Vermögen mitsamt der Tochter. Der Hund suchte seinen Herrn und zog ihn an einem Zipfel seiner Kleidung zum

Hause des reichen alten Mannes. Das Mädchen wurde wieder zum Leben erweckt, und der Vater gab sie dem Retter zur Frau mit all seinem Besitz. Dieser führte seine Frau heim in sein Haus.

Er hatte einen heiligen Feigenbaum gepflanzt, und er ermahnte seine Frau, bei seiner Abwesenheit niemals zu vergessen, ihn zu bewässern.

Eines Tages, als der Ehemann fortgegangen war, sagten einige neugierige Menschen, die von den Wundertaten gehört hatten: »Laßt uns seine Frau töten, dann werden wir sehen, ob er sie wieder zum Leben erweckt.« Als der Ehemann zurückkam, fand er seine Frau tot vor. Ohne Mühe rief er sie ins Leben zurück. Die Mißgünstigen waren von dieser Tat überrascht, und um seine Kraft aufs neue unter Beweis zu stellen, töteten sie wiederum seine Frau, öffneten ihren Körper und entnahmen die Eingeweide, die sie weit wegwarfen. Als der Ehemann wieder heimkam und seine Frau tot vorfand, wußte er nicht, wie er die entwendeten Eingeweide ersetzen sollte.

Er rief seinen Hund und sagte zu ihm: »Ich habe dich wie einen Vater ernährt und habe dich gerettet und zum Leben zurückgerufen; jetzt, da die Eingeweide meiner Frau nicht mehr auffindbar sind und ich nicht weiß, wie ich sie ersetzen soll, lege dich hin, damit ich deinen Leib öffne und die Eingeweide mit den deinigen ersetze.« Der Hund gehorchte seinem Herrn, und dieser nahm die Eingeweide des Hundes und ersetzte die seiner Frau. Er pflückte sogleich Blätter von seinem Feigenbaum und spie sie als Brei auf seine Frau, die sofort zum Leben erwachte. Für den Hund formte er Eingeweide aus Ton und erweckte ihn ebenfalls zum Leben.

Aus diesem Grund hat die Frau das Gebaren eines Hundes, und der Hund nimmt das geringste Geräusch auf der Erde wahr.

Eines Tages, als sich der Ehemann vom Hause wegbegeben mußte, beauftragte er seine Frau, den Feigenbaum zu bewässern. Die Frau vergaß es zu tun, aber als sie ihren Mann zurückkommen sah, erinnerte sie sich plötzlich daran, lief zum Baum und kauerte sich nieder, um die Erde zu befeuchten. Bei dieser unreinen Berührung flog der Baum davon. Der Ehemann lief und versuchte, mit einer Axt den Baum einzuschlagen, um einige Zweige zu bekommen, die er später wieder hätte pflanzen können. Aber die Axt blieb im Stamm des Baumes haften, und der Mann wurde mit seinem Baum, der »Der Feigenbaum des Thang kuoi« genannt wird, zum Mond getragen.

Man sagt, daß der Feigenbaum auf dem Berg sprießt. Jedes Jahr fällt eines seiner Blätter ins Meer und wird vom Delphin verschluckt.

Man sagt: »Wenn man Tieren Gutes gut, lohnen sie es, wenn man aber Menschen Gutes zufügt, schaden sie dir.«

Man sieht an dieser Geschichte: Der Mann hatte große Vorteile erhalten, als er den Hund rettete, aber nachdem er seine Frau gerettet hatte, verlor er seinen Zauberbann.

Der Kopf des Marinaua

Die Kutanaua wollten die Marinaua töten. Der Marinaua floh. Da kam der Kutanaua und brachte viele Pfeile mit und gab sie dem Marinaua, um ihn zu versöhnen. Dieser freute sich. Er nahm die Pfeile an und hing sie oben in seiner Hütte auf. Darauf unterhielten sie sich miteinander. Als sie damit fertig waren, sagte Kutanaua zu Marinaua: »Nun komm mit mir und besuche auch mein Haus. Mein Weib möchte dich sehen.« Da freute sich Marinaua. Er ergriff alle seine Pfeile und setzte sich seine Krone aus Schwanzfedern des Japu auf das Haupt. Dann gingen sie weg.

Sie traten in den Wald und zupften Nisch'po ab. Auf dem ganzen Weg kaute Marinaua Nisch'po, so daß seine Zähne ganz schwarz wurden. Als er sich der Hütte des Kutanaua näherte, schämte sich Marinaua und blieb stehen. Da fragte ihn Kutanaua: »Warum bleibst du stehen?« – »Aus keinem besonderen Grund«, antwortete ihm jener, »ich schäme mich vor deiner Frau; deshalb tue ich es.« – »Du brauchst dich nicht zu schämen. Geh weiter, Marinaua!« Da kämmte sich Marinaua. Er holte seine Armbänder hervor und legte sie um seine Arme. Er putzte sich. Dann gingen sie weiter, Kutanaua an der Spitze.

Sie traten ein in die Hütte. Kutanaua band eine sehr große, bunte Hängematte mitten im Haus an und ließ Marinaua darauf niedersitzen. Dann befahl er seinem Weib: »Frau, hier bringe ich dir Marinaua. Gib ihm recht viel zu essen, damit er satt wird zum Platzen.« Die Frau sagte: »Ja!« Sie füllte eine sehr große Schale mit Stärkebrühe und gab sie jenem. Marinaua löffelte die Stärkebrühe aus und legte sich nieder. Darauf gab sie ihm gekochte Makaschera und gekochte Bananen; reife Bananen und geröstete Erdnüsse gab sie ihm; sie gab ihm Klöße aus Erdnüssen, gekochte Kürbisse, Kara und Inhame; sie gab ihm gerösteten Mais und Maiskuchen. So viele Speisen trug sie ihm auf. Marinaua aß von allen Speisen ein bißchen und wickelte sich ein bißchen ein, um es mitzunehmen und zu Hause zu essen. Marinauas Haare waren sehr lang.

Als sich die Sonne neigte, wollte er heimkehren, und er sprach zum Kutanaua: »Ich gehe weg, Kutanaua!« Dieser antwortete: »Du kannst gehen, Marinaua!« Da sagte Marinaua: »Gut!« und stand auf. Er verabschiedete sich auch von Kutanauas Frau. Jetzt ging Marinaua voraus. Kutanaua ergriff sein mächtiges, scharf geschliffenes Waldmesser und nahm seine Pfeile. Da fragte ihn Marinaua: »Kutanaua, warum nimmst du ein so großes Waldmesser mit?« – »Ich sah einen schönen Baum, den will ich auf dem Rückweg umhauen und heimtragen«, erwiderte ihm dieser. »Wozu willst du denn den Baum haben?« fragte ihn jener weiter. »Ich will mir ein Grabscheit daraus machen«, antwortete ihm Kutanaua. Dann nahm Marinaua das große Bündel mit den vielen Pfeilen unter den Arm, und sie machten sich auf den Weg.

Als sie sich der Hütte Marinauas näherten, schwang Kutanaua sein Waldmesser mit aller Kraft und hieb Marinaua das Haupt ab, daß es zu Boden fiel. Nur sein Körper blieb stehen; er konnte nicht mehr weiterschreiten. So stand er da und zitterte und zitterte. Da schlug ihn Kutanaua in den Rücken, und er stürzte nieder. Nun blickte ihm Kutanaua in die Augen; da zuckte er mit den Wimpern. Als Kutanaua dies sah, schnitt er einen Stock, spitzte ihn zu, spießte den Kopf darauf und pflanzte ihn mitten in den Weg. Dann ging er heim.

Nun ging ein anderer Marinaua weit auf die Jagd. Er kam den Weg daher und gelangte an diesen Ort. Mitten auf dem Weg schüttelte der Wind die langen Haare des Kopfes, und die Haare flatterten. Der Marinaua dachte, es sei ein böser Geist, und fürchtete sich. Er machte von ferne kehrt und lief den Weg zurück. Dann kehrte er wieder um. »Was mag das nur sein?« sagte er. »Ich will doch hingehen und sehen!« Er kam und erblickte zuerst den Körper. Dann lief er hin und sah den Kopf da hängen. Er blickte ihn an. Der Kopf war nicht tot; die Augen glänzten; die Wimpern zuckten; der Mund öffnete sich. Da rief der andere Marinaua: »Oh!« Er fürchtete sich vor dem Kopf und weinte. »Oh!« rief er. »Warum haben sie dich geköpft und haben deinen Kopf auf eine Stange gespießt und hier in die Erde gesteckt und sind dann weggelaufen?« Aber der Kopf konnte seinem Bruder nicht antworten. Nur seine Augen blinzelten. Da sagte der andere: »Ich will gehen und es meinen Leuten sagen!« und er lief davon. Der Kopf blieb allein da hängen und weinte, und seine Tränen tropften herab.

Da kam der andere Marinaua heim und sprach: »Freunde, einer hat unserem Bruder den Kopf abgeschlagen. Ich weiß nicht, wer es war. Sie haben den Kopf auf eine Stange gespießt und mitten im Weg aufgepflanzt und sind dann weggegangen. Dort hängt nun sein Kopf; er ist nicht tot; dort hängt er. Ich habe um ihn getrauert. Lange Zeit habe ich geweint. Dann kam ich hierher.« So sagte er zu seinen Leuten. Da sagten diese: »Vorwärts! Wir wollen ihn holen!« Und sie machten sich auf.

Viele machten sich auf. Der eine ergriff einen Wurfspeer, der andere seine Pfeile, der andere eine Keule; ein anderer nahm einen Korb, ein anderer nahm noch einen Korb. Dann verließen sie die Hütte und gingen hin, laut schreiend den ganzen Weg.

Kutanaua hatte sich dort, wo er den Marinaua enthauptet hatte, versteckt und erwartete sie da. Er hörte, wie alle Marinaua laut schreiend daherkamen. Kutanaua hörte, wie sie schrien, und kletterte auf einen sehr hohen Mulattenbaum. Dort verbarg er sich gut und setzte sich nieder. Der Marinaua, der den Kopf gesehen hatte, ging an der Spitze und zeigte ihn den anderen.

Der Kopf war nicht tot; er blinzelte mit den Augen; da hing er und weinte, und seine Tränen tropfen herab; sein Mund war offen, aber er konnte nicht sprechen. So hing er da, der Kopf des Marinaua. Alle seine Verwandten trauerten um ihn. Alle setzten sich bei dem Kopf nieder und weinten.

Als sie damit fertig waren, ergriff einer den Kopf; ein anderer riß die Stange aus und warf sie beiseite. Kutanaua sah sie von dem hohen Baum, aber er rührte sich nicht und blieb sitzen. Die Marinaua steckten den Kopf in einen Korb und gingen zurück, schreiend den ganzen Weg. Mitten auf dem Weg durchbrach der Kopf den Korb und fiel heraus. Da nahm ihn der andere auf und tat ihn in seinen Korb, aber auch dieser Korb zerriß, und der Kopf fiel heraus. Da gingen die beiden heim, um neue Körbe zu holen, und derweil bestatteten die anderen den Leichnam. Sie gruben ein sehr tiefes Loch und beerdigten den Marinaua. Dann gingen sie weg. Die beiden anderen kamen mit neuen Körben. Abermals steckten sie den Kopf nacheinander in die beiden Körbe, aber er durchbrach beide Körbe und fiel heraus.

Sie sahen nicht, daß der Kopf mit den Zähnen den Korb durchbiß. Da nahm ihn der eine auf den Rücken und ging weiter, aber der Kopf biß ihn in den Hintern. Der Mann schrie laut und warf den Kopf schleunigst fort. Wiederum taten sie den Kopf in den Korb, aber er fiel heraus. Da meinte ein Marinaua: »Wir sind gekommen, den Kopf zu suchen; wir haben ihn mehrmals in einen Korb gesteckt, aber jedesmal ist er herausgefallen. Wer weiß, wer ihn enthauptet hat! Vielleicht will er uns bezaubern. Wir wollen ihn nicht mehr mitnehmen!« Die anderen waren damit einverstanden. Sie ließen den Kopf am Wege liegen und gingen davon.

Da sagte der Kopf: »Soll ich hinter meinen Leuten her gehen?« Und er tat es und rollte den ganzen Weg dahin. Da erblickte ihn einer von den Marinaua und rief: »Dort kommt der Kopf hinter uns her gerollt! Vielleicht will er uns bezaubern! Laßt uns laufen!« und sie liefen davon. Der Kopf aber rief: »Freunde, wartet auf mich! Ich will mit euch heimgehen!« Sie hörten es und liefen weiter.

Nun kamen sie an einen angeschwollenen Bach und schwammen hinüber. Der Kopf war hinter ihnen und weinte auf dem ganzen Weg. Am anderen Ufer stand ein sehr hoher Bakupary-Baum mit reifen Früchten. Weinend machte der Kopf am Ufer halt. Da sagte ein Marinaua: »Laßt uns langsam gehen! Der Kopf kann doch nicht über den Fluß!« Aber der Kopf rollte weiter, stürzte sich in den Fluß und schwamm hinüber. Da erblickte ihn ein Marinaua und rief: »Dort kommt der Kopf geschwommen!« Eilends liefen sie weiter und kletterten auf den Bakupary. Der Kopf kam aus dem Wasser auf das hohe Ufer und rollte weiter. Als er seine Leute sah, blieb er unter dem Bakupary liegen. »Freunde«, rief er, »kommt schnell herab! Ich habe euch schon gesehen.«

Die Leute aßen Bakupary-Früchte. Da bat sie der Kopf: »Freunde, gebt mir auch Bakupary!« Da riß ein Marinaua eine grüne Frucht von dem Baum und warf sie ihm zu, aber der Kopf aß sie nicht. »Ich esse sie nicht«, sagte er, »sie ist ja noch grün! Gib mir eine andere, reife!« Da pflückten sie eine reife Frucht ab und gaben sie ihm. Der Kopf ergriff die Frucht und wollte sie hinunterschlucken, aber sie fiel aus dem Loch seines Halses wieder heraus. Wiederum bat er um eine Bakupary. Da pflückte ein Marinaua eine Frucht und warf sie mitten in den Fluß. Der Kopf aber sagte: »Du hast sie ja mitten in den Fluß geworfen! Von dort hole ich sie nicht. Gib mir eine andere!«

Da kam ein Marinaua auf einen anderen Gedanken. Er sprach zu seinem Gefährten: »Pflücke eine Bakupary und wirf sie weit weg!« Dieser riß eine sehr große Frucht ab und warf sie weit weg. Der Kopf rollte den ganzen Weg dahin, sie zu holen, und alle Marinaua stiegen vom Baum herab und liefen davon. Nach einer Weile blieben sie stehen und sagten: »Ob wohl der Kopf wieder hinter uns her kommen wird?«

Der Kutanaua hatte sie die ganze Zeit beobachtet und gesehen, wie sie weggingen. Da stieg er von dem Baum herab und ging heim.

Inzwischen hatte sich der Kopf die Frucht geholt. Er kam zurück und machte am Bakupary-Baum halt. Er blickte in die Höhe und sah sie nicht mehr. Da machte er sich wieder auf den Weg und rollte weiter. Seine Leute standen da und warteten. Der Kopf kam hinter ihnen her gerollt. Da erblickte ihn einer und rief: »Dort kommt der Kopf!«, und sie liefen weiter. Der Kopf sah sie und rief: »Freunde, wartet auf mich!«, aber sie blieben nicht stehen, sondern rannten weiter. Sie liefen in ihr Haus und verschlossen es. Da sprach der Kopf zu ihnen: »Freunde, öffnet das Haus! Ich will hinein!«, aber seine Leute öffneten das Haus nicht. Nun rollte der Kopf um das Haus herum und weinte. Seine Leute öffneten das Haus nicht, und der Kopf weinte und wischte seine Tränen mit seinen Haaren ab. Dann sagte er zu seinen Leuten: »Freunde, öffnet mir doch! Ich will mir nur meine Sachen holen!« Aber sie öffneten nicht, und der Kopf weinte.

Dann sagte er: »Soll ich mich verwandeln?« Und er dachte nach und sprach: »Kutanaua hat mir den Kopf abgeschlagen, so daß ich meine Leute nicht sehen kann. Nur mein Kopf kam hinter ihnen her, aber meine Leute fürchteten sich vor mir und verschlossen das Haus, so daß ich nicht eintreten und meine Sachen holen kann.« Dann rief er seinen Leuten zu: »Freunde, ihr habt euch vor mir gefürchtet und das Haus verschlossen, so daß ich nicht eindringen und meine Sachen holen kann. Ich will mich verwandeln.« Und seine Leute fragten: »Marinaua, in was willst du dich denn verwandeln?« – »Ich habe darüber nachgedacht, wie ich mich verwandeln soll«, antwortete er. »Ich werde mein Blut verwandeln und ebenso meine Augen und meinen Kopf.« – »Freunde,« fuhr er fort, »wenn ich mein Blut verwandele, werde ich den ›Weg der Fremden‹ (Regenbogen) machen. Ich gedenke aber auch meine Augen und meinen Kopf zu verwandeln. Was soll ich nun werden? Wollte ich Gemüse sein, so könnt ihr mich essen. Wollte ich Makaschera sein, so könnt ihr mich essen. Wollte ich Banane sein, und ihr pflücktet Bananen und kochtet sie, so könnt ihr mich essen. Wollte ich Kara sein, so könnt ihr mich essen. Wollte ich Inhame sein, so könnt ihr mich essen. Wollte ich Batate sein, so könnt ihr mich essen. Wollte ich Bohne sein, so könnt ihr mich essen. Wollte ich Pflanzung sein, und ihr pflanztet Früchte auf mich, und die Früchte reiften, so könnt ihr mich essen. Wollte ich Erde sein, so könnt ihr auf mir herumgehen. Wollte ich Wasser sein, so könnt ihr mich trinken. Wollte ich Fisch sein, und ihr finget Fische, so könnt ihr mich essen. Wollte ich Timbo sein, und ihr risset Timbo aus und löstet ihn im Wasser auf, und ich tötete Fische, und ihr zöget sie heraus, so könnt ihr die Fische essen. Wollte ich Jagdtier sein, und ihr tötetet mich, so könnt ihr mich essen. Wollte ich Schlange sein, und ich würde über euch ärgerlich und bisse euch, so könnt ihr mich töten. Wollte ich Skorpion sein, und ich bisse euch, so könnt ihr mich töten. Wollte ich Baum sein, und ihr hiebet mich nieder, und ich wäre trocken, und ihr spaltetet Brennholz und kochtet Speise, so könnt ihr mich essen.

Was soll ich denn werden?

Wollte ich Fledermaus sein, und ich käme in der Dunkelheit und bisse euch, so könnt ihr mich töten.

Wollte ich Sonne sein, und ihr fröret, so kann ich euch erwärmen.

Wollte ich Regen sein, und ich regnete und füllte die Flüsse, und ihr finget Fische und eßt sie, und ich feuchtete das Gras an, und das Gras wächst, so können mich die Jagdtiere essen.

Wollte ich Kälte sein, und die Sonne brennt euch, so kann ich euch abkühlen.

Wollte ich Nacht sein, und ich dunkelte, so könnt ihr schlafen.

Wollte ich Morgen sein, und ihr schliefet im Dunkel die ganze Nacht, und es würde Morgen, und ihr erwachtet, so könnt ihr gehen.

Was soll ich also werden? Ich denke an etwas anderes.

Mein But verwandle ich in den ›Weg der Feinde‹ (Regenbogen). Meine Augen aber verwandele ich in Sterne, und mein Kopf soll Mond werden.«

Dann rief der Kopf des Marinaua seine Leute und sprach zu ihnen: »Freunde, mein Kopf wird Mond werden. Wenn meine Augen Sterne sein werden und mein Blut Regenbogen, dann werden auch eure Weiber und alle Mädchen bluten.«

Alle Weiber und alle Mädchen hörten es und fürchteten sich. Dann fragten sie den Kopf: »Warum sollen wir alle bluten, Marinaua?«

Der Kopf antwortete: »Um nichts weiter! Wenn mein Kopf Mond geworden ist, und der Vollmond glänzt, dann werdet ihr bluten.«

Die Weiber hörten, was der Kopf des Marinaua zu seinen Leuten sagte.

Dann zog der Marinaua sein Blut heraus, schüttete es auf einen Teller und schleuderte es aufwärts in den Himmel. Im Himmel ergoß sich sein Blut und lief auseinander, und es bildete sich der »Weg der Fremden« (Regenbogen).

Dann riß er seine Augen aus und warf sie aufwärts, und schon verwandelten sich seine Augen in viele Sterne.

Darauf bat der Kopf seine Leute um seine beiden Garnknäuel, und sie warfen sie ihm hinaus. Er ergriff die beiden Garnknäuel und warf sie aufwärts in den Himmel. Da kam der himmlische Aasgeier geflogen, nahm die Garnknäuel in den Schnabel und flog damit aufwärts. Im Himmel befestigte der himmlische Aasgeier die Garnknäuel für den Kopf.

Nun sprach der Kopf zu seinen Leuten: »Freunde, jetzt gehe ich in den Himmel und werde Mond. Wenn ich Mond geworden bin, und es ist Vollmond, dann werden alle eure Frauen bluten.«

So sprach er zu ihnen. Dann nahm er die beiden Fäden in den Mund und sagte zu seinen Leuten: »Freunde, jetzt werde ich Mond«, und er schwebte dahin.

Da riefen seine Leue: »Laßt uns den Kopf des Marinaua sehen!« Sie öffneten das Haus, liefen hinaus und blieben auf dem Platz stehen. Sie schauten aufwärts und erblickten den Kopf, wie er hängend dahinging den ganzen Weg. Dann sahen sie den Regenbogen. Aus Marinauas Blut ist der Regenbogen entstanden. Sein Blut hat er in ihn verwandelt.

Dann, als es dunkelte, sahen sie, daß sein Kopf zum Vollmond geworden war und seine Augen zu funkelnden Sternen. Nun glänzte der Vollmond, und alle Weiber bluteten, und es bluteten alle Jungfrauen. Als die Weiber bluteten, wohnten ihre Gatten ihnen bei. Dann schwieg das Blut, und die Weiber wurden schwanger.

Sie sahen den Kopf des Marinaua als Vollmond und sagten: »Siehe da diesen Vollmond!« Und einer sprach: »Marinauas Kopf ist Mond geworden. Da glänzt er! Diesen Vollmond, diese Sterne, diesen Regenbogen hat er selbst verwandelt. Dieser Regenbogen ist sein Blut; diese Sterne sind seine Augen; dieser Vollmond ist sein Kopf!«

So sprachen sie, als Marinauas Kopf sich in den Mond verwandelte.

Marinaua wurde von Kutanaua enthauptet, und sein Kopf verwandelte sich in den Mond.

Soweit erinnere ich mich der Geschichte von Marinaua, der von Kutanaua enthauptet wurde. Mehr gibt es nicht.

Die Mondgöttin Coyolxauhqui

In Mexiko City, im Februar 1978, stießen einige Schachtarbeiter in zwei Metern Tiefe auf eine reich verzierte Steinplatte. Die herbeigerufenen Archäologen legten behutsam den Fund frei, eine in zwei Teile gespaltene, acht Tonnen schwere, beinahe runde Scheibe – und hatten das Bild der Mondgöttin der Azteken vor sich. Ein wichtiger Bestandteil der legendären Aztekenstadt Tenochtitlán schien gefunden, und die alte Mythe um die Mondgöttin Coyolxauhqui war plötzlich Tagesgespräch.

Sie besagt, daß Coyolxauhqui eines Tages feststellen mußte: Ihre Mutter Coatlicue, eine Witwe, war schwanger. Diese verteidigte sich: Sie habe gerade den Tempel gefegt, als ein Bündel herrlicher Federn vom Himmel gefallen sei; das habe sie, um es zu schützen und aufzubewahren, zunächst in ihrem Schoß verborgen; als dann der Tempel gereinigt war und sie nach den Federn sehen wollte, seien sie verschwunden gewesen, und sie habe sich plötzlich schwanger gefühlt.

Die Mondgöttin glaubte ihrer Mutter, der Göttin der Erde, kein Wort. Sie sah die Ehre der Familie auf dem Spiel. Sie rief ihre 400 Brüder, die Sterne, zusammen, um die Mutter zu töten. Da aber gebar Coatlicue den Sonnengott Huitzilopochtli, und der rächte seine Mutter, indem er mit der Feuerschlange seine Schwester enthauptete und die Sternenbrüder in die Flucht trieb, zu fernen Himmelsorten hin. Coyolxauhqui aber stürzte in den Abgrund, Arme und Beine brachen ihr weg.

So verstümmelt und verrenkt ist sie auf der steinernen Scheibe dargestellt. Diese stand einst vor der steilen Treppe zum Tempel des Huitzilopochtli: letzter Anblick für die Opfer, denen der Priester die Herzen herausgeschnitten, um das Blut fließen zu lassen, dessen der Sonnengott täglich zur Erneuerung seiner Energien bedurfte.

Der Mondmann als Geliebter

Ein Mann sandte seine Frau jeden Tag in den Wald, Beeren zu sammeln. Eines Tages sah sie daselbst der Mann im Mond, der Sohn (Gott) Senchs. Er fand Gefallen an ihr und stieg vom Himmel herab, um etwas bei ihr zu bleiben. Dann kehrte er in den Himmel zurück. Die Frau ging nach Haus, hatte aber keine Beeren, da sie, statt zu sammeln, mit dem Mondmann zusammen gewesen war. Als sie nun alltäglich ohne Beeren nach Haus kam, obwohl ihrer viele im Wald wuchsen, wurde ihr Mann mißtrauisch und beschloß, sie zu belauschen. Er fand sie mit ihrem Liebhaber zusammen. Unbemerkt schlich er nach Haus zurück, beschloß aber, sich zu rächen. Am folgenden Tag sprach er zu seiner Frau: »Du findest ja nie Beeren, ich will jetzt selbst einmal gehen und sehen, ob es keine gibt.« Er setzte sich nun seiner Frau Hut auf, hing ihren Mantel um, unter dem er ein Messer verbarg, und ging zu dem Platz, wo jene einander zu treffen pflegten. Es währte nicht lange, da kam der Mondmann. Als dieser ihn umfangen wollte, schnitt er ihm mit dem Messer den Kopf ab. Er trug ihn nach Haus, und als seine Frau ihn erblickte, erschrak sie sehr und fing an zu weinen. Da er wissen wollte, wer jener sei, rief er alle Leute zusammen, den Kopf anzusehen. Aber niemand erkannte ihn.

Sench stieg nun zur Erde herab, um seinen Sohn zu suchen. Endlich kam er auch zu dem Mann, welcher ihn erschlagen hatte. Er fragte: »Hast du meinen Sohn nicht gesehen?« Jener antwortete: »Nein, ich kenne ihn nicht und habe ihn nicht gesehen.« Da erblickte Sench den Kopf seines Sohnes, der über dem Feuer hing. Er wurde sehr zornig und machte ein großes Feuer auf der Erde, so daß alle Menschen umkamen.

Nur die Geliebte des Mondmannes blieb verschont. Sie nahm einen Eimer voll Wasser aus dem Fluß, ehe er austrocknete, und fing mit dem Wasser viele kleine Fische. Als alles ausgebrannt und die Flüsse vertrocknet waren, schüttete sie das Wasser in den Fluß, der nun wieder zu laufen begann. Die Fische schwammen darin umher und vermehrten sich rasch.

Die Frau, die den Mond und den Kele heiratete

Es war einmal eine Frau, die von ihrem Gatten verlassen war. Infolgedessen litt sie große Not und konnte schließlich vor lauter Hunger nur noch auf allen vieren kriechen. Eines Tages kam sie zu einem Haus, ging hinein und sah sich darin um. Da lagen fertige Kleider, auch stand da ein mit Talg gefüllter Teller. Hiervon aß sie, und kaum daß sie sich gesättigt hatte, eilte sie wieder ins Freie.

Der Mann, dem dies Haus gehörte, war der Mond. Als er heimkam, sagte er: »Wie sonderbar! Wer mag das gewesen sein, der den Talg gegessen hat. Der ganze Teller voll ist verschwunden.«

Am nächsten Morgen ging er wiederum fort. Er zog dabei andere Schuhe an. Sobald er sich entfernt hatte, kam die Frau herbei und fand wiederum den Talg. Auch diesmal aß sie reichlich und wurde dadurch sehr gekräftigt.

Als der Mann im Mond nach Hause kam, sagte er: »Oh, wie seltsam! Wer mag das sein, der soviel Essen entwendet? Nun, ich will morgen früh nicht ausgehen.«

Als die Mittagszeit herankam, erschien wiederum die Frau. Sie trat in das Haus und begann zu essen. Doch kaum hatte sie das getan, da ergriff sie der Mann. »Ach, laß mich doch los«, sagte sie und versuchte, sich freizumachen. »Oho! Du warst also der Dieb!« – »Laß mich los!« – »Sei ruhig, ich tue dir nichts zuleide. Ich möchte dich nur fragen, warum du umherwanderst. Hast du keinen Gatten?« – »Nein, ich habe keinen. Mein Mann hat mich verlassen, ich bin vertrieben und verhungert.« – »Hast du hier im Hause nichts Auffallendes gesehen?« – »Gar nichts.« – »Nun, dann werde ich dich heiraten.« So heiratete sie denn den Mann im Mond.

Wiederum ging er fort und kam am Abend wieder. Da sprach er zu seiner Frau: »Geh nicht aus dem inneren Zimmer! Wir wollen beide hineingehen, und dann wirf einfach meine Schuhe aus dem Zelt.«

Sie warf die Schuhe hinaus, und sogleich erschien ein Teller, mit gekochtem Fleisch gefüllt. Sie aßen davon und stellten darauf den Teller draußen hin.

Als sie am folgenden Morgen erwachten, sah die Frau nach dem Teller und bemerkte, daß er sauber und in Ordnung war.

Der Mann ging wiederum aus und erlegte ein wildes Rentier. »Morgen wollen wir ein Fest zur Danksagung veranstalten. Die Zauberfäden brauchst du nicht zu holen.« Darauf bereiteten sie das Renntier für das Festmahl zu, und auch die Zauberfäden waren zur Stelle.

Am nächsten Morgen ging der Mann wieder fort. Die Frau dachte bei sich: »Warum mag er wohl zu mir gesagt haben: ›Öffne nicht diese Kiste und blicke ja nicht hinein?‹« Sobald er sich daher entfernt hatte, öffnete sie die Kiste. Da sah sie eine zweite Frau darin sitzen, deren eine Gesichtshälfte schwarz und deren andere Gesichtshälfte rot war. Schnell machte sie ein Geräusch mit ihrer Zunge: »Pr.« Die Frau in der Kiste blickte auf, fiel um und starb. Die Frau schloß die Kiste rasch, denn sie war sehr erschrocken. Als ihr Gatte nach Hause kam, erzählte sie ihm nichts von ihrem Erlebnis, da sie seinen Zorn fürchtete. Sie warf die Schuhe aus dem äußeren Zelt, doch wartete sie vergebens auf das Erscheinen des Tellers.

Darauf kam ihr Gatte unter der Decke des Schlafzimmers hervor und sagte: »Ach, wie sonderbar. Wo ist sie? Hast du bestimmt nicht die Kiste geöffnet?« – »Nein.« – »Wo ist sie denn geblieben? Hör und sage die Wahrheit.« Darauf sprach sie: »Ich sah sie an, sie aber wollte mich nicht anblicken. Darauf machte ich ein Geräusch mit dem Mund, worauf sie umfiel.«

»Ach, wie sonderbar du bist! Warum konntest du nicht gehorchen? Dein Mann hat dich sicherlich nicht ohne Ursache verlassen. Gib mir meine Zaubertrommel!«

Er trommelte darauf, und die andere Frau wurde wieder lebendig. Sie war sehr ärgerlich und stieß den Teller hastig hinein.

Als sie am folgenden Morgen erwachte, schickte der Mann im Mond die Frau heim, wobei er sprach: »Dein Gatte hat dich sicherlich nicht ohne Ursache verlassen. Du hast ein Haus, laß mich dich dorthin bringen.« Daraufhin brachte er sie zu ihrem Vater und sprach zu ihm: »Ich kann nicht auf sie aufpassen.«

Sie wollten sie nun mit einem andern Mann verheiraten, sie aber weigerte sich. Da sagte ihr Vater: »Wen möchtest du zum Mann haben? Einen Kele (böser, menschenfressender Geist) willst du wohl heiraten.«

Als sie am nächsten Tag über Land ging, begegnete sie einem Mann, der sprach zu ihr: »Wir wollen in mein Haus gehn.« – »Ich möchte nicht.« – »Dein Vater hat mich aufgefordert, dich zu heiraten.«

So nahm er sie denn in sein Haus; das war aus Stein, und es waren Würmer darin, die der Mann zu essen pflegte. Daß sie ebenfalls Würmer essen sollte, gefiel ihr gar nicht. »Warum ißt du nicht?« fragte ihr neuer Gatte. »Wir pflegen so etwas nicht zu essen. « – »Nun, was eßt ihr denn?« – »Wir essen Fleisch.« – »Schön, dann will ich gehn und Fleisch besorgen.«

Er erlegte eine Maus und setzte sie seiner Frau vor. »Warum ißt du nicht?« – »Wir essen so etwas nicht.« – »Nun, was eßt ihr denn?« – »Wir essen Seehunde.« – »Gut, ich will dir einen bringen.«

Darauf ging er und brachte einen Seewurm. »Warum ißt du nicht?« – »Wie könnte ich einen Wurm essen? Das ist ja ekelhaft.«

»Nun, was ißt du denn?« – »Wir essen das Fleisch der wilden Rentiere.« Da brachte er ein Murmeltier und setzte es ihr vor. »Warum ißt du nicht?« – »Wir essen so etwas nicht.« – »Nun, was eßt ihr denn?« – »Wir essen Walroßtran.« – »Nun, dann will ich dir welchen bringen.«

Darauf brachte er ein gestrandetes Walroß vom Meeresufer, und sie aß davon. »Was möchtest du jetzt noch haben?« – »Eine eßbare Wurzel aus der Erde.« – »Schön, ich will dir eine bringen.«

Diesmal brachte er einen Käfer. »Wir essen so etwas nicht. Wie könnte man so etwas Abscheuliches essen?« – »Nun, dann will ich dir etwas andres bringen.«

Nach kurzer Zeit bekam sie ein Kind. Ihr Mann brachte ihr eine menschliche Leiche zum Essen, und sie bemerkte, daß es die Leiche ihres Bruders war. Sie setzte sich daher am nächsten Morgen bei ihrem Hause hin und weinte.

Da kam ein kleiner Fuchs zu ihr und fragte sie: »Was fehlt dir denn?« – »Es ist sehr schlimm. Ich habe einen Kele geheiratet. Mein Vater hat mir einen Kele zum Mann gegeben.« – »Nun, dann verfertige ein paar verzierte Schuhe, und wenn er wieder nach Hause kommt, so reiche sie ihm nicht mit der Hand, sondern wirf sie vor ihn hin. Laß ihn sie besehen. Dann wird der Faden eines Spinnengewebes herabkommen.«

Als ihr Mann heimkam, fragte er sie: »Warum hast du geweint?« – »Nur, weil ich einige Zugvögel aus der Heimat vorbeifliegen sah. Da, zieh die anderen Schuhe an.«

Er nahm die Schuhe, und als er sie sich ansah und ihre Verzierungen betrachtete, versuchte die Frau mit ihm zu sprechen, doch er hörte nicht. Als sie dann hinausging, erblickte sie einen herabhängenden Faden von einem Spinnengewebe. An diesem wurde sie in die Höhe gezogen. Ihr Mann verfolgte sie.

Sie kam zu dem Haus der kleinen Spinnen-Frau. Und auch ihr Mann kam gleich darauf dort an. »Wo ist meine Frau?« – »Welche Frau?« – »Ihr habt mich zum besten gehalten.« – »Sie ist nur zu dem oberen Volk hinaufgegangen.« Er kletterte hinauf und gelangte zum oberen Volk.

Die Frau kam zum Polarstern, den man den »bewegungslosen Stern« nennt. »Ich werde verfolgt.« – »Was ist mit dir geschehen?« fragte der Polarstern. »Mein Vater hat mir einen Kele zum Mann gegeben.« – »Nun, bleibe nur hier, ich will dich verstecken.«

Dort war ein Lichtstrahl von länglicher Gestalt, wie ein Trichter; da hinein ließ er sie gehen. Gleich darauf kam ihr Gatte ermüdet an. »Wo ist meine Frau?« – »Hier ist sie. Hole sie selber heraus«, sagte der Polarstern. »Ach, gib sie mir.« – »Ich will sie dir nicht geben. Hole sie dir selbst.« – »Wo ist sie denn?« – »Sie ging in diesen Lichtstrahl hinein.«

Der Lichtstrahl war sehr lang. Doch begann der Kele hinaufzuklettern. Als er aber noch nicht die Mitte des Strahles erreicht hatte, fiel er hin, daß sogar seine Fingernägel bluteten.

»Ach, gib mir doch meine Frau!« – »Nein, ich gebe sie dir nicht. Ihre Verwandten haben mir schöne Teller voll Speisen gegeben. Ich kann doch nicht so undankbar sein.« – »Ich will dir auch einen Zauberspruch geben.« – »Den brauche ich nicht.« – »Du kannst auch mein steinernes Haus haben.« – »Das brauche ich auch nicht. Auch mein Haus können die Winde kaum erreichen; sie blasen unter ihm hinweg. Trotzdem gelangen die Teller von jedermann, die er mir opfert, herauf. Ich bin stärker als du.«

»Ach, gib mir doch meine Frau. Ich werde dir auch einen Wildzauber geben.« Der Polarstern sprach: »Ich besitze ebenfalls den Wildzauber. Ich verteile ihn unter dem unteren Volk. Denen, die gute Teller haben, gebe ich den Vielfraß, denen, die schlechte Teller haben, gebe ich den Fuchs, denen, deren Teller von Hunden beschnüffelt sind, gebe ich den Vielfraß. Auch gebe ich denen, die gute Teller haben, wilde Renntiere.«

»Gib mir doch meine Frau! Ich will dir auch eine Beschwörungsformel geben, um geräuschlos an die Menschen heranzuschleichen.« – »Warum sollte ich Menschen töten, deren Leben ich beschütze?«

»Gib mir doch meine Frau!« – »Ich will sie dir nicht geben; du bittest umsonst.« – »Ich vermag auch jegliches Wild zu erlegen.« – »Wie gierig du bist! Warum brauchst du alles Wild zu erlegen? Warum willst du das tun? Ich werde dich in eine Kiste stecken, du Schurke! Du raubst alles mögliche Wild. Ich habe das Wohl des unteren Volkes stets im Auge und erwecke die zum neuen Leben, welche die Kele getötet haben.«

»Gib mir meine Frau. Ich werde dir auch das Zaubermittel geben, um ungesehen umherzuziehn.« – »Das brauche ich auch nicht. Du magst ungesehen umhergehn. Ich kenne dich wohl. Kein Haar von dir könnte mich hier erreichen.« – »Dann werde ich dir auch die Zauberformel geben, um jemanden lahm zu machen.« – »Nein. Du hast die Formel gemacht, um Menschen zu lähmen; wahrscheinlich warst du es auch, der den Bluthusten verursacht hat.«

»Ach, gib mir doch meine Frau!« – »Ich will es nicht.« – »Ich kann auch Menschen rauben.« – »So, du raubst auch Menschen? Deswegen also gelangen die Opfer, die sie mir versprechen, nicht hierher. Du machst mir nur Ärger und Verdruß.« – »Dann will ich dir auch eine Beschwörung geben, um Menschen zu schwächen.« – »Wozu sollte mir die nützen? Du liegst augenscheinlich stets auf der Lauer, um alle Lebewesen umzubringen. Jetzt kenne ich dich durch und durch. Du bist es, der die Leiden der Menschen verursacht und der sie ängstigt.«

»Ach, gib mir doch meine Frau!« – »Ich werde sie dir nicht geben. Hole sie dir selber.« – »Ich werde dir auch den Walfisch-Zauber geben.« – »Ich brauche keine Tiere zu jagen; ich selber gebe dem Walfisch seine Nahrung.«

»Gib mir doch meine Frau. Ich will dir ein Mittel geben, um Fallsucht zu bewirken.« – »Ich habe tatsächlich kein Verlangen danach, es zu besitzen. Du bist ein Geschöpf, dem man besser aus dem Wege geht. Ich habe mich immer gefragt: Wer mag wohl all die Übeltaten auf Erden verursachen? Und siehe da, du bist es.«

»Ach, gib mir doch meine Frau!« Da sagte der Polarstern zu seiner Frau: »Öffne die Kiste«, und zu dem Kele sprach er: »Du bist fürwahr ein Vernichter der Menschen. Warum lebst du eigentlich? Sieh, ich bin ein Gott. Ich werde dich hier hineinstecken.«

Darauf steckte er den Kele in die Kiste, und der Himmel verfinsterte sich, es wurde ganz dunkel, kein Licht blieb übrig. Da fragte ihn der Polarstern: »Nun, bist du noch so widerspenstig wie vordem?« Da sagte der Kele ganz leise: »Du tötest mich.« – »Nun, ich sage dir nochmals, daß ich das untere Volk beschütze. Bist du noch so widerspenstig wie früher?« – »Nein, nein, ich vergehe vor Angst.«

Der Polarstern sprach zu seiner Frau: »Öffne die Kiste ein wenig.« Sie öffnete die Kiste, da wurde es etwas heller. »Nun, bist du noch so widerspenstig wie vordem?« – »Gib mir meine Frau.«

Da sagte der Polarstern zu seiner Frau: »Schließe die Kiste.« Nun kam ein Schneesturm, und auch am Himmel wirbelten die Schneeflocken umher. Wiederum fragte der Schöpfer den Kele: »Nun, willst du mich noch verleugnen?« – »Ach nein, von jetzt an nicht mehr. Mir ist so kalt.« Und er zitterte vor Kälte. »Wie befindest du dich jetzt?« – »Du wirst mich noch völlig umbringen.«

Wiederum sprach der Polarstern zu seiner Frau: »Öffne die Kiste ein wenig.« Sie tat es, und der Sturm legte sich, das Wetter klärte sich auf. »Nun, willst du mich noch verleugnen? Ich sage dir nochmals: Ich behüte das untere Volk. Du bist mir nicht gewachsen.« – »Mache mich zu deinem Diener, aber laß mich hier heraus.« – »Ich werde dich nicht herauslassen. Es scheint, als ob du deine Übeltaten an den Menschen von neuem beginnen willst.« – »Ach, diesmal nicht. Du kannst mich als deinen Diener haben.« – »Willst du auch nicht mehr deine Frau fordern?« – »Nein, nicht mehr.« – »Und willst du sie verfolgen, wenn ich sie auf die Erde herabkommen lasse?« – »Wahrhaftig nicht.«

Da sprach der Schöpfer zu seiner Frau: »Öffne die Kiste.« Und sie öffnete die Kiste. »Nun, willst du noch deine Frau haben?« – »Nein, wahrhaftig nicht. Ich will dein Diener sein.« Da holte er den Kele heraus, und dieser mußte für ihn Brennholz und anderes herbeischaffen.

Der Polarstern rief darauf die Frau, sie kam heraus, und als ihr Gatte, der Kele, sie sah, sprach er: »Ich wünschte, ich könnte von deiner Leber fressen.« Da fragte der Polarstern: »Was sagst du da?« – »Ich sagte nur: Geh zu deinem Vater.« – »Du möchtest sie wohl noch haben?« – »Ach nein, ich sagte nur: Geh zu deinem Vater.«

Darauf öffnete der Polarstern einen Deckel, und man konnte die ganze Welt sehen, die Dörfer in allen Ländern. Die entferntesten Gegenstände erschienen ganz nahe, von oben gesehen, und auch die Menschen waren beinahe zu sehen. Wiederum sprach er zu ihr: »Schließe diesen Deckel und öffne einen andern.« Sie tat dies und sah ihre Eltern ganz in der Nähe. Der Vater arbeitete gerade mit einer Hacke. Der Polarstern sagte zu ihr: »Dort ist dein Vater. Nun, schließe den Deckel wieder. Fühlst du dich einsam? Öffne die Kiste an der östlichen Seite.«

Als sie dies tat, bemerkte sie, daß sie voller Seehunde war. Er sprach zu ihr: »Schließe die Kiste. Diese gebe ich ohne Unterschied den Leuten, die schlechte Teller darbringen.«

Wiederum öffnete sie einen Deckel und sah Weißwale darunter. »Diese gebe ich denen, deren Teller von Hunden beschnüffelt sind.«

Als sie noch einen Deckel öffnete, fand sie Walrosse darunter. »Diese gebe ich denen, die Opfer darbringen.«

Sie öffnete noch einen Deckel, darunter erblickte sie eine Menge grauer Füchse. »Diese gebe ich denen, die gute reine Teller haben.«

Wieder öffnete sie einen Deckel, darunter waren Blaufüchse. »Diese gebe ich denen, deren Teller neu verfertigt sind.«

Nochmals öffnete sie einen Deckel, darunter waren Eichhörnchen. »Diese gebe ich ohne Unterschied.«

Noch einen Deckel öffnete sie, darunter befanden sich Hasen. »Diese gebe ich den Hungrigen.«

Unter einem weiteren Deckel waren wilde Rentiere. »Diese gebe ich ohne Unterschied den Armen.«

Wiederum öffnete sie einen Deckel, unter dem Wölfe waren. »Diese gebe ich denen, die der Fellkleidung bedürfen.«

Dann begaben sie sich an die Westseite; sie öffnete noch einen Deckel und erblickte eine Gruppe von Häusern. »Dort ist dein Land.«

Ihr Vater besaß viele Rentiere, und sie sahen auch seine Herde. Der Polarstern sprach: »Jene weiße Rentierkuh möchte ich haben; ich wünsche sie mir schon lange, da ich keine habe. Auch möchte ich den gelb und weiß gefleckten Rentierbock haben, ebenso den mit einem weißen Bein. Du fühlst dich wohl einsam, kehre heim.«

Noch bevor es Abend war, ließ er sie hinabgehen. Als die Frau unten ankam und rief, kam jemand aus dem Haus und ging wieder hinein. »Was für eine Frau ist hier?« Ihr Vater kam heraus und fragte sie: »Woher, aus welchem Land, bist du gekommen?« – »Ich stamme aus diesem Land.« –

»Was für eine Frau bist du?« – »Ich denke, du hast mich mit einem Kele verheiratet.« – »Ach, dann bist du es?« – »Freilich.«

»Woher kommst du?« – »Ich komme von dem Gott.« – »Von welchem Gott?« – »Vom Polarstern. Du mußt ihm eine Renntierkuh und ein Renntier mit einem weißen Bein geben.«

Sie schlachteten also die Renntiere und brachten sie als Opfer dar.

Doch der Vater starb, und als ihn seine Tochter begrub und wieder heimkehren wollte, fiel auch sie um und starb.

Chang Ou, die Frau im Mond

Wenn ich in einer hellen Nacht den feurigen Mondball betrachte, denke ich stets an die Geschichte von Chang Ou.

Im Altertum lebte ein schönes Mädchen mit Namen Chang Ou, die dem Helden Yi verheiratet wurde. Yi war der berühmte Schütze, der neun von zehn Sonnen abgeschossen hat.

Chang Ou grübelte ständig: ›Wenn ich doch immer mein schönes Gesicht behalten könnte!‹ So dachte sie Tag für Tag, während sie alterte, Tag für Tag. Als ihr Gatte ihr Grübeln bemerkte, war er besorgt. Er fragte nach dem Grund, und sie erzählte ihm ihren ständigen Gedanken. »Ich habe gehört«, sagte Yi, »die Göttin Wang-mu hat ein Unsterblichkeitsmittel. Ich werde sie darum bitten gehen.« So sprach er, weil er Chang Ou liebte und für sie keine Mühsal scheute.

Schließlich, nach langen Schwierigkeiten, bekam er das Elixier und brachte es nach Hause. Da Chang Ou nicht zu Hause war, stellte er die Medizin beiseite und ging auf die Jagd. Als Chang Ou zurückkam, sah sie die Medizin. Sie wußte, das Mittel war für sie bestimmt, und sie machte sich daran, es zu essen. Als sie beinahe alles aufgegessen hatte, kam Yi zurück. Er stürzte sich auf Chang Ou, um ihr den Rest des Mittels wegzunehmen. Zu spät! Chang Ous Körper schwebte langsam von der Erde fort. Mit einem Pfeilschuß versuchte Yi, sie zurückzuholen, aber er traf sie nicht. Schließlich erreichte Chang Ou den Mond, auf dem sie sich verlor.

Bei der Göttin Wang-mu hatte Yi darum gebeten, ihm genügend Medizin zu geben, um zwei Menschen unsterblich zu machen. Chang Ou wußte nichts davon, und da sie zu viel gegessen hatte, wurde sie zu einer Heiligen und flog zum Himmel. Die Göttin Wang-mu bestrafte Chang Ou für ihre Gier: Im Mond muß sie bleiben und ewig allein und verlassen sein.

Die verwundete Sonne

Ehemals gab es keine Nacht. Es war beständig Tag, und deshalb war es sehr heiß. Durch die große Hitze verdorrten alle Gräser und Sträucher, und die Menschen konnten keinen Augenblick die Augen schließen, um zu schlafen. Da hielten die Alten Rat untereinander. Sie beschlossen: Jemand solle auf die Sonne schießen, um ihren starken Glanz und ihre Hitze abzuschwächen. Zwei junge Krieger machten sich auf den Weg. Als Wegzehrung für die Fahrt nahmen sie sich Samen mit und führten sie in den Bambusknotenstücken, die sie als Ohrpflöcke trugen, mit sich. Hirsesamen, Orangenkerne und Pfirsichkerne. Diese säten sie unterwegs aus, um dann, wenn die Saat aufgegangen war und die Frucht gereift, davon zu leben.

Lange waren sie auf diese Weise unterwegs, und nach einer mehrere Jahrzehnte dauernden abenteuerlichen Fahrt kamen sie am Rande der Welt an. Dort, wo sich Himmel und Erde berühren. Einer der zwei Gefährten starb dort, der unerträglichen Hitze wegen, am Sonnenstich. Dem zweiten Mann gelang es, einen Pfeil in die sich dort erhebende Sonnenscheibe zu schießen. Da floß aus der Sonne etwas heraus, als ob sie blutete. Diese Masse wurde zu dem Ding, das man heute den Mond nennt. Doch die verwundete Sonne wurde durch den Schuß so stark geschwächt, daß ihre Strahlen nun viel milder geworden sind.

In alter Zeit gab es zwei Sonnen. Ging die eine unter, dann ging die andere auf. Da das Aufgehen der einen Sonne und das Untergehen der anderen immer innerhalb eines Tages vor sich ging, gab es keine Nacht. Es herrschte beständig heller Tag, und die Menschen litten schwer unter der Hitze. Säten sie die Samen auf den Feldern aus, so ging die Saat wegen der großen Hitze nicht auf. Man war gezwungen, Schutzmatten zu flechten, um die Felder vor den Strahlen der Sonne zu schützen. Der Himmel war damals so niedrig, daß man sich vorsehen mußte, um nicht mit der Stampfkeule an ihn zu stoßen, wenn man Hirse stampfte. Als einmal ein Mann Hirsebier braute, goß er das dabei benutzte heiße Wasser auf eine der Sonnen. Sie konnte die Hitze des Wassers nicht vertragen, wurde krank, verlor ihren Glanz und wurde zum Mond, nachdem sie sich abgekühlt hatte. Einmal nahmen die Menschen dann alle ihre Kräfte zusammen und stemmten den Himmel nach oben, bis er seine jetzige Höhe erreichte. Seitdem läßt es sich leicht unter ihm arbeiten.

Die Spinnerin im Mond

Die Tochter eines armen Beamten ward zur Doppelwaise. Um ihrem Bräutigam einige Aussteuer zuzubringen, trat sie als Kammermädchen in Dienst. Man ließ ihr aber keine Zeit, an ihrer Ausfertigung zu arbeiten, und so spann sie nachts für sich bei Mondlicht, insbesondere in den Samstagsnächten, in welchen man ohnehin nicht spinnen soll. Dabei machte sie das Fenster auf. Immer freundlicher schien der Mond herein, immer weicher ward sie. Die Blässe erhöhte ihre Schönheit. Oft wurde sie darüber von ihrer Frau getadelt und spottend die Spinnerin im Mond gescholten. Sie aber fühlte sich immer mehr vom Mond angezogen: denn der Mond zieht alles an sich, besonders Mädchenherzen, weil er selber so unglücklich in seiner Liebe zur Sonne ist. Einmal schlief sie ermattet von des Tages Mühen ein und träumte, sie werde in den Mond hinübergetragen. Als sie erwachte, befand sie sich wirklich im Mond. Sie ist nun die Spinnerin im Mond, und noch sieht man sie darin mit dem Rädchen.

Der Rocken nimmt mit dem Mondeswechsel ab und zu, aber immer bleibt noch etwas Flachs daran. Sie darf mit dem Rocken nicht zuende kommen. Ist einmal der Flachs allegesponnen, geht die Welt unter. Manchmal ist der Rocken sehr dick angelegt. Da wird die Spinnerin müde beim Spinnen und ihr Köpfchen neigt sich und ihre Haare streifen an des Flachses Haar, wodurch der Mond verdunkelt wird. Dann ist Mondsfinsternis. Aber sie wird es bald inne und fährt zurück: daher endet die Mondsfinsternis oft so plötzlich. Manchmal spinnt sie gedankenlos ihre langen Haare mit hinein, und wenn sie es empfindet durch den Schmerz, den das Einlaufen des Haares in das Rädchen verursacht, so hat sie zu tun, es zu lösen; dann dauert die Finsternis länger.

Als die Sonne am Morgen danach aufging, war sie überrascht, ein Mädchen im Mond zu sehen; sie glaubte selbe glücklich in Liebesglück, weil sie das Köpfchen so sinnig zur Arbeit neigte. Auf einmal hörte sie den Bräutigam der Maid um sein Liebchen klagen. Er war vor Klagen matt im Wald niedergesunken und entschlafen, als sie abends beim Niedergehen die Erde streifte und ihn mit auf und zu sich emparnahm. Beim Auf- und Untergang der Sonne erkannte er aber seine Braut im Mond, und diese ihn, und beide waren voll Sehnsucht nach einander. Das sah auch der Mond zu seinem neuen Schmerz; die Sonne war ihm untreu geworden und auch die Maid, die er bei sich hatte, wollte seiner nicht gedenken. Nicht selten weint er dann. Die Zähren, welche er vergießt, sind die abschießenden Sterne, die Sternschnuppen. Wo sie auffallen, findet man einen Kreuzer, der nie weicht, so oft man ihn auch ausgibt, oder ein Zettelchen, welches in Versen die Zukunft des Finders enthält.

Hina, die Frau im Mond

Hina war eine ältere, müde Frau, die mit den Jahren immer müder und müder wurde. Jeden Tag saß sie vor ihrer Hütte und schlug Tapa, um daraus Kleider für ihre Familie zu machen. Tag um Tag klopfte sie Baumrinde mit einem hölzernen Hammer auf einem Brett weich. Hina war wirklich müde von der vielen Arbeit, draußen vor ihrer Hütte. Und wenn sie einmal kein Tapa zu schlagen hatte, mußte sie die Kürbisflasche nehmen und Wasser holen. Oft stolperte sie, wenn sie im Dunkeln mit der Kürbisflasche zurück nach Hause kam. Niemand war im Haus, der ihr helfen wollte. Ihr Sohn segelte von einer Insel zur anderen und beraubte die Leute, und ihre Tochter war in den Wald gegangen, um bei den Wilden zu leben. Ihr Mann wurde immer jähzorniger und drängte sie noch mehr zur Arbeit.

Hina wurde immer älter und sehnte sich danach, einen Ort zu finden, an dem sie sich niederlassen und erholen könnte. Eines Tages sollte sie noch mehr arbeiten, nämlich zwischen den Felsen mit einem Netz Shrimps fangen. Da rief sie laut: »Oh, wenn ich diesen Ort doch nur verlassen und einen Platz finden würde, an dem ich bleiben und mich erholen könnte.«

Der Regenbogen hörte Hina und hatte Mitleid mit ihr. Er ließ einen Pfad für sie entstehen, der sie von den Felsen hoch in den Himmel führte. Mit dem Netz in ihren Händen ging Hina den Pfad empor. Sie glaubte, sie könne hinauf in den Himmel gehen und dann hinüber zur Sonne, wo sie in ihrer Wärme sitzen und sich erholen könnte.

Hina folgte dem Bogen des Regenbogens höher und höher. Je weiter sie ging, desto stärker trafen sie die Strahlen der Sonne. Hina aber hielt ihr Netz über den Kopf und ging immer weiter. Als sie über die Wolken kam, und es nichts mehr gab, was sie schützte, verbrannten sie die Strahlen der Sonne sehr. Sie ging weiter und weiter, bis sie auf dem Pfad nur noch kriechen konnte, denn das Feuer der Sonnenstrahlen marterte sie und ließ sie schrumpfen. Schließlich konnte sie auch nicht mehr weiterkriechen und rutschte den Bogen des Regenbogens hinab und kam wieder zurück auf die Erde.

Dort war es gerade dunkel. Hina stand draußen vor ihrer Hütte und sah, wie ihr Ehemann den Weg vom Teich mit einer Kürbisflasche voller Wasser hinaufkam, stolpernd und sie mit bösen Worten verfluchend. Als sie sich ihm zeigte, schimpfte er sie aus, daß sie nicht dagewesen sei, um Wasser nach Hause zu holen.

Nun, da die Sonne ihre Weg beendet hatte und ihre Strahlen nicht mehr auf Hina ruhten, kehrte Hinas Kraft zurück. Sie blickte hinauf zum Himmel, sah den vollen Mond und sagte: »Zum Mond will ich gehen. Da ist es sehr ruhig, und dort kann ich eine lange, lange Zeit bleiben und mich erholen.«

Aber zuerst ging sie in ihre Hütte, um die Kalebasse zu holen, die all die Sachen enthielt, die ihr auf der Erde wertvoll waren. Sie trat aus der Hütte heraus, mit der Kalebasse in der Hand, und vor ihrer Tür lag ein Mond-Regenbogen.

Ihr Ehemann kam herbei und fragte sie, wohin sie ginge. Da sie ihre Kalebasse bei sich trug, wußte er, daß sie weit fort wollte. »Ich gehe zum Mond, an einen Ort, an dem ich mich erholen kann«, sagte sie. Sie erklomm den Bogen des Mond-Regenbogens und hoffte, ihrem Ehemann zu entkommen. Aber er sprang hoch und ergriff mit einer Hand ihren Fuß. Dann jedoch fiel er zurück, strauchelte und brach sich den Fuß, als er zu Boden stürzte.

Hina ging weiter. Sie war lahm und litt starke Schmerzen, doch sie war erleichtert, wie sie so durch die ruhige Nacht schritt. Sie ging weiter und weiter. Sie kam dorthin, wo die Sterne stehen, und sie flüsterte ihnen Beschwörungsformeln zu, damit sie ihr zeigten, wie sie zum Mond käme. Und die Sterne wiesen ihr den Weg, so daß sie schließlich beim Mond ankam.

Sie gelangte zum Mond mit der Kalebasse, die all ihre wertvollen Besitztümer enthielt, und der Mond wies ihr einen Platz zu, an dem sie sich erholen konnte. Dort blieb Hina. Und die Menschen von Hawaii können hoch zum leuchtenden Mond schauen und sie dort sehen. Hina sitzt dort, mit ihrem lahmen Fuß und der Kalebasse an ihrer Seite. Wenn man draußen vor seiner Hütte steht, kann man sie dort sehen – Hina, die Frau im Mond. Einige erzählen, daß sie statt der Kalebasse ihr Tapa-Brett und ihren hölzernen Hammer mitgenommen hat und daß die feinen dünnen Wolken, die um den Mond zu sehen sind, in Wirklichkeit das feine Tapa sind, das Hina geschlagen hat.

IV.
DIE SCHRECKLICHE MONDFAMILIE

Eine unglückliche Liebe

Sonne und Mond sind Weib und Mann. Als sie Hochzeit hielten, tat der Mond, der stets als etwas kalt und langweilig gilt, in der Brautnacht der feurigen begehrenden Braut nicht zur Genüge: er hätte lieber geschlafen. Das verdroß die Sonne und sie schlug dem Mann eine Wette vor, daß, wer von ihnen zuerst erwachen würde, das Recht haben solle, bei Tage zu scheinen; dem Trägen gehöre die Nacht. Würden sie beide zugleich wach werden, sollten sie fortan nebeneinander am Himmel glänzen.

Da lachte der Mond gar einfältig vor sich hin; er ging die Wette ein, weil er nicht glauben wollte, daß er verlieren könne, und lachend schlief er ein. Davon hat er das Lachen behalten.

Die Sonne aber ließ der Ärger nicht lange ruhen; schon vor zwei Uhr wach, zündete sie der Welt das Licht auf und weckte den frostigen Mond und hielt ihm ihren Sieg vor und zugleich die Strafe, daß sie nun nie mehr eine Nacht mitsammen verbringen würden.

Darum habe sie die Wette gesetzt und mit einem Eid bekräftigt, daß sie gebunden sei und nicht schwach werden könne. Seitdem leuchtet der Mond bei Nacht, die Sonne bei Tag.

Die Sonne aber reute bald der Schwur, den sie in der Hitze des Zornes getan; sie liebt ja den Mond. Und auch dieser fühlt sich immer zur Braut gezogen: er hielt ja die Wette für Spiel, für Neckerei, und Scherz war es, daß er sich so kalt gezeigt. Daher möchten sie beide sich gern wieder vereinen. Sie kommen sich auch öfter näher und treffen manchmal zusammen; es ist dieses die Zeit der Sonnenfinsternisse. Weil sie aber mit gegenseitigen Vorwürfen beginnen, keines die Schuld der Trennung tragen will, so geraten sie hintereinander zum Streit; doch keines wird Herr. Die Zeit, welche ihnen zur Versöhnung geboten ist, läuft ab, und es kommt die Stunde wieder, wo die Sonne ihrem Schwur gemäß wandern muß. Blutrot vor Zorn macht sie sich auf den Weg. Hätten sie nicht gestritten, wären sie vereinigt worden. Bis der Zorn sich legt, vergeht wieder geraume Weile, erst eine neue Finsternis zeigt an, daß sie sich wieder getroffen. Aber immer wieder wird diese Zeit nicht benützt.

So ist die Sonne immer heiß vor Liebeszorn; manchmal aber, wenn sie so allein wandelt, sieht sie ihr Unrecht ein; dann weint sie blutige Tränen und geht blutrot unter.

Aber auch der Mond empfindet Trauer und Leid, daß er zur Sonne nicht kann; darum nimmt er ab, bis er zur kleinsten Sichel wird; wird er nach und nach voll, so hofft er; ist er aber voll, sieht er sich getäuscht und nimmt wieder ab. – Von seiner unglücklichen Liebe ist er weich gestimmt: daher sein Licht so mild und melancholisch. Daher klagen ihm auch unglücklich Liebende ihr Leid.

Unmögliche Heirat

Vor langen Zeiten wollte der Himmelsherrscher die Mondgöttin dem Sonnengott zur Gattin geben. Der Sonnengott war ziemlich häßlich, und die schöne Göttin wollte nicht mit ihm verheiratet sein. Mehrmals ging der Himmelsherrscher zur Göttin des Mondes und sagte ihr Gutes über den Gott der Sonne. Nicht gut sei in der Tat sein Äußeres, sagte der Himmelsherrscher, aber sein Herz sei gut. Nachdem der Himmelsherrscher mehrmals zu ihr gekommen war, meinte die Göttin, es wäre nicht höflich, den Antrag abzuweisen. Und deshalb sagte sie: »Ich nehme den Antrag an, unter einer Bedingung.« Der Himmelsherrscher sagte: »Sprich die Bedingung aus!«

»Die Frau des Sonnengottes will ich sein«, erwiderte die Göttin des Mondes, »vorausgesetzt, daß er mich selber holen kann. Kann er es nicht, wird aus der Heirat nichts.« Sofort nach diesen Worten ging die Mondgöttin eilig auf ihren Nachtspaziergang. Der Himmelsherrscher brachte inzwischen dem Sonnengott die Nachricht, und augenblicklich rannte der Sonnengott hinter der Mondgöttin her. Doch als er im Osten ankam, hatte sie schon den Westen erreicht; und als er im Westen ankam, war sie schon wieder im Osten. Sie einzuholen gelang ihm nicht. Und deshalb sind bis heute Mondgöttin und Sonnengott nicht miteinander vermählt.

Das Aufeinandertreffen

Diese Geschichte ist eine Geschichte der alten Leute von früher. Meine Mutter hörte sie und erzählte sie mir. Das ist der Anfang der Sonnenfinsternis, so sagen sie, als Mond und Sonne einander begegneten. Ich war erst fünf Jahre alt, als ich die Geschichte von meiner Mutter hörte.

Eines Tages unterhielten sich die alten Leute darüber, was der Anfang der sogenannten Sonnenfinsternis war. Die vergangenen Jahre, in denen der Mond und die Sonne Eheleute waren, können nicht gezählt werden, sagten sie. Sie liebten sich sehr, und sie riefen einander »Oh, mein Mond« – »Oh, meine Sonne«, und sie würden sich nicht voneinander trennen, sagt man. Wo auch immer sie hingingen, sie gingen immer zusammen. Sie waren schon lange Gefährten füreinander. Wenn die Sonne des Nachts unterwegs war, ging der Mond ganz gewiß mit ihr. Der Mond war männlich, und die Sonne war weiblich.

Eines Tages war der Mond mit der Sonne ärgerlich, denn sie kam lange nicht nach Hause. Der Mond war eifersüchtig. Sie stritten miteinander, bis sie sich voneinander trennten. Sie schworen einander, daß sie sich nie wieder treffen würden. Damit sie sich nicht treffen würden, würde der Mond des Nachts reisen und die Sonne würde tagsüber unterwegs sein. Deshalb, wenn der Mond scheint, ist der Mond unterwegs. Denn sie schworen einander, daß, wenn sie sich treffen würden, die Erde dunkel werden würde.

Eines Nachts war der Mond unterwegs. Sie wußten nicht, daß ihnen der (mythische) Mandukawa-Vogel auflauern würde. Das Licht des Mondes erstrahlte nicht, denn der Mandukawa-Vogel hatte ihn in seinen Schnabel genommen. Der Mandukawa-Vogel wollte den Mond nur dann freigeben, wenn die Leute hier auf der Erde sehr laut schreien würden. Da waren einige Leute, die auf Büchsen schlugen. Die Leute machten einen großen Lärm. Da ließ der Mandukawa-Vogel den Mond frei. Nun war die Nacht wieder klar, denn das Mondlicht strahlte wieder.

Eines Tages schlief der Mond. Er wußte nicht, daß es bereits Tag war. Die Sonne war noch nicht direkt über ihm, als er plötzlich aufwachte und sich auf den Weg machte. Er dachte nicht, daß er die Sonne treffen würde. Die Sonne war erstaunt, denn etwas hatte ihr Licht weggenommen. Die Sonne schaute: Es war der Mond. Sie ärgerte sich. Ihre Lichtstrahlen hatten sich getroffen. Plötzlich wurde die Erde dunkel. Das nannten die Leute von damals Sonnenfinsternis. Die Sonnenfinsternis dauerte lange, und die Leute waren sehr traurig. Ihre Leiter sagten: »Holt eure Sachen, die ihr zum Feuermachen benutzt, und macht Feuer, zündet eure Lampen an.« Nachdem sie Feuer gemacht hatten, dauerte es nicht lange, bis es wieder hell wurde. Die Leute freuten sich, daß sie nun die Sonne wieder sahen. Es war bereits Nachmittag. Sie waren erstaunt, daß der Mond neben der Sonne war.

Die alten Leute sagen, daß das der Grund ist, weshalb es eine Sonnenfinsternis gibt, weil die Sonne und der Mond einander begegneten.

Der böse Bruder

Sonne und Mond waren Brüder. Der eine hatte dreißig Frauen geheiratet, und der andere hatte dreißig Frauen geheiratet. Sie hatten die gleiche Anzahl von Frauen. Das Gefolge der Sonne und das Gefolge des Mondes bestiegen zwei Kanus. Sonne und Mond saßen auf den beiden Plattformen. Sie fuhren zum Netzfischen. Nachdem sie gefischt hatten, gaben sie dem Mond die Fische der Sonne und der Sonne die Fische des Mondes. So machten sie es viele Male. Eines Tages log Mond Sonne an. Er sagte: »Mein Bruder, gehe allein fischen, ich bin krank.« Sonne sagte: »Bleib nur hier.«

Das Gefolge der Sonne und das Gefolge des Mondes gingen fischen. Mond blieb daheim. Mond ging hin und packte eine der Frauen von Sonne. Sie schliefen miteinander. Mond wollte sich zurückziehen, aber die Scheide der Frau klemmte ihn fest. Mond wollte aufgehen, konnte aber nicht. Sonne kam heim und wollte in seine Hütte gehen. Er ging hinein und entdeckte die beiden. Er sagte: »Oh, mein Bruder. Du hast Böses getan. Du hast mich betrogen.« Und Sonne ging in seine eigene Hütte. Sie aßen, sie tranken, sie kauten Betelnuß. Sonne sagte: »Mein Gefolge, Leute, der Mond hat uns betrogen. Er hat Böses getan. Ihr, sein Gefolge, bleibt hier. Ich nehme mein Gefolge, und wir ziehen weg.« Sie zogen weg. Sie bestiegen ein Kanu. Sie nahmen Sand. Sie paddelten. Sie kamen nach Park. Sie fragten: »Werden wir hier bleiben?« Sonne sagte: »Hier noch nicht.« Sie kamen nach Tong. Die Leute fragten: »Werden wir hier bleiben?« Sonne sagte: »Hier noch nicht.« Sie paddelten aufs hohe Meer. Es gab kein Land mehr. Das Land war ganz verschwunden. Sie fragten: »Sollen wir hier bleiben?« Sonne sagte: »Ja.« Sie schütteten den Sand ins Meer. Sonne sagte: »Mein Sand, wachse zu Land.« Der Sand wuchs zu Land. Sie ließen sich dort nieder. Sonne sagte: »Ihr meine Leute, bleibt hier. Ich gehe baden.« Er ging baden. Er schwamm für immer nach Jap.

Mond stemmte sich schließlich von der Frau. Der Hund trank ihr Blut. Der Penis des Hundes längte sich. Hätte Mond sich anständig benommen, würden Sonne und Mond beide im Osten aufgehen. So aber hat Mond Böses getan, und Sonne hat sich von ihm getrennt. Jetzt geht Mond mit seinem Gefolge im Westen auf. Sonne geht im Osten auf. Das Gefolge des Mondes sind die Sterne. Die Sonne hat ihr Gefolge zurückgelassen. Ihr Gefolge lebt in Nauna. Die Sonne erschuf die Insel Nauna und die Menschen darauf.

Erauarauin und das Ungeheuer

Es lebte einmal eine Frau Erauarauin, die hatte einen Mann, der hieß Arere. Sie wohnten beide in Aiuo auf dem Platz Godu. Die Frau bekam dreißig Kinder, welche alle nach ihrer Mutter Erauarauin benannt wurden.

Eines Tages ging der Vater fischen. Als er fort war, erschien das Ungeheuer Eango bei der Frau und fragte: »Erauarauin, Erauarauin! wo ist dein Mann Arere?« Die Frau antwortete: »Arere ist nicht hier, er ist ausgegangen und holt für die Kinder Essen.«

Da sprach das Ungeheuer: »Gib mit eins von deinen Kindern, ich will es fressen.« – »Nein«, sagte die Frau »das tue ich nicht. Ich fürchte mich vor meinem Mann.« – »Gut«, entgegnete das Ungeheuer, »gibst du mir kein Kind, so werde ich dich fressen.« Da gab die Frau ihm das älteste Kind; das Ungeheuer fraß es auf und verschwand.

Bald darauf kam der Vater nach Haus und sah, daß ein Kind fehlte. Er fragte die Frau, wo es wäre. Und die erzählte ihm die Geschichte.

Am anderen Tag ging der Mann wieder fischen. Wiederum erschien das Ungeheuer bei der Frau, forderte ein Kind und fraß es auf.

So ging es jeden Tag. Wenn der Vater zum Fischen gegangen war, besuchte das Ungetüm die Frau, verlangte ein Kind und verschlang es. Schließlich war nur noch ein Kind übrig. Da sagte der Mann zu seiner Frau: »So, geh du lieber fischen; ich will auf unser letztes Kind aufpassen, denn du hast die anderen alle weggegeben.«

Die Frau ging fort. Bald danach erschien das Ungeheuer und forderte das letzte Kind. Doch es merkte nicht, daß die Frau fort und an ihrer Stelle der Mann zu Hause war. Als er sich weigerte, das Kind herauszugeben, sagte das Ungeheuer zu ihm: »Wenn du nicht tun willst, was ich verlange, fresse ich dich!« – »Schön und gut«, antwortete Arere, »komm nur her und verschlinge mich!«

Als das Ungetüm sich auf ihn stürzte, erstach er es mit dem Speer.

Bald darauf kam die Frau nach Hause, und als sie das Tier tot im Sande liegen sah, freute sie sich sehr, und Erauarauin und Arere konnten in Frieden weiterleben.

Eno im Reich des Kadoa

Eines Tages, als die drei Männer wieder fischen gingen, stand die strahlend schöne Eno (bei den Nauru-Insulanern die Sonne) auf und legte ihr Halsband um, setzte ihr Häubchen auf und ging fort. Sie ging zum Strand, und als sie nach Ibue kam, ging sie auf das Riff hinaus und setzte sich dort auf einen Stein. Und da sie sehr erhitzt war, nahm sie ihr Halsband und Häubchen ab und stieg zum Riffeinlaß hinab, um zu baden. Und als sie untertauchte, kam ein Kanu, das dem Kadoa (Mond) gehörte. Und er nahm sie mit sich, denn er wollte sie heiraten. Er war aus Anuuro (der Unterwelt), und Ederiri hieß seine Mutter.

Und als sie wiederkamen, riefen die drei Männer nach Eno, aber sie sahen sie nicht. Und ihr Gatte (der älteste der Brüder) sagte zu seiner Mutter: »Meine Frau ist nicht hier, weil du immer schlechte Sachen mit ihr machst; du wirst sie suchen, und wenn du sie nicht findest, werde ich dich töten.«

Und da wuchs die Frau zum Himmel empor; und sie suchte und sie konnte nichts sehen als nur das Halsband und das Häubchen. Und sie sagte zu ihrem Sohn: »Geh und hole dir deine Frau dort.« Und der Mann ging hin mit den beiden anderen Kindern (den jüngeren Brüdern), und alle drei fanden die Sachen, aber nicht Eno; und der Mann nahm einen Stein auf und zerschlug sich damit den Kopf, aus Schmerz um den Verlust seiner Frau. Und die drei gingen heim. Und er sagte zu den beiden Kindern: »Geht beide und sagt ihrem (Enos) Vater und der Mutter, daß sie beide sie suchen.«

Die beiden (Alten) zogen aus, um ihr Kind zu suchen. Sie gingen aufs Meer, denn sie fürchteten Ikiri, die sie verschlingen möchte (bezieht sich auf Enos menschenfresserische Schwiegermutter, d. h. das Ungeheuer, das die Sonne verschlingt und deren Finsternis bewirkt). Und als Ikiri sie erblickte, ging sie an den Strand, verwandelte sich in einen Fisch und fraß sie auf. Und als sie zurückkam, sagte sie zu ihrem Sohn: »Ich habe die beiden, ihren Vater und ihre Mutter, aufgefressen.« Und der Mann sprach: »Ich habe die beiden ausgesandt, um meine Frau zu suchen – und du hast sie aufgefressen? Du bist sehr schlecht, und ich werde dich töten.« Und die Frau antwortete: »Nein, denn ich werde sie beide wieder ausspeien.« Und sie ging an den Strand und spie sie beide aus, und sie verwandelte sie in Fische; die heißen Eperono.

Die beiden Fische schwammen fort und kamen nach Anuuro; sie kamen dort zum Vorschein, denn viele Kinder spielten dort am Strand. Es sagte die Frau zu den Kindern: »Warum spielt ihr so eifrig und seid so vergnügt?« Und sie antworteten: »Wir freuen uns so, weil Kadoa eine Frau bekommen hat, die wunderschön ist.« Und beide fragten und sagten: »Wie heißt sie?« Und sie antworteten: »Sie heißt Eno.« Und die beiden sprachen: »Geht alle zu ihr hin und sagt ihr, daß sie zu uns kommen soll, denn wir sind ihr Vater und ihre Mutter, und wir drei wollen miteinander reden.«

Und die Kinder gingen fort und sagten: »Eno, du sollst zu deinem Vater und deiner Mutter kommen, denn ihr drei sollt miteinander reden, und dann magst du wieder heimgehen.« Und Eno sagte: »Ihr könnt zu den beiden sagen, daß sie lügen, denn sie sind nicht Vater und Mutter, weil mein Vater und meine Mutter wirkliche Menschen, aber keine Eperono sind.«

Und die Kinder kehrten um und sagten: »Sie will nicht zu euch kommen, denn ihr seid nicht ihr Vater und ihre Mutter, denn ihr seid Fische, und ihre Eltern sind wirkliche Menschen.« Und die beiden antworteten: »Sagt ihr, sie solle nicht wieder nach Hause zurückkommen, denn da gäbe es keine Menschen mehr.« Und beide kehrten ins Meer zurück. Und sie verwandelten sich in Steine.

Eines Tages ging der Mann Kadoa aus, um zu fischen. Und als er fort war, kamen seine dreißig Frauen, denn sie wollten ihm seine Fische wegnehmen und sie wollten dick werden. Und ihr Haß auf Eno war groß, weil seine Liebe zu ihr viel größer war. Als der Mann zurückkam, nahmen sie ihm alle Fische ab, damit Eno sie nicht aufäße.

Kadoa und Eno blieben beide in einem Haus, und seine Mutter und die anderen dreißig Frauen blieben in einem Haus, das ein wenig davon entfernt war. Bei Gelegenheit sprachen die dreißig Frauen über Eno zur Alten und sagten: »Sie arbeitet nicht und will nur essen.« Und die Frau sagte: »Das ist sehr schlecht, ich mag es nicht, und wenn sie nicht arbeitet, kann sie nicht hier bleiben. Sie hat keinen Vater und keine Mutter, denn beide sind gestorben, als sie nach ihr suchten.« Und so erzählten sie stets unwahre Dinge über Eno.

Eines Tages, als Kadoa wieder fischen gegangen war, ging sie an den Strand und nahm eine Matte mit. Die breitete sie auf dem Wasser aus und legte sich darauf. Und als ihre Eltern, die beiden Steine, sie erblickten, wurde ihre Liebe sehr groß. Und beide sprachen zueinander und sagten: »Wir wollen beide unser Kind retten, denn sonst fressen sie die Fische.«

Beide versuchten, ihr Kind aufzuheben, aber sie konnten es nicht, und schließlich versuchten sie es nochmals und konnten es. Und die Mutter sprach zu Eno: »Warum weinst du?« Und sie sagte: »Ich weine, weil ich nach Hause gehen möchte, und ich kann es nicht, denn es ist weit weg.« Und ihr Vater sagte: »Komm her und setz dich auf meinen Rücken, denn sonst kommen die Fische und fressen dich.« Und sie kletterte auf den Rücken des Vaters. Und der Vater faßte seine Tochter bei den Haaren, nahm sie in die Hand und schleuderte sie in den Himmel. So trennten sich die drei.

Der Zorn der Fledermäuse

Vor langer Zeit wollte sich der Mond einige Muscheln in einem Erdofen garen, doch fand er keine geeignete Rinde, mit der er den Ofen abdecken konnte. Daher zog er sich seine eigene Haut ab und benutzte sie anstatt der Rinde. Doch sobald er sich enthäutet hatte, erlosch sein Licht, und seine Kinder, die Fledermäuse, konnten nichts sehen. Darüber waren sie so erzürnt, daß sie ihren Vater packten und jämmerlich verdroschen. Alsdann warfen sie ihn ins Meer. Seither steigt der Mond jeden Monat aus dem Meer in den Himmel auf, doch zuvor bedeckt er seinen ganzen Körper außer seinem Gesicht mit Ruß, um ihn unsichtbar zu machen, damit ihn seine rachelustigen Söhne nicht mit ihren Speeren erlegen können. Sein Gesicht bemalt er mit weißer Kalkfarbe und daher sieht man nur das Gesicht des Mondes am Nachthimmel. Die beiden Sterne, die ganz in der Nähe des Mondes leuchten, sind seine zwei Frauen.

Antü und Küyén

Der Chau (der Vater oder Blauer König) erlaubte es früher nicht gerne, daß Eiswolken Eis auf die Erde schickten, das die Tiere gepeinigt oder getötet hätte. Schnee hüllte sie ein und wärmte sie. Alles hing früher vom großen Chau ab, aber dann wurde es ihm zuviel, er gab das Lauschen auf: viel zu viel Menschen und Tiere schrien zu ihm. So übergab er Antü (Sonne) und Küyén (Mond, Monat) seine Arbeit, legte aber erst eine Welt dazwischen, um mehr Ruhe zu haben; denn er war alt und kleiner geworden, und weh tat ihm sein Körper, seit er die Welt mit Tieren und Menschen versehen hatte. Müde macht es, im kalten Ton zu arbeiten, im Wasser Gestalten zu formen.

Antü war ein Sohn der Berge, Küyén war eine Tochter des Sees Lakar. Sie hatten sich sehr lieb, taten zärtlich miteinander, und nach und nach hatten sie viele Kinder, die sich aber fast alle unabhängig gestalteten und die Eltern nur noch aus der Ferne grüßten. Darunter gehört auch der große Stern, der vielfarbige, der nur manchmal, dann aber nur morgens und abends scheint. Jedem Kind war eine Aufgabe zugewiesen. Manche hatten große Ämter, die sie sehr ernst nahmen. So gab es einen Doktor des Südwindes, einen Doktor des Nordwindes, einen Doktor des Ostwindes und einen des Westwindes. Man nannte sie auch Richter, weil sie über die Winde herrschten, ihnen befahlen, wozu sie ihre Helfer hatten, diese Kinder des Ehepaares, das nun getrennt war. Denn Antü war öfter grob mit seiner Frau. Weil ihm sonst alle gehorchen, vom hohen Windrichter an bis zu den kleinsten Sternen, hatte er nicht zwei Sprachen, sondern behandelte seine Frau gleich den andern. Und da er so unlieb war, schlug er sie einmal. Und da man es heute noch sieht, schämt sie sich, die Göttin Mond, die gute Küyén, und versucht ihr schwarzes Mal, das am Auge sitzt, zu verbergen. Geht nun die Sonne auf, neigt Küyén, der Mond, sich zum Horizont. Manchmal, wenn mittags sich Antü dem Walde zuneigt, blinzelt Küyén verstohlen nach ihm aus, aber wenn er ihr nachläuft, verbirgt sie sich schnell: niemals wird sie ihm verzeihen, dem argen Grobian.

Viel wissen wir nicht über Antü und Küyén, nur noch, daß damals, also früher, als alles anfing zu leben, alles einfacher und besser war. Sonne und Mond verstanden sich, arbeiteten zusammen als Vater und Mutter der Erde, die Kinder stifteten keine Scherereien an, niemand hatte zwei Gesichter als nur der Pülli-Fücha, der Oberste der bösen Dämonen, der zwei Köpfe, zwei Gesichter und zwei Geschlechter hatte, der Menschen fraß oder sie so beschädigte, daß sie sterben mußten. Dieser Dämon gehorchte weder dem Großen, noch Sonne und Mond. Die Alten glaubten, daß er in der Zwischenwelt wohne, die über unserer Erde und dem blauen Himmel aufgerichtet ist, so daß er es erschweren kann, daß unsere Stimmen und Bitten zum Chau (auch: »Vater der Söhne der Erde«) der Menschen gelangen, wir deshalb oft unnütz unsere Bitten gellen lassen hinauf in den obersten Raum, wo der König, wo die Königin sitzt, die beiden Alten.

Wiederum gibt es Geschichten, die davon wissen wollen, daß Antü eine zweite Frau hatte, die sie Antümalén nennen. Und da Malén ein weibliches Wesen ist, jungfräulich oder verheiratet, so ist es wohl möglich, daß er eine zweite Domo hatte als Gattin.

Antü war ein schöner, in Gold gekleideter Mann; ein Gestirn voller Pracht und Glanz, stand er oben, voller Stolz und Größe. Zu Küyén sagte er hie und da: »Küyén, drehe dich doch so, daß dein Schatten da und da hinfällt.« Und sie sagte dann: »Geliebter, Menschen und Tiere da unten schreien vor Durst, du hast das Wasser zu heiß gemacht. Wirf du nun deinen Schatten auf das Wasser. Meiner reicht nicht aus.« Manchmal zankten sie sich. Da ließ dann Antü aus Wut den Bergwind, der über die Höhen fuhr, in eine andere Richtung fließen als der untere Wind es tat, dem Küyén befahl. Die Menschen hatten darunter zu leiden: hatten es viel zu heiß, hatten es viel, viel zu kalt, und der Wind zerstörte alles, was sie begannen. Manchmal hatten sich die armen Menschen soeben in ihre Fellmäntel gehüllt, als Antü in launischer Art auch schon seinen Rücken auf die andere Seite wandte, so daß die Wasser heiß wurden, so glühend, daß sie sprudelten vor Hitze, der Sand zu glühen begann, die Steine fast flüssig wurden: Feuer hatte Antü geschickt. Gleich darauf war er wieder imstande, schnell eine ganz dichte, schwarze Wolke zu rufen, die aus ihrem schwangern Bauch Blitze, toki kura (Steinbeile), allerlei Tiere oder ungeheure Wassermengen herunterwarf, was wieder den grimmigen Donner aufweckte, der für gewöhnlich in einem Wasserfall oder einer Felsgrotte schlief, alles brummig wiederholte, was er vernahm, tausendmal immer dasselbe sagend, der Unhold.

Gleich nachher befahl Antü einer Wolke, Eis auf die Erde zu werfen, und dies alles nur, um Mutter Küyén zu ärgern, die gleichmäßig ihren Weg ging, ruhig abmagerte, dann wieder zunahm. Oben im Himmelsdunst färbte und entfärbte sie sich, die Gutmütige, die nicht Eis auf den Berggipfeln, den Gebirgen sehen wollte: leid tat es ihr und weh, zu sehen, wie durch die Kälte den Menschen Finger und Zehen abfielen, sie Nasen und Ohren verloren. Immer haderte sie deswegen mit ihrem Mann, der so maßlos wie groß war, im guten und bösen. Daß sie sich oft verspätete, machte er ihr stets zum Vorwurf und auch, daß sie sich hinter Wolken versteckte, um nicht arbeiten zu müssen. Deshalb trennte sie sich auch von ihm, und hatte es nicht nötig, mit den Lidern schnell zu schlagen, um weinen zu können: viel hat Antü zu ihrer Abkehr beigetragen, die keine Voreiligkeit war.

Sonnengott und die zwölf Mondmädchen

Zu der Zeit, als die ersten Menschen auf der Welt lebten und langsam begannen überall zu siedeln, hatte der Sonnengott zwölf Schwestern als Frauen. Sie lebten alle mit ihm im Himmel, bei Tage leuchteten sie, die Nächte aber waren damals ganz finster und ohne jedes Licht.

Hin und wieder besuchte der Sonnengott die Menschen, um sich von ihnen Fleisch zum Essen zu holen, und bei der Gelegenheit fragte er sie: »Wie geht es euch? Gibt es etwas, womit ich euch helfen kann?« – »Ja«, sagten sie »das gibt es. Wir haben es immer sehr schwer in der Nacht, weil wir gar nichts sehen können. Gib uns doch ein Licht für die Nacht!«

Der Sonnengott versprach es. Und nachdem er in den Himmel zurückgekehrt war, sagte er zu seinen Frauen: »Hört!« sagte er, »die Menschen haben sich beklagt, daß sie während der Nacht nichts sehen. Ich habe nun beschlossen, daß immer sechs von euch bei mir bleiben sollen und mit mir wachsein und mit mir schlafen. Und die sechs anderen sollen am Tage schlafen und in der Nacht über die Himmelswiese gehen. Und in einigen Jahren werden wir wechseln, und dann sollen die Mädchen, die bei mir gewesen sind, in der Nacht auf die Himmelswiese gehen, und die andern sollen mit mir leben.«

Wie der Sonnengott es befohlen hatte, so geschah es. Und die Menschen freuten sich, weil die sechs Mondmädchen in der Nacht ein gutes Licht gaben, so daß man auch während der Nacht auf die Jagd gehen oder fischen konnte.

Es verging einige Zeit. Aber man muß wissen, daß die Mondmädchen sehr heißblütig waren, und die Zeit, da sie nicht mit dem Sonnengott schlafen konnten, machte sie noch hitziger. Und sie konnten den Zeitpunkt nicht mehr erwarten, da sie den Dienst mit ihren sechs Schwestern wechseln sollten. Endlich aber war es soweit, und der Sonnengott sagte zu jenen Mädchen, die bei ihm waren: »Geht zu euren Schwestern und löst sie in ihrem Dienst ab!«

Als nun aber die sechs Mondmädchen, die in der Nacht geleuchtet hatten, zum Sonnengott kamen, da wollte jede von ihnen zuerst auf sein Lager. Sie rissen sich und prügelten sich bis aufs Blut, und da der Sonnengott mitten unter ihnen war, wurde er auch gekratzt und geschlagen, bis er blutete. Das Blut aber tropfte auf die Erde herunter, und wo es niederfällt, da bildet sich auf einmal Gold, wenn es Blut vom Sonnengott ist, und Silber, wenn es Blut von einem Mondmädchen ist.

Der Sonnengott aber wurde sehr zornig, als er sah, wie es da zuging und wie sich die Mondmädchen um ihn rauften. Und er sagt: »Von jetzt ab werden wir es anders machen, damit ihr nicht mehr so hitzig werdet und übereinander herfallt. Es soll nur noch eine in der Nacht leuchten und auch das nur noch mehr zwanzig Nächte hindurch. Die andern aber sollen bei mir bleiben.«

Und so geschah es.

Wenn nun das Mondmädchen, das seinen Dienst auf der Himmelswiese antritt, kommt, dann ist es so erschöpft, daß es ganz schmal ist und kaum leuchten kann. Aber nach einigen Tagen erholt es sich und wird ganz rund und prall wie eine schöne Frau. Es dauert aber nicht lange, da wird die Sehnsucht nach dem Sonnengott bei ihr so groß, daß sie wieder schmäler wird. Und endlich sehnt sie sich so nach ihrem Mann, daß sie vom Himmel verschwindet, wenn sie auch eigentlich in der Nacht noch ihren Dienst tun und leuchten sollte. Und da die Schwestern einander gern haben, verraten sie die Schwester nicht, die früher heimkommt, denn jede zählt darauf, daß die andern auch sie nicht verraten werden, wenn sie Dienst haben.

Die Beifuß-Probe

Der Mond und seine Schwester lebten zusammen in einem Haus. Er hatte viele Neffen, die Tiere verschiedenster Art waren. Früh am Morgen erhoben sich diese und stiegen auf den Berg, um zu arbeiten, und am Abend kehrten sie nach Hause zurück. Da es keine anderen Frauen gab, vereinigte sich der Mond mit seiner Schwester. Eines Nachts, während sie schlief, legte er sich zu ihr; aber die Schwester wachte gar nicht auf und schlief weiter. In der darauffolgenden Nacht geschah dasselbe. Die Schwester wollte nun wissen, was das für ein Tier gewesen sei, das sie in der Nacht verführt habe. Da sie aber einen festen Schlaf hatte, erschuf sie die Laus, damit sie von ihr geweckt werde; aber der Versuch mißlang. Hierauf schuf sie den Floh, aber als der Bruder sich näherte, lief das Tier davon. Zuletzt machte sie die Zecke und den Beifuß, den sie unter die Hängematte legte, um ihn demjenigen ins Gesicht zu werfen, der in der Nacht zu ihr kommen würde. Sodann ließ sie alles Wasser vertrocknen, das sich in der Nähe des Hauses befand.

Des Nachts, als der Bruder sich näherte, biß die Zecke das Mädchen und weckte es auf diese Weise. Dieses nahm sogleich den Saft des Beifuß und schüttete ihn dem Bruder ins Gesicht. Der lief dorthin, wo das Wasser war, fand aber alles ausgetrocknet und konnte sich nicht waschen.

Am Morgen rief das Mädchen all die Neffen zu sich, um ihnen etwas zu trinken zu geben, bevor sie auf den Berg gingen. Es blickte in eines jeden Gesicht, aber auf keinem fand es Flecken. Der Bruder schlief noch. Es ging, um ihn zu wecken, aber er sagte, er habe Kopfschmerzen.

Zu Mittag schlief er noch immer. Die Schwester rief ihn abermals, denn er sollte auf die Jagd gehen; aber er antwortete, er könne sich nicht erheben, weil er mit einem Tuch bedeckt sei. Da zog sie es weg, und er erhob sich voll Zorn gegen die Schwester und lief davon. Das Mädchen wollte ihm sagen, daß sie nicht wisse, wer in der Nacht zu ihr gekommen sei; aber er blieb nicht stehen, obwohl sie ihm nachrief, er solle auf sie warten. Sie lief ihm nach, aber es gelang ihr nicht, ihn einzuholen.

So kam sie zu einer Stelle, an der sich die Wege kreuzten, und sie fragte sich, welchen ihr Bruder eingeschlagen haben mochte. Sie fragte die Tiere, die in der Nähe arbeiteten, aber die gaben zur Antwort, daß sie es ihr nur dann sagen würden, wenn sie käme, um mit ihnen zu leben. Das Mädchen willigte ein.

Hierauf schlug sie den Weg ein, den sie ihr gezeigt hatten, und ging, bis sie zu einem Fluß kam. Am Ufer lebte eine alte Frau, die Kabayay hieß und mehrere Söhne hatte. Als nun das schwangere Mädchen zu ihrer Hütte kam, wurde es von Kabayay freundlich aufgenommen. Die Söhne waren nicht zu Haus. Als sie kamen, stieg ihnen der Duft von etwas Süßem in die Nase. Sie fragten die Mutter, ob sie etwas Süßes im Hause habe, aber sie sagte nein und schickte sie zum Spielen an das Ufer des Flusses. Das Mädchen war in einem großen Krug versteckt; aber plötzlich kamen die Söhne der Kabayay zurück und sahen es. Und nachdem sie es zum Fluß geschleppt hatten, töteten sie es. Die Mutter sagte ihnen, daß sie den Bauch und die Eingeweide des Mädchens haben wolle. Die Söhne gaben sie ihr und sie begann, sie zu kochen. In dem Augenblick, da sie zu sieden begannen, kam ein Kind aus dem Kessel, hierauf noch eines und dann noch einige mehr.

Kabayay zog die Kinder groß. Als einige Jahre vergangen waren, erzählte sie ihnen, sie seien ihre Söhne. Sie sahen aber, daß Kabayay keine Nase hatte, und so fragten sie, warum sie keine habe. Da ging sie jeden Tag an das Ufer des Flusses, um sich aus Schlamm eine Nase zu machen und sie auf diese Weise zu täuschen. Aber die Jünglinge wollten wissen, wer ihre wirkliche Mutter sei.

Als eines Tages einer der Jünglinge auf den Berg stieg, um zu jagen, hörte er einen Vogel, der folgendermaßen sang: »Die Fische haben deine Mutter gefressen.« Er lief nach Hause und erzählte Kabayay, was er gehört habe, und sie sprach: »Dieser Vogel hat meinen nahen Tod angekündigt.«

Am nächsten Morgen stiegen alle Jünglinge auf den Berg und hörten den Vogel dieselben Worte sagen. So erfuhren sie, daß ihre wirkliche Mutter tot sei, und daß die alte Kabayay sie betrogen habe. Und sie sprachen zueinander: »Laßt uns sie in den Fluß werfen, denn sie hat uns getäuscht.« Sie kehrten nach Hause zurück und sprachen: »Laßt uns zum Fluß gehen, um zu baden!« Als sie bis zur Mitte des Flusses gewatet waren, fiel ein starker Regen. Die Jünglinge gaben der Alten einen Stoß, so daß sie ins Wasser fiel. Sogleich wurde Kabayay von der Strömung erfaßt. Sie verwandelte sich in einen Frosch und begann, wie ein Frosch zu klagen. Die Jünglinge schnitten ihr die Vorderbeine ab und sprachen: »Sobald der Regen fällt, sollst du schreien, damit die Menschen wissen, daß es regnet!«

Nachdem sie viele Jahre auf der Erde gelebt hatten, gingen sie fort, um im Himmel zu wohnen, und so wurden sie zu Sternen. Aus diesem Grund sagt man, daß das Gesicht des Mondes mit dem Saft des Beifuß befleckt sei.

Sidi erlangt Macht über den Mond

Vom Mond erzählt man: Es waren drei Alledjenu-Kinder, alle drei Kinder des Alledjenu Sidi. Sidi hatte diese drei Kinder, die ersten beiden waren Alledjenu (Götter) und das dritte war ein Mensch. Die ersten beiden Alledjenu-Kinder Sidis hießen Januhu und Ja-halla-nuhu. Januhu war ein Mann, Ja-halla-nuhu war eine Frau. Januhu und Ja-halla-nuhu heirateten einander. Das Kind Sidis aber, das ein Mensch war, das war der Anabi-nuhu (das ist Prophet Noa). Sidi hatte aber alle diese drei Kinder mit seinem Weib Anabu gezeugt. Dieser Sidi hatte den Mond und die Macht über den Mond. Das kam aber so.

Sidi wollte seine Tochter Ja-halla-nuhu verheiraten. Alle tanzten tagsüber. Als es Abend ward, ging die Sonne unter; es ward dunkel. Die Leute sagten: »Nun können wir nicht mehr tanzen. Nun ist es dunkel. Wir haben kein Licht mehr.«

Sidi ging aber zu Audu-Kaderre und sagte: »Jeden Tag geht die Sonne unter, und wir haben kein Licht. Heute habe ich meine Tochter verheiratet, und wir haben wieder kein Licht. Niemand kann tanzen.«

Audu Kaderre sagte: »Du willst heute Licht haben. Gut, ich will dir für heute Nacht das Licht, den Mond, und die Macht über den Mond geben.«

Sidi sagte: »Ich bitte dich, gib mir die Macht an dreißig Tagen.« Audu Kaderre sagte: »Ich will dir die Macht über den Mond immer drei Tage geben.«

Sidi sagte: »Ich bitte dich, gib mir die Macht an achtundzwanzig Tagen.« Audu Kaderre sagte: »Ich will dir die Macht über den Mond immer fünf Tage geben.«

Sidi sagte: »Ich bitte dich, gib mir die Macht an sechsundzwanzig Tagen.«

Audu Kaderre sagte: »Ich will dir die Macht über den Mond (immer um zwei steigend, also von sieben, neun, elf) an dreizehn Tagen geben.«

Sidi sagte: »Ich bitte dich, gib mir die Macht über den Mond immer an (um zwei herabgehend, also vierundzwanzig, zweiundzwanzig, zwanzig und jetzt) achtzehn Tagen.« Audu Kaderre sagte: »Ich will dir die Macht über den Mond an fünfzehn Tagen geben.«

Sidi sagte: »Ich bitte dich, gib mir die Macht über den Mond immer an siebzehn Tagen.« Audu Kaderre sagte: »Ja, ich will dir die Macht über den Mond immer an siebzehn Tagen geben.«

Darauf ward es Licht. Der feine, schmale Mond (erste Sichel) kam hervor. Der Mond wuchs täglich, wurde dann wieder kleiner und verschwand.

So gewann der Gott Sidi den Mond.

Die Mondkinder

I

Sonne und Mond sind rechte Geschwister. Sie ersannen so manche List miteinander. Eines Tages sagte der Mond zur Sonne: »Wir wollen unsere Kinder ins Wasser werfen.« Die Sonne stimmte zu.

Als die festgesetzte Zeit kam, verbarg der Mond seine Kinder, suchte weiße Kieselsteine und steckte sie in einen Sack. Die Sonne aber ahnte nichts, nahm wirklich alle ihre Kinder und steckte sie in einen Sack. Dann machten sich beide auf ans Flußufer. Der Mond schüttete die Steinchen aus seinem Sack in den Fluß. Die Sonne wurde dadurch getäuscht und schüttete ihre Kinder in den Fluß. Darauf gingen sie nach Hause.

Als der Tag zu Ende war, ging die Sonne zur Freude aller Menschen ganz allein aus. Die Nacht kam, und nun ging der Mond aus mit seinen Kindern. Da wurde die Sonne zornig und fiel über den Mond her, weil sie ihre Kinder ins Wasser geworfen hatte. Aber der Mond sagte zur Sonne, daß ihre Kraft viel zu groß sei, es sei viel besser für die Welt, wenn ihre Kinder im Wasser wären, nun könnten die Menschen die Kinder fangen und kochen, damit sie etwas zu essen hätten und ihren Bauch füllen und in der Stadt leben könnten.

Deshalb sind nun Sonne und Mond nicht im Frieden miteinander bis heute. Das ist das!

II

Vor vielen tausend Jahren heiratete der Sonnenkönig eine wunderschöne Maid, die goldene Haare hatte. Als sein Bruder, der Mondkönig davon Kunde erhielt, dachte er bei sich: »Du wirst dir auch eine goldhaarige Maid zur Frau nehmen.«

Er machte sich also auf den Weg und durchsuchte die ganze, große Welt, aber eine goldhaarige Maid fand er nicht. Da nahm er sich denn eine Maid, die silberne Haare hatte, zum Weib.

Beide Brüder hatten mit der Zeit unzählbar viele Kinder, so daß sie schon nicht mehr wußten, wo sie sie hinstellen sollten. Da sprach einmal der Sonnenkönig zu seinem Bruder: »Weißt du was! wir fressen unsere Kinder, die Sterne, auf und machen auf diese Weise Platz für die nachfolgenden!« Der Mondkönig willigte ein.

Als der Sonnenkönig seine Kinder aufgefressen hatte, starb aus Gram darüber sein Weib. Da dachte bei sich der Mondkönig: »Nein, du frißt deine Kinder nicht auf, sonst könnte auch deine Frau aus Gram sterben!«

Als der Sonnenkönig hörte, daß der Bruder seine Kinder, die Sterne, nicht auffressen wollte, da stürmte er voll Zorn hinter dem Mondkönig und dessen Kindern, den unzähligen Sternen her und sucht sie seit der Zeit bis auf den heutigen Tag noch immer zu fangen, damit er sie alle auffresse.

»Laßt uns zum Himmel gehen, meine Töchter!«

In alter Zeit war Kapéi, der Mond, nicht am Himmel, sondern auf Erden. Er hatte hier ein Haus. Er ergriff die Seele eines Kindes, steckte sie in einen Topf und stülpte den Topf um auf die Erde. Da wurde das Kind krank. Da riefen sie einen Zauberarzt und befahlen ihm, in der Nacht das Kind anzublasen. Kapéi war mit den Leuten verfeindet. In der Nacht blies der Zauberarzt das Kind an.

Kapéi hatte zwei erwachsene Töchter. (Diese Töchter waren von den beiden Frauen (Planeten), mit denen er geht. Von jeder hatte er eine Tochter.) Er hatte einen anderen großen Topf. Kapéi verbarg sich in diesem Topf und befahl seinen Töchtern, den Topf umzustülpen. Er sagte zu seinen Töchtern: »Verratet nicht, wo ich bin, wenn der Zauberarzt kommt! Verratet auch nicht, wo das Kind ist!« Das Kind war schön, und er wollte es behalten.

Da kam der Zauberarzt in das Haus und fragte, wo die Seele des Kindes sei. Die Töchter verrieten es nicht. Der Zauberarzt hatte eine Keule. Er drang in das Haus ein und wollte sehen, was in dem Topf wäre. Er wußte, daß die Seele des Kindes in dem Haus war. Er zerschlug den Topf mit der Keule. Dann zerschlug er auch den anderen Topf. So fand er die Seele des Kindes.

Er fand auch Kapéi, der sich in dem Topf versteckt hatte. Er ergriff Kapéi und befahl einem Ayúg (Baumschatten), der mit ihm gekommen war, die Seele des Kindes zurückzubringen. Es blieben viele Ayúg da, die er mitgebracht hatte. Er ergriff Kapéi und prügelte ihn durch. Er wies ihn aus dem Haus und sagte zu ihm: »Verweile nicht mehr hier! Gehe fort von hier!« Dann kehrte der Zauberarzt zurück.

Kapéi dachte nach, wo er nun bleiben sollte. Er sagte: »Cutía wird gegessen! Tapir wird gegessen! Wildschwein wird gegessen! Alle Jagdtiere werden gegessen! Soll ich mich in einen Vogel verwandeln? Einen Mutúm? Ein Cujubím? Ein Inambú? Auch sie werden gegessen! Ich gehe zum Himmel! Am Himmel ist es besser als hier! Ich gehe, von dort meinen Brüdern zu leuchten! Laßt uns gehen, meine Töchter, zum Himmel!«

Sie machten einen Sipó (eine Schlingpflanze mit dem Namen »Der Mond ist daran emporgestiegen«), wie eine Leiter, um hinaufzusteigen. Er befahl einem kleinen Vogel vom Himmel, den Sipó mit zum Himmel zu nehmen und dort festzubinden. Der Vogel nahm das eine Ende des Sipó mit sich zum Himmel und band es am Eingang des Himmels fest. Kapéi und seine Töchter kletterten an der Leiter in die Höhe und kamen auf ihr zum Himmel.

Kapéi sagte: »Ich bleibe hier am Himmel. Geht aufwärts, den Weg zu beleuchten! Ich bleibe hier, um meinen Brüdern dort unten zu leuchten. Ihr sollt den Leuten, die sterben, den Weg (die Milchstraße) beleuchten, damit der Schatten (die Totenseele) nicht im Dunkeln bleibt!« Er schickte die eine Tochter höher hinauf zu einem anderen Himmel. Die andere Tochter schickte er noch höher hinauf zu einem anderen Himmel. Er selbst blieb am Himmel über uns.

Das ist das Ende der Geschichte.

Das Blutmal

Wéi und Kapéi, Sonne und Mond, waren in alter Zeit Freunde und gingen miteinander. Kapéi war damals sehr schön und hatte ein klares Gesicht. Er verliebte sich in eine Tochter von Wéi und gab sich jede Nacht mit ihr ab. Aber Wéi wollte es nicht haben und befahl seiner Tochter, Kapéi Menstruationsblut in das Gesicht zu schmieren. Seit dieser Zeit sind sie Feinde. Kapéi geht immer fern von Wéi und ist bis auf den heutigen Tag ganz schmutzig im Gesicht.

Das Lampenlöschspiel

Die Sonne und der Mond waren Geschwister. Einmal im Winter, als die große Dunkelheit herrschte, vergnügte man sich in den Häusern mit dem Lampenlöschspiel. War das Spiel beendet, führten die Männer die Frau, mit der sie sich bei gelöschten Lampen vergnügt hatten, vor das Haus, zündeten Fackeln an und waren gespannt, mit wem sie zusammengewesen waren.

Als der Mond nun seine Gespielin hinausgeführt und eine Fackel entzündet hatte, sah er, daß es die Sonne, seine Schwester, war.

Die Sonne schämte sich sehr, schnitt ihre Brüste ab und warf sie ihrem Bruder vor die Füße. »Wenn ich so nach deinem Geschmack bin, dann kannst du auch sie essen!« rief sie voller Zorn.

Dann lief sie fort, und der Bruder setzte ihr nach. Beide hielten ihre brennenden Fackeln in den Händen.

Plötzlich, als sie so dahinstürmten, begannen sie sich zu erheben und flogen auf den Himmel zu. Aber der Mond blieb zurück, und seine Fackel erlosch, so daß sie nur noch ein wenig glühte.

Schließlich aber erreichten beide den Himmel. Die Sonne, die ihre Fackel brennend erhielt, ist leuchtend und heiß. Aber der Mond, dessen Fackel nur glüht, kann nur leuchten, ohne Wärme abzugeben. Im Himmel haben sie nun ihr Haus, das in zwei Räume geteilt ist.

Im großen Sommer geht die Sonne niemals in ihr Haus hinein. Sie ist Tag und Nacht draußen. Und die Erde wird dann herrlich, wenn der Schnee fortschmilzt und die Blumen aus dem Boden sprießen. In dieser Zeit verläßt der Mond niemals sein Haus.

Aber im Winter, wenn die Sonne ihre Wohnung nie verläßt, kommt die große Dunkelheit, und dann wird es den Menschen unheimlich. Der kalte Mond leuchtet dann ganz allein. Aber da er den Menschen auch auf andere Weise helfen soll, verschwindet er zeitweise. Dann muß er nämlich Fangtiere für die Menschen holen. Daher sagt man zum Neumond: »Hab Dank, daß du mit Beute gekommen bist!«

Während der großen Dunkelheit fahren die Menschen nicht auf Fang, sie besuchen sich dann nur gegenseitig und singen Trommelgesänge. Nur wenn ein Bär in die Nähe der Häuser kommt oder sich im Loch eines Eisberges versteckt, zündet man große Fackeln an und jagt ihn.

Wenn das Sternenbild des Großen Bären der Morgendämmerung begegnet, werden die Menschen von übergroßer Freude erfüllt; denn dann kommt das Licht bald wieder.

Das Erdzeichen

Am Anfang gab es eine Anzahl junger Männer und Mädchen. Sie lebten getrennt und kannten sich nicht. Als sie dann zum erstenmal zusammen schlafen sollten, fürchteten sie sich. Nachdem es Nacht geworden war und ganz dunkel, legten sich die Mädchen der Reihe nach in der Hütte nieder. Die Männer aber blieben draußen am Feuer und sangen und tanzten und stampften dabei mit dem Fuße, um sich Mut zu machen. Dann gingen sie in die Hütte, und jeder nahm im Dunkeln ein Mädchen, ohne es recht zu sehen.

Einer der Männer war jedoch neugierig, und er wollte wissen, wer wohl seine Gefährtin sein möge. Er rief sie ein paarmal leise an und fragte nach ihrem Namen. Sie antwortete aber nicht. Da leckte er an seinen Fingern, rieb sie am Boden und fuhr damit dem Mädchen über das Gesicht.

Lange ehe es hell wurde, standen die Männer auf, gingen wieder zum Feuer hinaus und sprachen von den Mädchen. Keiner aber wußte, mit wem er geschlafen hatte. Nur jener eine behauptete, er werde seine Frau wiedererkennen; er habe sie mit feuchter Erde im Gesicht gezeichnet.

Als es hell geworden war, sahen alle, daß er seine eigene Schwester gezeichnet hatte.

Bruder und Schwester, Njanderu und Jacy, ziehen heute beide am Himmel. Njanderu aber versinkt, wenn das fleckige Gesicht seiner Schwester auf der anderen Seite des Himmels auftaucht.

V.

MOND, EWIGER TOD UND WIEDERGEBURT

Uwolowu

Uwolowu und die Menschen waren. Die Menschen sandten den Hund zu Uwolowu, damit er ihnen sagte, so die Menschen sterben, möchten sie auferstehen. Der Hund ging. Unterwegs hungerte ihn. Er kam in ein Haus, worin ein Mann zauberische Kräuter kochte. Der Hund setzte sich zu ihm und dachte, er koche Speise. Auch der Frosch ging zu Uwolowu, doch ungebeten, ihm zu sagen, so die Menschen stürben, möchten sie nicht mehr auferstehen. Der Frosch überholte den Hund, der dachte, so ich gegessen habe, hole ich den Frosch ein. Der Frosch traf ein und sprach zu Uwolowu: »Wenn die Menschen sterben, mögen sie nicht auferstehen.« Nun kam auch der Hund und sagte dem Uwolowu: »Wenn die Menschen sterben, wollen sie auferstehn.« Uwolowu sprach zum Hund: »Diese zwei Worte verstehe ich nicht. Da zuerst des Frosches Rede ich gehört habe, will ich tun, wie er gesagt, und ich will nicht tun, wie du gesprochen.«

Wann der Frosch stirbt, und es donnert, so aufersteht er.

»Ich habe genug, ich gehe zum Himmel«

Wie so häufig ist auch bei den Bammana das erste Sterben mit der Mondlegende in Verbindung gebracht. Früher, d. h. in uralter Zeit, gab es den Mond noch nicht, und damals gab es auch den Tod noch nicht. Vom Himmel hing eine Kette herab. Wenn die Menschen nun müde und lebensüberdrüssig waren, kletterten sie an der Kette zum Himmel empor, über die Wolken hinweg.

Damals lebte ein Numu, ein Bammanaschmied namens Fasogo Ba Si, der war in seinem Handwerk ein überaus geschickter Mann. Aber er ward seines Lebens nicht froh. Alle Menschen hatten viele Kinder, zumal Söhne. Er aber hatte nur drei Töchter und keinen Sohn. Das erschwerte ihm das Arbeiten. Er mußte seine Kohlen selbst brennen, seine Blasebälge selbst ziehen und stoßen, mußte alle Arbeiten, die in anderen Familien die Söhne verrichteten, selbst ausführen. Er war aber ebenso zornig, und eines Tages sagte er zu den Leuten: »Ich habe hiervon genug, ich gehe zum Himmel.« Die Leute sagten ihm: »Warte noch ein wenig, du wirst schon noch Söhne bekommen, und dann ist es desto schöner.«

Fasogo Ba Si ließ sich überreden. Er wartete noch einige Zeit. Dann aber, als er eines Tages wieder lange genug schon sich geduldet hatte und gerade ein schönes Stück Eisen im Bogen rotglühend hatte, überkam ihn der Zorn sehr stark. Er nahm das Eisen und klomm zum Himmel empor. Als seine drei Töchter das sahen, folgten sie ihm sogleich. Denn sie sagten: »Wir wollen userm Vater sogleich nachgehen, nach uns wird dann niemand mehr kommen.«

Und so sterben seitdem die Menschen. Sie haben die Kette zum Himmel verloren, seitdem der Schmied mit seinen Töchtern hinaufklomm.

Das Eisen, das der Numu gerade hämmerte, wurde zum Mond. Wenn der Mond aber als erste Sichel am Abendhimmel aufsteigt, so sagt man: »Seht, wie Fasogo Ba Si sein Eisen ins Glühen gebracht hat.« Wenn die Scheibe klar und vollausgebildet am Himmel oben auftaucht, heißt es: »Seht, wie der Schmied seine Arbeit vollendet hat.« Um den Mond stehen zwei kleine Sterne. Man sieht sie nur, wenn er sehr klar ist. Das sind die Töchter des Schmiedes.

Muntu

Fidi Mukullu machte alles. Er machte die Menschen, er pflanzte Bananen. Die Bananen wurden reif. Fidi Mukullu sandte Nkuba (die Sonne), um Tschimambuschi (kleine Bananen) zu bringen. Nkuba ging, Nkuba pflückte von den Bananen; Nkuba tat die Bananen in einen Korb. Nkuba brachte den Korb mit den Bananen. Fidi Mukullu fragte: »Hast du von den Bananen gegessen?« Nkuba sagte: »Nein.« Fidi Mukullu sagte: »Ich werde es sehen, ob du lügst. Geh in diese Grube in die Erde.« Fidi Mukullu fragte: »Wann willst du wieder herauskommen?« Nkuba sagte: »Morgen früh.« Fidi Mukullu sagte: »Wenn du nicht gelogen hast, sollst du morgen früh wieder emporkommen.« Nkuba stieg am andern Morgen wieder auf.

Fidi Mukullu sandte Muessi (den Mond), um Tschimambuschi zu bringen. Muessi ging. Muessi pflückte von den Bananen; Muessi tat die Bananen in einen Korb. Muessi brachte den Korb mit den Bananen. Fidi Mukullu fragte: »Hast du von den Bananen gegessen?« Muessi sagte: »Nein.« Fidi Mukullu sagte: »Ich werde es sehen, ob du lügst. Geh in diese Grube in die Erde.« Fidi Mukullu fragte: »Wann willst du wieder herauskommen?« Muessi sagte: »In einem Monat.« Fidi Mukullu sagte: »Wenn du nicht gelogen hast, sollst du in einem Monat wieder am Himmel stehen.« Muessi stand einen Monat später wieder am Himmel.

Fidi Mukullu sandte Muntu (den Menschen), um Tschimambuschi zu bringen. Muntu ging. Muntu pflückte von den Bananen; Muntu tat die Bananen in einen Korb. Muntu ging zurück, und unterwegs aß er von den Bananen. Mit den andern Bananen kam Muntu zu Fidi Mukullu. Fidi Mukullu fragte: »Hast du von den Bananen gegessen?« Muntu sagte: »Nein!« Fidi Mukullu fragte nochmals: »Hast du von den Bananen gegessen?« Muntu sagte (abermals): »Nein!« Fidi Mukullu sagte: »Ich werde sehen, ob du lügst. Geh in diese Grube in die Erde.« Fidi Mukullu fragte: »Wann willst du wieder herauskommen?« Muntu sagte: »In fünf Tagen.« Fidi Mukullu sagte: »Wenn du nicht gelogen hast, sollst du in fünf Tagen wiederkommen.«

Muntu kam nach fünf Tagen nicht wieder. Muntu kam nach einem Monat nicht wieder. Fidi Mukullu sagte: »Der Mensch hat gelogen. Darum soll der Mensch sterben und nicht wiederkommen.«

Verkehrte Botschaft

In den alten Zeiten, als die Menschen über das Sterben ihrer Freunde trauerten, sandte Tsukoab, der gute Mann, einen Hasen zu ihnen. Der sollte ihnen verkündigen, daß sie mit dem Trauern aufhören müßten. Denn wenn die Menschen zunächst auch stürben, so würden sie doch nach einiger Zeit wieder aufleben so wie der Neumond.

Der Hase versprach, diese Botschaft zu überbringen. Doch stattdessen lief er zur Buschlaus und bat sie, an seiner Stelle die Botschaft auszurichten. Er sagte sie ihr auch ganz verkehrt. Aber die Buschlaus wollte nicht, sie weigerte sich zu gehen. »Nein«, sagte sie, »es ist noch viel zu früh, und ich bin noch nicht fertig angezogen, ich habe meinen Vorkaross (Felldecke) noch nicht an. Und du, Hase, kannst viel schneller laufen. Lauf nur selbst!« Da mußte der Hase selbst gehen und die Botschaft überbringen.

Als er zu den Menschen kam, log er, daß er ihnen bestellen sollte: »Wer tot ist, soll tot bleiben und soll nicht wieder aufleben wie der neue Mond.« Wegen dieser Lüge hassen die Nama den Hasen. Sie haben die größte Abneigung, Hasenfleisch zu essen. Selbst dem, der bei starkem Hunger davon ißt, hält man das sein Leben lang vor. Er zählt nicht mehr als Mann und darf bei keinen öffentlichen Anlässen mehr mitsprechen. Und wenn sie Gelegenheit haben, einen Hasen zu töten, dann sollen sie ihm keinesfalls das Leben schenken.

*

Der Mond sprach zum Hasen: »Gehe zu den Menschen und melde ihnen: »Wie ich sterbe und wiederauferstehe, so sollt auch ihr sterben und wiederauferstehen!« Da ging der Hase zu den Menschen. Er traf als erste die Jungen, die das Vieh hüteten, und da meldete er ihnen: »Der Mond sagt: Wie er stirbt und wiederaufersteht, so sollt auch ihr sterben und wiederauferstehen!« Doch da riefen die Jungen: »Was sagt der Hase da? Du häßliches Ding, du lügst!« Sie begannen ihn zu ärgern und warfen ihm Sand in die Augen. Da rief der Hase wütend: »Von heute ab sollt ihr sterben und tot bleiben!« Und so ist es dann gekommen. Die Jungen haben das Unheil angerichtet. Der Hase hatte die gute Botschaft vom Mond gebracht, aber die Hütejungen, die ärgerten den Hasen, bis er wütend rief: »Von heute ab soll der Tod bei uns sein!«

Hasenlohn

In der alten Zeit waren die Tiere auch Menschen. Sie sprachen genau so, wie wir sprechen, alle die verschiedenen Tierarten. Und die Steine waren ihr Essen. Unsere alten Leute haben uns erzählt: Hier die braunen Steine, die zwischen den weißen Steinen liegen, die waren bratendes Fleisch von den Menschen der alten Zeit. Aber eines Tages kam der Hase zu ihnen und sagte: »Das Essen soll zu Stein werden, und ihr Menschen sollt Tiere sein!« Und so geschah es. Darum haben wir heute kein Fleisch mehr, aber so viele Steine.

Damals war das auch so: Wenn jemand einen Menschen aus deiner Familie tötete, dann brauchtest du nur das Herz des Menschen herauszunehmen und in eine Kalebasse zu legen. Dann mußtest du Milch in die Kalebasse schütten und die Kalebasse in das Haus stellen. Am dritten Tag brach die Kalebasse entzwei, und der Mensch kam wieder hervor, genauso wie er vorher gewesen war. Dann streute man Buchu auf ihn, damit er nicht schlecht roch, und gab ihm schöne Kleider zum Anziehen. Der Mensch war dann wieder ganz gesund. Aber heute kann man das nicht mehr machen. Heute bleibt der Tote tot.

Und daran ist der Hase schuld. Seitdem er das Essen verdorben hat, kann man auch keinen Getöteten wieder lebendig machen.

Der Hase lief und fragte den Mond: »Warum sterben wir nicht?« Da sagte der Mond zu ihm: »Du sollst nicht sterben, aber du sollst ein Tier werden und da dicht am Erdboden laufen. Du hast das Essen verdorben. Du hast den Menschen das Essen weggenommen. Dafür sollst du nun selbst gegessen werden. Du hast die ganze Welt verdorben. Lauf nun selbst dicht am Erdboden und sei das Essen der armen Leute!«

Die Mondpforte

Es geschah einmal, daß Citra, der Sproß des Gangya, opfern wollte und den Aruni zum Priester wählte. Der aber sandte seinen Sohn Shvetaketu mit dem Auftrag, für Citra zu opfern. Als er ankam, fragte ihn dieser: »Sohn des Gautama, gibt es einen Verschluß zu dieser Welt, in die du mich zu bringen gedenkst, oder gibt es irgendeinen Weg dahin? Bringe mich nicht zur Nichtwelt.« Der sprach: »Ich weiß das nicht; wohl, ich will den Lehrer fragen.« Er ging zu seinem Vater und befragte ihn: »So und so hat er mich gefragt; was soll ich antworten?« Der sprach: »Ich weiß das auch nicht. Laß uns in einer Sitzung (in Citras Opferraum) die Veda-Lektion abhalten und empfangen, was andere uns geben. Komm, wir wollen beide hingehen.« So kam er mit dem Brennholz in der Hand zu Citra, dem Sproß des Gangya, und sprach: »Ich will bei dir in die Lehre treten.« – »Du bist ein des Brahman Würdiger, der sich dem Hochmut nicht hingegeben hat. Komm, ich will es dir darlegen.«

Er sprach: »Alle, die aus dieser Welt scheiden, gehen zum Mond. Durch ihr Leben füllt sich die zunehmende Hälfte, in der abnehmenden Hälfte veranlaßt er ihre Wiedergeburt. Der Mond ist die Pforte des Himmels. Wer ihm zu antworten versteht, den läßt er an sich vorüber. Wer ihm nicht zu antworten vermag, den sendet er, in Regen sich verwandelnd, im Regen zur Erde nieder: als Wurm, Fliege, Fisch, Vogel, Löwe, Eber, Schakal, Tiger, Mensch – oder als sonst etwas, an diesem oder jenem Ort, je nach Tun und Wissen, wiedergeboren.

Denn wenn einer zum Mond kommt, so fragt ihn der: ›Wer bist du?‹ Dann muß er erwidern: ›Von dem Weisen, Fünfzehnfachen*, durch Opfer Geschaffenen, von den Manen Bewohnten kommt, o ihr Jahreszeiten, der Same her. Als Samen brachtet ihr mich in den zeugenden Mann; durch

---

* Als Fünfzehnfacher ist in den Veden der Mond bezeichnet, denn er hat 15 Tage: am 15. Tag nimmt er ab, ab 15. Tag füllt er sich. Die Jahreszeiten sind als Türhüter zu verstehen.

den zeugenden Mann gosset ihr mich in die Mutter. Bringt mich, o Ritus, in die Unsterblichkeit. Durch diese Wahrheit, durch diese Kasteiung bin ich die Jahreszeit, bin ich ein Sohn der Jahreszeit. Wer bist du?‹ (fragt er den Mond, und dieser sagt:) ›Ich bin du.‹

Wenn er so spricht, dann läßt der Mond ihn an sich vorüber.

Er gelangt auf den Pfad der Götter und schreitet zur Welt Agnis (Feuerwelt), zur Welt Vayus (Windwelt), zur Welt Varunas, zur Welt Indras, zur Welt Prajapatis, zur Welt Brahmas. In diese Welt gelangt, wer solches weiß. Und Brahmas spricht: ›Lauft ihm entgegen! Durch meine Herrlichkeit ist er zum Strom Vijara (Alterslos) gelangt, und wahrhaftig, nie mehr wird er altern.‹

Ihm kommen fünfhundert Apsaras entgegen: hundert mit Früchten in der Hand, hundert mit Salben in der Hand, hundert mit Kränzen in der Hand, hundert mit Kleidern in der Hand, hundert mit wohlriechenden Pulvern in der Hand. Sie schmücken ihn mit Brahmas Schmuck. So ausgeschmückt geht der Brahmakundige zu Brahma. Er gelangt zum See Ara und überschreitet ihn mit dem Geist (manas); die aber, die nur die Gegenwart kennen, versinken, wenn sie dorthin gekommen sind. Er gelangt zu den Stunden Yeshtiha; sie laufen vor ihm davon. Er gelangt zu dem Strom Vijara; diesen überschreitet er wiederum mit dem Geist. Alle guten und bösen Taten wirft er dort von sich; angenehme Verwandte nehmen die guten, nicht angenehme die bösen Taten auf sich. Gleichwie einer, auf einem Wagen dahinfahrend, auf die beiden Wagenräder hinabblickt [deren Speichen ihm verschwimmen], so blickt er hinauf auf Tag und Nacht, auf gute und böse Taten, auf alle Gegensätze.

Frei von guter Tat und frei von böser Tat geht der Brahmakundige zu Brahma ein.«

Der Besuch im Totenreich

Vor langer Zeit einmal lebte in der Mondstadt am Hofe des Königs Mondsonne ein Spaßmacher. Er hieß Dreimalschlau. Sein Verstand war klar und geschärft, und seine Unterhaltung stets witzig. Niemand konnte sich ihm vergleichen. König Mondsonne liebte seinen einfallsreichen Diener sehr, und so konnte es nicht ausbleiben, daß die anderen Höflinge ihm seine Stellung bei Hofe neideten und sich den Kopf darüber zerbrachen, wie sie ihn zu Fall bringen könnten. Aber was sie auch tun mochten, Dreimal-

schlau wußte stets alles zu seinen Gunsten zu wenden. Jedesmal wußte er Mittel und Wege, sich in der Gunst des Königs zu behaupten, ja sie zu festigen.

Unter seinen Neidern gab es einen, der sich allen anderen gegenüber hervortat: den königlichen Haarschneider. Immerfort grübelte er darüber nach, wie er Dreimalschlau aus dem Weg räumen könnte.

Eines Tages trat der König wieder wie gewöhnlich vor seinen Hofstaat, um unter seine Diener die königlichen Arbeiten aufzuteilen. Die Edelleute und Hofbeamten waren alle zugegen, unter ihnen auch Dreimalschlau und der Haarschneider des Königs, der Böses ausbrütete. Als die Königsarbeiten vergeben waren, fuhr König Mondsonne in seiner Rede fort und sagte: »Ich muß immer an meine Vorfahren denken, die schon gestorben sind. Zu gerne wüßte ich, ob sie glücklich oder unglücklich leben da drüben in der anderen Welt. Ob es wohl einen Weg gibt, das zu erfahren?«

Die Höflinge blieben still, denn sie hatten keine Antwort auf die Frage ihres Herrn. Der Haarschneider sah endlich einen Weg, wie er sich Dreimalschlau vom Halse schaffen könnte. Er sprach: »Ich bin dein Sklave, o Großkönig! Ich sehe einen Weg, wie die Verbindung zu den Vorfahren unseres Herrn herzustellen wäre.«

»Wie meinst du das?« fragte der König.

»Wenn du Nachricht haben willst von deinen Vorfahren, o Herr, so brauchst du doch nur einen Menschen von Verstand und Klugheit zu ihnen zu senden. Der mag dir dann von ihnen erzählen!«

So sprach der Haarschneider, und der König fragte weiter: »Wie willst du das bewerkstelligen?«

»Ich sehe nur einen Menschen, der so klug ist, daß es ihm gelingen könnte, dir von deinen Vorfahren Nachricht zu holen, und das ist Dreimalschlau. Auf welche Weise er ins Totenreich gesandt werden soll? Wohlan, laß Dreimalschlau auf dem Scheiterhaufen verbrennen! Auf dem Rauch des Feuers wird er in die andere Welt fahren.«

Der König hörte es und merkte sofort, daß der Haarschneider seinem Günstling Dreimalschlau nach dem Leben trachtete. Aber er wollte wissen, ob Dreimalschlau sich wohl auch diesmal wieder retten würde. Daher fragte er ihn: »Was sagst du dazu, Dreimalschlau? Glaubst du, daß es dir gelänge, mir Nachricht von meinen Vorfahren zu geben, wie der Haarschneider hier es vorschlägt?«

Dreimalschlau wußte, worum es dem Haarschneider zu tun war, aber er hatte schon einen Weg gefunden, wie er die Fallstricke meiden könnte. Als der König ihn fragte, gab er zur Antwort: »Der Wunsch des Herrn ist mir Befehl! Ich werde mein Leben lassen in deinem Dienst. Ich bin es zufrieden. Aber bevor ich in jene Welt gehe, wie du es wünschest, bitte ich dich um fünftausend Silberlinge. Auch möchte ich noch vorher von meiner Mutter Abschied nehmen. In einem Mondumlauf will ich wieder zurück sein und meine Pflicht erfüllen, wie die Macht und Güte des Herrn mir gebieten.«

Der König hörte es und gewährte die Bitte. Er wußte wohl, daß Dreimalschlau durchtrieben genug war, um sich auch diesmal zu retten, dennoch machte er sich insgeheim Sorgen um seinen Spaßmacher.

Als Dreimalschlau das königliche Silber erhalten hatte, reiste er zu seinem Geburtsort und lud die Nachbarn ein, mit ihm am Abhang eines Berges eine Höhle zu graben. Die Stelle hatte er ausgesucht: Hier wollte er sich verbrennen lassen, um in die andere Welt zu gelangen. Durch den Berg aber ließ er einen Stollen legen, der in die Verbrennungshöhle mündete. Durch diesen Gang wollte er entweichen. Als die Grabungen fertig waren, tarnte er Eingang und Ausgang vor fremden Augen und ließ auf dem Scheiterhaufen eine Hütte errichten, die sich eng an den Abhang des Berges anlehnte. Als alles seinen Wünschen entsprechend vorbereitet war, kehrte Dreimalschlau zum Palast zurück, warf sich vor König Mondsonne nieder und sagte: »Ich bin bereit, mich selbst zu verbrennen, um für dich in die andere Welt zu reisen. Ich bitte nur um eines: laß, o Herr, die Verbrennung am Abhang des Berges in meiner Heimat vollziehen. Denn dort gibt es Geister, die mir gesagt haben, wenn ich auf geradem Wege in die andre Welt gelangen will, muß ich mich dort verbrennen lassen.«

König Mondsonne ließ alles zur Zufriedenheit von Dreimalschlau erledigen und ließ ihn in einem Festzug zur Stätte der Verbrennung geleiten. Als sie den Berg erreicht hatten, bestieg Dreimalschlau den Scheiterhaufen und trat in sein Sterbehüttlein ein. Er ließ die Tür schließen und befahl dann mit klarer Stimme aus dem Inneren seiner Behausung, Feuer anzulegen. Die Soldaten entzündeten den Scheiterhaufen, Dreimalschlau aber öffnete ein Hintertürlein, das in den Stollen führte, und machte sich davon. Schnell erfaßten die Flammen die Hütte dort oben, und bald war nur noch Asche übrig. Alle Zuschauer waren Zeugen der Verbrennung gewesen, und niemand zweifelte, daß Dreimalschlau den Tod gefunden hatte. Seine Neider waren schadenfroh, und seine Bewunderer trauerten, denn keiner wußte die Wahrheit, daß Dreimalschlau sich längst in Sicherheit gebracht hatte.

Die Zeit verging. Volle sechs Monate waren um. Wieder einmal trat der

König vor seine Beamten und verteilte die königlichen Arbeiten. Da stand plötzlich ein Mann unter ihnen in verkohlten Gewändern und mit struppigem Haar auf dem Kopf und im Gesicht einen strähnigen Bart. Mit großer Gebärde warf er sich vor König Mondsonne nieder. Die Höflinge, unter ihnen auch der Haarschneider, staunten über den sonderbaren Fremden, von dem niemand wußte, wer er war – außer dem König allein. Denn der Herr erinnerte sich in Liebe an einen Mann, dem seine Gunst wie keinem zweiten gehört hatte. Er fragte: »Wer bist du, daß du es wagst, in solchem Aufzug hier hereinzukommen, und was ist dein Begehr?«

Der Mann verneigte sich tief und sprach: »Herr, du kannst dich also meiner nicht mehr erinnern! Ich bin doch Dreimalschlau, dein bescheidenster Diener! Soeben komme ich aus der anderen Welt zurück, wohin du mich entsandt.«

König Mondsonne und alle, die es hörten, wunderten sich über diese Rede und schüttelten ungläubig ihre Häupter. Denn vor den Augen des Königs und seines ganzen Hofstaates hatte Dreimalschlau sich verbrannt. Nur Asche war von ihm geblieben. Wie konnte er das Leben wiedererlangt haben nach seinem Tode? Seine Feinde witterten Gefahr, vor allem der Haarschneider, der sehr gut wußte, daß die Rückkehr seines Widersachers für ihn nichts Gutes bedeuten konnte. Gewiß würde nun Dreimalschlau sein Mütchen an ihm kühlen.

König Mondsonne fragte: »Dreimalschlau! Du bringst mir eine Botschaft von meinen Vorfahren? Was ist es?«

Dreimalschlau warf sich nieder und sprach: »Allen deinen Vorfahren geht es gut. Glücklich sind sie vereint in jener Welt. Freuden aller Arten genießen sie dort drüben. Nur eines fehlt ihnen.« Damit wandte er sich an den Haarschneider und fuhr fort: »Gnädiger Herr, schaut mich an! In der ganzen Zeit, die ich in der anderen Welt verbrachte, volle sechs Monate lang, mangelte mir nichts, außer – einem Haarschneider! Alle Vorfahren unseres Königs müssen ihr Haar ungezähmt wachsen lassen, und der Schleier verhüllt ihre Augen. Denn dort drüben gibt es keinen Haarschneider! Deshalb haben mir des Königs Vorväter befohlen, unserem Herrn den Auftrag zu überbringen: Sende uns den gewandtesten Haarschneider, den du besitzt!«

Dreimalschlau hatte geendet. Nun wußte der König, daß die Bosheit des Haarschneiders gesühnt werden sollte. Der Haarschneider selbst merkte, daß es nicht gut um ihn stand, denn Dreimalschlau bediente sich seiner Klugheit, um ihn zu töten. Er dachte: ›Das Schicksal, das ich ihm zugedacht, nun kommt es auf mich zu, denn ich kann das Schlimme nicht abwenden wie er, der voll Schläue!‹

Der König ergriff wieder das Wort und fragte: »Haarschneider, du hast die Worte gehört. Ich will dich zu meinen Vorfahren senden, damit du ihnen dienen kannst. Du wirst gehen, nicht wahr?«

Der Haarschneider wußte weder aus noch ein. Sollte er den Auftrag annehmen, oder konnte er ablehnen? Aus Furcht vor der Strafe des Königs sagte er mit schwacher Stimme: »Was du befiehlst, o Herr, soll geschehen!«

Da ließ König Mondsonne die feierliche Entsendung des Haarschneiders in die andere Welt vorbereiten und alles genauso machen, wie es für Dreimalschlau geschehen. Der war inzwischen nach Hause gerannt und hatte mit seinen Verwandten die Höhle zugeschüttet. Als der Haarschneider nun von den Flammen berührt wurde, konnte er sich nicht retten. Das Feuer verzehrte ihn, und er mußte sterben.

Nur wer klug ist, rettet sich aus Gefahr!

Tjarapa

Purukupali und Bima hatten einen kleinen Sohn Djinini. Bima nahm Djinini tagsüber mit auf Nahrungssuche, und wenn er müde wurde, legte sie ihn in den Schatten eines Baumes zum Schlafen. Purukupali und Bima waren glücklich miteinander, bis eines Tages ein anderer Mann namens Tjarapa Bima dazu überredete, den schlafenden Djinini eine Weile sich selbst zu überlassen und mit ihm zu gehen. Tjarapa schmeichelte und bedrängte Bima so lange, bis sie schließlich einwilligte und ihren schlafenden Sohn verließ, um sich mit Tjarapa in den Busch zu stehlen. Es war ein sehr heißer Tag, und Bima vergaß die Zeit. Als sie endlich zu ihrem Kind zurückkehrte, war der Schatten des Baumes längst weitergewandert, und Djinini lag tot in der grellen Sonnenhitze.

Als Purukupali erfuhr, wie sein Sohn umgekommen war, kannte seine Trauer und seine Empörung keine Grenzen. In blinder Wut hieb er mit seinem Wurfholz auf Bima ein, um sie für ihre Eigensucht und Pflichtvergessenheit zu bestrafen. Bima entfloh in den Wald. Tjarapa, dessen Reue über den traurigen Ausgang seiner Begehrlichkeit für Bima groß war, flehte Purukupali an, ihm den Leichnam Djininis zu überlassen, damit er ihn in drei Tagen wieder zum Leben erwecken könnte. Doch Purukupali forderte Tjarapa zum Zweikampf.

Beide Männer fochten einen langen und erbitterten Kampf und fügten einander tiefe Wunden zu, bis sie schließlich völlig erschöpft und schwerverwundet zu Boden fielen. Dann erhob sich Purukupali und nahm seinen toten Sohn in die Arme. Rückwärts schreitend watete er in die See und verkündete dabei, daß von nun an allen Lebewesen auf der Erde das gleiche Schicksal wie seinem Sohn, der Tod, beschieden sei.

An der Stelle, wo Purukupali mit Djinini versank, bildete sich ein gewaltiger Wasserstrudel, der auch heute noch so gefährlich ist, daß sich niemand in seine Nähe wagt. Tjarapa ergriff seinen Feuerbrand und stieg damit in den Himmel auf, wo er sich in den Mond verwandelte, der heute noch die Narben der Wunden trägt, die ihm Purukupali zugefügt hatte. Auch Tjarapa unterliegt dem Schicksal des Todes und stirbt immer wieder, doch nach drei Tagen ruft er sich jedesmal wieder ins Leben zurück und tritt seine Himmelswanderung aufs neue an.

Bima, die in den Wald geflohen war, nahm die Gestalt des Brachvogels an, dessen laute Klagerufe noch heute allnächtlich das Leid verkünden, das Bima um den Tod ihres Kindes und um das Unheil empfand, das ihr Handeln der Welt bescherte.

Tjarapa war nach seinem gewaltigen Zweikampf mit Purukupali als Mond in den Himmel gestiegen. Der Mondmann trägt immer noch die Narben im Gesicht, die seine schweren Verwundungen hinterließen. Zwar hatte Purukupali nach dem Kampf verfügt, daß alle Wesen der Schöpfung nach ihrem Tod nie wieder auferstehen würden, doch Tjarapa, der Mondmann, entgeht diesem Vermächtnis, da sein Leben drei Tage nach seinem allmonatlichen Tod sich stets wieder erneuern wird.

Wenn Tjarapa neu zum Leben erwacht, beginnt er sofort damit, Unmengen von Mangrovenkrebsen zu verschlingen, wovon er innerhalb von zwei Wochen fett und kugelrund wird. Doch seine Freßgier nimmt jedesmal ein schlimmes Ende, denn nach zwei Wochen beginnt er todkrank zu werden, bis er am Ende der beiden Wochen völlig dahinsiecht. Kurz bevor der Mondmann stirbt, sehen die Menschen nur noch sein Skelett, den schmaler und schmaler werdenden Halbmond, und seinen Geist Imunka, den Teil der Mondkugel, die mit bloßem Auge nur schwach zu erkennen ist.

Balu und die Dens

Der Mond Balu sah eines Abends auf die Erde hinab; sein Licht leuchtete sehr hell, weil er wissen wollte, ob dort unten noch irgend jemand auf war. Denn wenn die Menschen alle schliefen, pflegte er mit seinen drei Hunden zu spielen. Er nannte sie Hunde, die Menschen nannten sie Schlangen, und sie hießen Giftviper, Schwarze Schlange und Tigernatter.

Als Balu mit den drei Hunden auf die Erde hinabschaute, erblickte er zwölf Dens oder Eingeborene, die durch einen Fluß wateten. Er rief sie an und sagte zu ihnen: »Heda, tragt mir einmal meine Hunde über den Fluß!« Obschon die Schwarzen Balu sehr gern leiden mochten, schätzten sie seine Hunde doch nicht; denn schon mehrmals, wenn er die Tiere zum Spielen auf die Erde geschickt hatte, bissen sie nicht nur die irdischen Hunde, sondern auch ihre Herren; und durch das Gift waren die Gebissenen getötet worden. Daher antworteten die schwarzen Burschen: »Nein, Balu, wir sind bange; deine Hunde beißen uns, sie sind nicht wie unsere Hunde, deren Biß nicht tötet.«

Balu sagte: »Wenn ihr tut, was ich euch sage, so sollt ihr wieder lebendig werden, falls ihr sterbt. Sehr her und achtet auf das Stück Rinde, das ich ins Wasser werfe.« Und dabei warf er ein Stückchen Baumrinde in den Fluß. »Seht, es kommt wieder nach oben und schwimmt weiter. So wird es euch auch ergehen, wenn ihr meinen Befehlen folgt; zuerst geht ihr unter, wenn ihr sterbt, aber dann kommt ihr sofort wieder an die Oberfläche. Wollt ihr dummen Kerle meine Hunde aber nicht hinübertragen, so ergeht es euch wie diesem Stein«, und er schleuderte in den Fluß einen Stein, der sogleich unterging, »dann steht ihr niemals wieder auf, ihr törichten Burschen!«

Die Schwarzen entgegneten jedoch: »Balu, wir können es nicht tun, wir haben zu große Angst vor deinen Hunden.« – »So will ich herunterkommen und sie selbst über den Fluß tragen und euch zeigen, daß es harmlose, liebe Geschöpfe sind.« Und er stieg vom Himmel herab; die Schwarze Schlange hatte er um den einen, die Tigernatter um den anderen Arm gewunden, und die Giftviper hing ihm über Schulter und Nacken herab. So trug er sie über den Fluß.

Als er auf der anderen Seite angekommen war, hob er einen großen Stein auf und warf ihn ins Wasser. Er sagte: »Weil ihr feigen Burschen nicht tun wolltet, um was ich, Balu, euch bat, so habt ihr in Ewigkeit verscherzt, nach dem Tode wieder lebendig zu werden. Ihr werdet bleiben, wo man euch eingräbt; wie der vorhin ins Wasser geworfene Stein werdet ihr dann ebenso zu einem Stückchen Erde. Hättet ihr getan, was ich euch befahl, so könntet ihr ebenso oft sterben wie ich und ebenso wie ich immer wieder lebendig werden. Jetzt werdet ihr aber, solange ihr lebt, schwarze Burschen bleiben, und Knochen, wenn ihr gestorben seid!«

Balu sah sehr böse aus, und die drei Schlangen zischten so fürchterlich, daß die Schwarzen froh waren, als sie hinter den Büschen ihren Blicken entschwanden. Sie hatten sich stets vor Balus Hunden gefürchtet; nun haßten sie die Tiere und sagten: »Könnten wir sie doch nur von Balu fortlocken, dann wollten wir sie schon totschlagen.« Und fortan erschlugen sie jede Schlange, die ihnen in den Weg kam. Aber Balu sandte immer wieder neue und sagte: »Solange noch Dens leben, soll es Schlangen geben; die sollen sie daran erinnern, daß sie einst nicht tun wollten, um was ich sie bat.«

Der freigebige Hase

Einstmals, als Brahmadatta zu Benares regierte, wurde der Bodhisatta als Hase wiedergeboren und lebte im Wald. Auf einer Seite dieses Waldes waren die Vorhügel eines Gebirges, auf der anderen war ein Fluß und auf der dritten ein Grenzdorf. Der Bodhisatta hatte drei Freunde, einen Affen, einen Schakal und eine Fischotter. Diese vier Weisen lebten nun zusammen, und wenn sie sich ihre Nahrung , ein jeder auf seinem eigenen Jagdgrund, gesucht hatten, kamen sie zur Abendzeit wieder zusammen. Der weise Hase pflegte dann die drei anderen in der Lehre zu unterweisen, indem er sie ermahnte: »Man muß Almosen geben, die Gebote halten und die Fasttagsbräuche beobachten.«

Sie nahmen seine Ermahnung gut auf, und jeder begab sich dann in den Teil des Dickichts, wo er seine Wohnung hatte, und blieb dort.

So verging die Zeit. Da guckte der Bodhisatta eines Tages in die Luft und sah den Mond. Und als er gesehen hatte, daß am nächsten Tage Fasttag sei, sagte er zu den drei anderen: »Morgen ist Fasttag. Feiert ihr drei den Fasttag, indem ihr das Gelübde, die Gebote zu halten, auf euch nehmt! Wenn einer sich fest an die Gebote hält, dann bringt das Geben von Gaben großen Lohn. Wenn daher ein Bettler kommt, gebt ihm von eurer eigenen Mahlzeit und esset selbst erst hinterher!« Sie erklärten sich damit einverstanden, und jeder blieb in seiner Wohnstätte.

Am nächsten Tag am frühen Morgen zog von den vieren die Fischotter aus, um sich Futter zu suchen, und ging zum Ufer des Ganges. Da hatte nun ein Fischer sieben Rotkarpfen gefangen, hatte sie auf eine Rute gezogen, sie am Ufer des Ganges mit Sand bedeckt und schritt nun, Fische fangend, den Ganges abwärts. Die Otter spürte den Geruch der Fische, scharrte den Sand weg, entdeckte die Fische und zog sie heraus. Dann rief sie dreimal laut: »Gehören diese Fische jemandem?«, und als sie keinen Eigentümer sah, packte sie die Rute mit den Zähnen und stapelte die Fische in dem Teil des Dickichts, wo sie ihre Wohnung hatte, auf. ›Erst wenn es an der Zeit ist, werde ich sie essen‹, dachte sie, und dann legte sie sich, über ihre Pflichterfüllung nachdenkend, nieder.

Auch der Schakal zog aus, um sich Futter zu suchen. Da sah er in der Hütte eines Feldhüters zwei Spieße mit Fleisch, eine Eidechse und einen Topf Dickmilch. Dreimal rief er laut: »Gehört dies jemandem?«, und als er keinen Eigentümer sah, tat er sich den Strick zum Tragen des Dickmilchtopfes um den Hals, packte mit dem Maul die Fleischspieße und die Eidechse, schleppte sie fort und stapelte sie in dem Teil des Dickichts, wo er seine Wohnung hatte, auf. ›Erst wenn es an der Zeit ist, werde ich es essen‹, dachte er, und dann legte er sich, über seine Pflichterfüllung nachdenkend, nieder.

Auch der Affe ging in den Wald und holte sich ein Bündel Mangos und stapelte es in dem Teil des Dickichts, wo er seine Wohnung hatte, auf. ›Erst wenn es an der Zeit ist, werde ich sie essen‹, dachte er, und dann legte er sich, über seine Pflichterfüllung nachdenkend, nieder.

Der Bodhisatta aber legte sich mit dem Gedanken ›Erst wenn es an der Zeit ist, werde ich ausgehen und Kusagras fressen‹ auf sein Lager. ›Wenn Bettler zu mir kommen‹, dachte er, ›kann ich ihnen unmöglich Gras geben, auch habe ich keinen Sesam, keinen Reis oder sonst etwas. Wenn ein Bettler zu mir kommt, werde ich ihm das Fleisch meines eigenen Körpers geben.‹

Durch die Macht seiner Pflichterfüllung aber zeigte der mit einer weißen Wolldecke versehene Steinsitz Sakkas Zeichen von Hitze. Nach einigem Nachdenken erkannte Sakka die Ursache und beschloß, den Hasenkönig auf die Probe zu stellen. Er ging zuerst nach dem Ort, wo die Otter wohnte, und stellte sich in der Gestalt eines Brahmanen hin. »Brahmane, warum stehst du hier?« fragte die Otter. »Weiser, wenn ich etwas Speise bekommen könnte, würde ich den Fasttag halten und so die Asketenpflichten erfüllen können.« – »Gut«, antwortete jene, »ich werde dir Speise geben«, und im Gespräch mit ihm sprach sie den ersten Vers:

»Sieben rote Karpfen hab' ich
aus dem Fluß ans Land gebracht.
Das, Brahmane, kann ich bieten.
Iß und bleib im Wald zur Nacht!«

»Laß es nur bis morgen früh«, antwortete der Brahmane, »ich werde später daran denken«, und ging zum Schakal. Auch der fragte: »Brahmane, warum stehst du hier?«, und der andere erwiderte ebenso. »Gut«, sagte der Schakal, »ich werde dir etwas geben«, und im Gespräch mit ihm sprach er den zweiten Vers:

»Die Eidechs', ein Topf saurer Milch,
zwei Spieße Fleisch, das Mahl,
Zur Nacht bestimmt, das ich mit List
dem Dorfflurhüter stahl,
Das biet' ich dir, Brahmane. Iß
und bleib im Waldestal!«

»Laß es nur bis morgen früh«, antwortete der Brahmane, »ich werde später daran denken«, und ging zum Affen. Auch der fragte: »Brahmane, warum stehst du hier?«, und der andere erwiderte ebenso. »Gut«, sagte darauf der Affe, »ich gebe dir etwas«, und im Gespräch mit ihm sprach er den dritten Vers:

»Reife Mangos, kaltes Wasser,
Schattenkühl' an schöner Halde,
Das, Brahmane, kann ich bieten.
Iß und bleib zur Nacht im Walde!«

»Laß es nur bis morgen früh«, antwortete der Brahmane, »ich werde später daran denken«, und ging zu dem weisen Hasen. Auch der fragte: »Warum stehst du hier?«, und der andere erwiderte ebenso. Als der Bodhisatta das hörte, sagte er erfreut: »Brahmane, du hast wohl daran getan, daß du um Speise zu mir gekommen bist. Jetzt werde ich dir eine Gabe geben, wie ich sie noch nie gegeben habe. Du aber sollst den Geboten getreu kein Leben vernichten. Geh, Lieber, suche Holz auf, mache ein Kohlenfeuer und sag es mir an! Mich selbst opfernd, will ich mitten in die Kohlen springen; du aber sollst, wenn mein Leib gebraten ist, das Fleisch essen und die Asketenpflichten erfüllen«, und im Gespräch mit ihm sprach er den vierten Vers:

> »Keinen Sesam hat der Hase,
> keinen Reis und keine Bohnen.
> Brat mich selbst an diesem Feuer!
> Iß und bleib im Walde wohnen!«

Als Sakka seine Worte gehört hatte, schuf er durch seine übernatürliche Macht einen Kohlenhaufen und meldete es dem Bodhisatta. Der erhob sich von seinem Lager aus Kusagras und ging dorthin. »Wenn kleine Tiere in meinen Haaren sind, sollen sie nicht umkommen«, sagte er und schüttelte sich dreimal, und dann brachte er seinen Körper als Gabe dar. Er sprang auf, und wie ein Königsschwan in eine Lotusgruppe stürzte er heiteren Sinnes in den Kohlenhaufen hinein. Das Feuer aber konnte nicht einmal eine Haarpore am Körper des Bodhisatta heiß machen. Es war, als ob er in Schnee gesprungen wäre.

Da wandte er sich an Sakka und sagte: »Brahmane, das Feuer, daß du angemacht hast, ist überkalt. Es kann nicht einmal eine Haarpore an meinem Körper heiß machen. Was bedeutet das?« – »Weiser, ich bin kein Brahmane. Ich bin Sakka, der gekommen ist, um dich auf die Probe zu stellen.« Da stieß der Bodhisatta den Löwenruf aus: »Wenn auch außer dir, Sakka, die ganze Welt mich wegen meiner Freigebigkeit auf die Probe stellt, so würde sie mich nicht unwillig zum Geben finden.« – »Weiser Hase«, sagte Sakka zu ihm, »deine Tugend soll ein ganzes Weltalter hindurch bekannt sein.« Und damit zerquetschte er einen Felsen und zeichnete mit dem Saft des Felsens das Bild des Hasen in die Mondscheibe.

Dann verabschiedete er sich von dem Bodhisatta, bettete ihn auf das zarte Kusagras dort im Dickicht jenes Waldes und ging wieder nach seinem Göttersitz. Die vier Weisen aber lebten einträchtig zusammen, erfüllten die Gebote, beachteten die Fasttagsbräuche und fuhren dahin nach ihren Werken.

Der Hase, das Lingzhi-Kraut
und das Paar am Himmel

Anfangs, als der Buddha die acht Ehepaare geknetet hatte, da war alles, ob nun ihr Aussehen, ihre Sprache oder sonst etwas, ganz genau gleich. Später, weil das Klima im Süden, Norden, Osten und Westen unterschiedlich war, weil die Dinge, die sie aßen, sich unterschieden, wurden auch langsam die Sitten und die Sprachen verschieden. Im Süden waren die Tage heiß und die Sonne brannte, im Norden war es klirrend kalt, daher wurde später sogar die Hautfarbe unterschiedlich. Aus diesem Grund gibt es in der heutigen Welt schwarze, weiße und gelbe Menschen.

Das Paar, das sich nach Norden wandte, ging und ging und kam schließlich in die weite, endlose Grassteppe. Die beiden hoben die Augen und sahen, daß es außer der Steppe, in der das Gras bis an die Taille reichte, dort noch einige wilde Pferde, wilde Rinder, mongolische Gazellen, Rehe und Ähnliches gab. Das war alles. Was sollten sie tun? Auf jeden Fall mußten sie doch einen Anfang machen und ihr Leben bestreiten! Also schlugen die beiden ein Zelt auf und machten dann einen kleinen Gemüsegarten urbar. Der Mann ging hinaus zur Jagd, die Frau zähmte und weidete zu Hause die gefangenen wilden Rinder, Pferde und mongolischen Gazellen. Später wurden aus diesen Tieren durch Zähmen und Zucht die Pferde, Rinder und Schafe, die den heutigen Menschen von so großem Nutzen sind.

Auf diese Art lebten sie einige Jahre. Dem Paar wurden fünf Söhne und zwei Töchter geboren, und das unbeschwerte Leben der kleinen Familie verlief recht glücklich.

Eines Tages war die Frau gerade dabei, im Grasland eine Herde Schafe zu weiden. Da sah sie, wie ein Hase rannte und rannte, bis er schließlich mit einem Purzelbaum an einer Bodenwelle stürzte und sich ein Bein brach. Er bemühte sich einige Male, doch er kam nicht wieder hoch. Er lag dort und konnte sich nicht mehr rühren; es schmerzte ihn so sehr, daß er in einem fort fiepend jammerte. Schnell lief die Frau hin. Da sah sie, wie der Hase sie mit herunterlaufenden Tränen ansah, so, als ob er sie um Rettung bäte. Als die Frau den Hasen in diesem erbarmungswürdigen Zustand sah, nahm sie ihn auf den Arm und sagte: »Wieso läufst du als Bewohner des Graslandes denn nicht etwas vorsichtiger? Heute bist du zum Glück auf mich gestoßen, wärest du einem Leckermaul begegnet, wer weiß, ob man dich nicht geschmort verzehrt hätte!«

Die Frau trug den Hasen zurück ins Zelt, mit der Hand massierte sie sein Bein, fügte den Knochen wieder zusammen und riß mit der Hand von ihrem langen Gewand einen Streifen Stoff ab, mit dem sie die Wunde des Hasen verband. Später schnitt sie weiches, mit Tau benetztes Gras ab, fütterte ihn und gab ihm frische Milch zu trinken. So vergingen einige Tage, und schon war das Bein des Hasen wieder ganz in Ordnung. Als die Frau sah, daß die Wunde des kleinen Hasen bereits geheilt war, trug sie ihn zu dem Ort, an dem er sich an jenem Tag verletzt hatte, und sagte zu ihm: »Wer weiß, ob sich deine Eltern in diesen Tagen nicht Sorgen um dich gemacht haben? Lauf schnell den Weg, den du gekommen bist, zurück, und renne in Zukunft nicht einfach überall so wild herum!«

Als ob der kleine Hase die Sprache der Menschen verstünde, nickte er mit dem Kopf, dann hüpfte und sprang er fort. Er lief ein Stück, drehte sich um und schaute eine Weile herüber, dann lief er weiter. Auf diese Weise entfernte er sich immer weiter, so weit, daß man ihn schließlich nicht mehr sah.

Der kleine Hase kehrte heim. Seine Eltern hatten sich so nach ihm gesehnt, daß sie einfach nur geweint hatten. Als sie sahen, daß er zurückgekommen war, umringte ihn die ganze Familie aufgeregt und wetteiferte darum, ihn eingehend zu befragen. Während sie noch Tränen vergossen, fragten Mutter und Vater ihn: »Wo warst du denn all die Tage? Wärest du nicht zurückgekommen, dann hätten wir uns noch zu Tode gesehnt.«

Der kleine Hase erzählte den Eltern, Brüdern und Schwestern von Anfang bis Ende, wie er, nachdem er sich verletzt hatte, von einem gutherzigen Menschen gerettet worden war. Die ganze Familie hörte zu und war diesem guten Menschen von ganzem Herzen dankbar. Alle meinten, es sei unverzeihlich, wenn sie es diesem guten Menschen nicht vergelten würden. Also redeten alle gleichzeitig drauflos und überlegten, wie sie sich erkenntlich zeigen könnten. Die Eltern des Hasen hatten viel Lebenserfahrung, sie schlugen vor: »In der Grassteppe gibt es das Lingzhi-Kraut, das ist ein Schatz von unermeßlichem Wert und sehr schwer zu finden. Wenn ihr Geschwister nur ein aufrichtiges Herz habt und euch getrennt auf die Suche macht, dann werdet ihr es bestimmt finden. Wenn ihr es gefunden habt, dann vergelten wir jenem Menschen seine lebensrettende Güte.«

Der kleine Hase und seine Geschwister arbeiteten einträchtig zusammen, und nach den Mühen einiger Tage hatten sie ein Lingzhi-Kraut gefunden. Sie beauftragten den kleinen Hasen, es der Wohltäterin zu bringen. Er nahm das Kraut ins Maul und lief einen Tag lang hüpfend und springend. Als er die Frau gefunden hatte, stand die helle Scheibe des Mondes bereits hoch am Himmel. Die Frau pferchte gerade die Rinder und Schafe ein, als sie plötzlich den kleinen Hasen springen und auf sich zuhüpfen sah. Sie freute sich sehr. Dann bückte sie sich und sagte freundlich zu ihm: »Hast du nicht Vater und Mutter wiedergefunden? Wieso bist du noch einmal zurückgekommen?«

Als sie das gesagt hatte, nahm sie den kleinen Hasen auf den Arm und streichelte ihn. Mit seinem dicht behaarten dreischartigen Mäulchen wühlte er sich drängend in die Handfläche der Frau.

Die Frau fühlte sich gekitzelt und fragte den kleinen Hasen: »Was willst du denn? Bist du wieder in Schwierigkeiten?«

Der kleine Hase öffnete das Maul und spuckte das besonders frisch leuchtende, saftig-grüne Lingzhi-Kraut in die Handfläche der Frau. Sofort drang ihr ein unaussprechlicher Duft in die Nase. Als die Frau gewahr wurde, daß diese Pflanze so sehr duftete, riß sie wie von selbst ein Blatt ab, steckte es in den Mund und begann zu kauen. Ein kleines bißchen davon zu kauen machte noch nicht viel aus. Sie fühlte sich sofort am ganzen Körper entspannt, und eine unaussprechliche wohlige Behaglichkeit überkam sie. Nachdem sie diesen Bissen gegessen hatte, wollte sie noch einen Bissen, sie hatte das Gefühl, daß es nicht reichte, ein Blättchen zu essen; also steckte sie das ganze Lingzhi-Kraut in den Mund und begann, mit vollem Mund zu kauen. Als alles Lingzhi-Kraut in ihren Magen hinuntergelangt war, erhob sich ihr Körper und begann, ganz leicht emporzuschweben. Die Kinder sahen, daß die Mama in der Luft aufstieg, und begannen aufgeregt zu jammern und zu weinen. Mit lauten Stimmen riefen sie: »Mama, komm schnell herunter!«

Sie wurde sehr aufgeregt und wollte hinunterspringen, doch ihr Körper gehorchte ihr nicht, und so stieg sie ununterbrochen weiter in die Höhe. Sie wollte auf keinen Fall den Mann und die Kinder verlieren und das Zelt, in dem sie so viele Jahre gewohnt hatte, den Garten, den sie mit ihren eigenen Händen bestellt hatte, und die gezähmten Pferde, Rinder und Schafe. Sie fühlte sich, als ob ihr ein Messer ins Herz stach, und erschrak, als ob ihr die Eingeweide zerrissen. Sie bereute zutiefst. Ja, sie hätte das Lingzhi-Kraut nicht essen sollen, dann wäre es nicht dazu gekommen, daß sie Familie und Heim verlassen mußte, als ob sich ihr Fleisch von den Knochen trennte. Doch was nützte es, wenn sie bereute! Mit der Sehnsucht nach Mann, Kindern und Grassteppe, die sie alle so ungern verließ, stieg sie gegen ihren Willen immer höher hinauf und mußte untätig zuse-hen, wie sie zum Mond hinaufschwebte. Dies also ist die Herkunft von Chang Ou und dem Jadehasen im Mond.

Doch kehren wir zu dem Mongolen zurück, der zur Jagd hinausgegan-gen war und nun nach Hause zurückkehrte. Er sah nur die Kinder, die alle zusammen heulten; im Haus waren Topf und Herd kalt, die Teller zeigten nach oben und die Schüsseln nach unten. Er ahnte nicht, was passiert war. Eilig fragte er die Kinder: »Wohin ist die Mama gegangen?«

Ein Kind zeigte weinend zum Himmel und sagte: »Meine Mama hatte einen kleinen Hasen auf dem Arm und ist in den Mond geflogen.«

Als der Mann hörte, daß seine Frau zum Mond aufgestiegen war, da konnte er den Schmerz im Herzen nicht unterdrücken und begann zusam-men mit den Kindern laut jammernd zu weinen. Nachdem Vater und Kinder sich ausgeweint hatten, legte sich einer nach dem anderen, ohne etwas gegessen zu haben, mit tränenglänzenden Augen auf den Kang (das Ofenbett) zum Schlafen.

Von da an war diesem Mongolen, als hätte er seine Seele verloren. Was er auch tat, es fehlte ihm die Lust, und er war immer schlechter Stim-mung. Zum Essenkochen war er zu faul, zur Jagd zu gehen war er auch zu faul; später wurde er krank vor Trübsinn, krank sank er auf dem Kang nie-der, und als er krank war, stand er nicht mehr auf. Überall suchten die Kinder nach Medizin für ihn, aber leider war nichts zu finden, was ihm hätte helfen können. Es schien, daß der Mongole sterben würde.

Die Ohren der Hasen sind lang, so können sie in alle Himmelsrichtun-gen hören. Die ganze Begebenheit kam bald auch den Eltern des kleinen Hasen zu Ohren. Vater und Mutter des Hasen dachten bei sich: »So ein Unglück! Wir wollten doch ursprünglich eine gute Tat vollbringen und damit die Güte vergelten, die uns widerfahren war. Wer hätte gedacht, daß wir klug sein wollten, uns aber als Narren erwiesen und sogar die Schlech-tigkeit begangen haben, die Frau von ihrem Mann und ihren Kindern zu trennen!«

Was sollte man dazu sagen? Also wurden alle Mitglieder der Familie zusammengerufen, um zu überlegen, wie man den Schaden wieder gut-machen konnte. Schwatzend berieten sie einen halben Tag lang, doch nie-mandem kam eine Idee. Der Ingwer war immer noch genauso scharf wie vorher, und genauso dachten sich die Eltern des Hasen ein Mittel aus. Sie würden noch einmal ein Lingzhi-Kraut suchen und es dem Mongolen schenken, damit er es essen und ebenfalls zum Mond fliegen konnte. Würden Mann und Frau so nicht vereint sein? Als die anderen Hasen das hörten, rieben sie sich voller Begeisterung die Pfoten. Alle waren sich einig, daß dies der beste und sicherste Weg war. Also ging man sofort getrennt los, um das Lingzhi-Kraut zu suchen. Die Hasen liefen sich die Läufe wund, und schließlich fanden sie noch ein Lingzhi-Kraut, das sie eilig dem Mongolen brachten.

Der Mongole sehnte sich so sehr nach seiner Frau, daß er nicht darüber nachdachte, zu welchem Zeitpunkt er das Lingzhi-Kraut essen mußte, um zu seiner Frau kommen zu können. Er nahm das Lingzhi-Kraut und schluckte es auf einmal hinunter. Da hob er sich empor und stieg immer höher, immer höher. Es kam ihm so vor, als ob es immer heißer würde. Also schaute er nach oben, und da sah er, daß die hell leuchtende Sonne im Zenit stand. Er war verwirrt und drehte hastig den Kopf hin und her, um den Mond zu suchen. Doch der Körper gehorchte ihm nicht, und er schwebte ohne Unterbrechung der Sonne zu.

Weil der Gatte in die Sonne geschwebt ist, können wir sehen, wie eilig die Sonne es hat, auf- und unterzugehen, so, als ob sie immer den Mond verfolgen würde.

VI.

DER MOND, DAS WASSER UND ETLICHES MONDGETIER

Das Schlangenungeheuer

Es war einmal ein Kuhhirte, der weidete seine Herde an einem Waldrand. Plötzlich fiel ein gewaltiger Regen vom Himmel herab, und so suchte er Unterschlupf unter den blatt- und schattenreichen Bäumen.

Er erschrak nicht wenig, als plötzlich ein gewaltiges Ungeheuer vor ihm erschien, das die Gestalt einer Schlange hatte. Mit dem Schwanz hielt sie ihre Eier fest und mit dem Kopf sah sie bald nach links, bald nach rechts, weil sie nach Nahrung ausspähte.

Da wurde dem armen Hirten klar, daß er in den Bereich der Hala an godang, der Großen Schlange, geraten war.

Was sollte er beginnen? In seiner Bestürzung und Todesangst griff der Hirt nach den Steinen, die am Boden lagen, und schleuderte sie aufs Geratewohl nach der Schlange; der Erfolg war, daß alle ihre Eier zerbrachen.

Wütend wandte die Schlange ihren Kopf und zischte auf den Hirten los: »Du nahmst meinen Kindern das Leben, jetzt nehme ich dir deins.«

Kaum hatte dies der Hirt gehört, als er auch schon die Flucht ergriff. Mit großen Sätzen eilte er davon, und in mächtigen Windungen rollte die Schlange hinter ihm her. Aber es half ihr nichts; sie konnte den Flüchtling nicht einholen.

Endlich kam der Hirt an das Ende der Erde. Nun sprang er in den Luftraum, die Schlange folgte ihm auf den Fersen.

Da erblickte der Hirt den Mond; er eilte auf ihn zu und erflehte seine Hilfe. Aber auch die Schlange war schon da und erzählte in überheblicher Weise dem Mond von der Missetat des Mannes.

Der gute Mond wollte den Hirten wohl retten, doch wußte er nicht wie. Darum zog er die Sonne zu Rate, um sich mit ihr die Sache zu überlegen.

Das Ende der Beratung war, daß Sonne und Mond der Schlange vorschlugen, dem Hirten eine Geldstrafe aufzuerlegen.

Das Ungeheuer wollte jedoch davon nichts wissen. Es bestand darauf, den Zerstörer der Eier zu verschlingen. Das wollten Sonne und Mond wiederum nicht zugestehen. So kam man also nicht weiter.

Schließlich faßte der Mond einen großmütigen Entschluß. Da die Schlange nicht darauf verzichten wollte, den Hirten zu verschlingen, erbot der Mond sich selber, anstatt des Mannes von der Schlange verschlungen zu werden, und versprach außerdem, daß er sich jeden Monat von der Schlange verschlingen lassen wollte.

Und so kommt es, daß der Mond alle neunundzwanzig Tage unsichtbar ist; dann hat die Schlange ihn verschlungen.

Der Mondmann und die Wasserschlange

Vor langer Zeit kam eines Tages während der Abenddämmerung eine glühendrote Wolke vom Himmel heruntergeschwebt und ließ sich auf einem Hügel nieder. Ein großer Mann, eine Frau und zwei Mädchen stiegen aus der Wolke auf die Erde herab. Es war der Mondmann mit seiner Familie. Der Mondmann griff einen Feuerbrand aus der glühenden Wolke, welche daraufhin erlosch und wieder zum Himmel emporschwebte. Die Familie wanderte in die Ebene hinunter und suchte sich einen Lagerplatz. Der Mondmann zündete mit seinem Feuerbrand ein Feuer an, an dem sich seine Familie wärmen konnte. Daraufhin verließ der Mondmann die Lagerstätte und nahm seinen Feuerbrand mit sich.

Der Mondmann ging zu einer riesigen Wasserschlange, die in einer tiefen Lagune lebte, welche von einem grünlichen Schleim überzogen war. Auch die Urschlange war grün wie dieser Schleim. Am Ufer der Lagune hielt der Mondmann ein langes geheimes Gespräch mit der Schlange, und die Schlange bewirtete den Mondmann mit einem reichhaltigen Mahl aus Wasserlilienknollen und Muscheln. Da hörten die beiden Männer ein raschelndes Geräusch im nahen Gebüsch. »Was soll das«, rief die Schlange empört, »wer wagt es, sich meiner Stätte ohne Einladung zu nähern?« Der Mondmann ergriff einen brennenden Ast und hielt ihn hoch in die Luft, so daß die Umgebung taghell erleuchtet war. Da entdeckten die beiden Männer, wie die Töchter des Mondmannes auf die Lagune zu krochen, um das Geheimgespräch der beiden Männer zu belauschen. Mit einem Fluch auf den Lippen schleuderte der erzürnte Vater den Feuerbrand gegen die arglistigen Töchter.

Der Feuerbrand zerbarst auf der Erde, und Glut und fliegende Funken begruben die Töchter. Plötzlich lag alles in gänzlicher Finsternis und Stille. Dann begann an der Stelle, wo die Töchter begraben waren, ein langgezogenes Jammergeheul, und Lichtblitze schossen aus der Stelle zum Himmel empor. Dann wurde es wieder still und finster. Der Mondmann und die Schlange waren verschwunden. Die beiden Töchter des Mondmannes hatten sich in zwei Felsen verwandelt, die die Gestalt eines Hundes besaßen, der seinen Kopf hinauf zum Himmel richtet, als wolle er dem

Mondmann den Fluch, den er verhängte, vorwerfen. Lange Zeit blieben die Wolken verdunkelt, bis eines Tages der Mond zwischen ihnen aufging. Er warf einen trauernden Lichtstrahl auf seine versteinerten Töchter. Seither kehrt er regelmäßig an den Himmel zurück, und seine reumütigen Töchter starren zu ihm hinauf.

Doch manchmal, wenn der Nachthimmel von dunklen Wolken verhangen ist, werden die steinernen Töchter böse und knurren laut vernehmlich. Dann schießen leuchtende Blitze aus ihren steinernen Augen zum Himmel empor und über die Wolken hinweg und drohen mit mächtiger Rache.

Wasser kommt zu Besuch

Vor langer Zeit waren Sonne und Wasser gute Freunde. Sie wohnten noch auf der Erde, und Sonne besuchte Wasser recht häufig, aber Wasser erwiderte nie die Besuche. Schließlich fragte Sonne, warum Wasser denn nie zu Besuch käme, und Wasser antwortete, das Haus der Sonne sei nicht groß genug. Wenn es mit seinem ganzen Gefolge käme, würde es Sonne vertreiben. »Wenn du willst, daß ich dich besuche«, sagte Wasser, »mußt du ein sehr großes Gehöft bauen, aber ich warne dich, es muß schon riesengroß sein, denn mein Gefolge ist zahlreich und braucht viel Platz.«

Sonne versprach, ein großes Gehöft zu bauen, und kehrte heim zu seiner Frau Mond, die ihm mit einem breiten Lächeln die Tür öffnete. Sonne berichtete Mond, was er Wasser versprochen hatte, und begann am nächsten Tag mit dem Bau eines riesigen Gehöftes, um den Freund zu bewirten.

Als der Bau fertig war, lud Sonne Wasser für den nächsten Tag ein. Als Wasser ankam, rief es und fragte, ob es ungefährlich für Sonne sei, wenn es einträte, und Sonne antwortete: »Ja, komm herein, mein Freund.«

So floß Wasser herein samt Fischen und Wassertieren. Bald stand das Wasser knietief, und so fragte es Sonne, ob es denn noch immer ungefährlich sei, und Sonne antwortete wieder: »Ja.« So floß noch mehr Wasser herein.

Als das Wasser mannshoch stand, fragte es Sonne: »Sollen noch mehr meiner Leute kommen?« Und Sonne und Mond antworteten: »Ja«, weil ihnen nichts Besseres einfiel, und so floß Wasser herein, bis Sonne und Mond auf dem Dachfirst hocken mußten.

Wieder wandte sich Wasser an Sonne, erhielt aber die gleiche Antwort, und so quollen noch mehr seiner Leute herein. Bald floß das Wasser über das Dach, und Sonne und Mond mußten sich in den Himmel retten, wo sie seitdem geblieben sind.

Der Sohn des Kimanaueze und die Tochter von Sonne und Mond

Ich erzählte schon öfter von Kimanaueze. Der zeugte einen Sohn. Das Kind wuchs heran und kam in das heiratsfähige Alter. Da sagte sein Vater: »Heirate!« – »Ich will keine Frau von dieser Erde heiraten.« – »Von woher willst du sie denn heiraten?« – »Nun, es müßte schon die Tochter von Herrn Sonne und Frau Mond sein.« Da sagten die Leute: »Wer kann aber an den Himmel kommen, wo die Tochter von Sonne und Mond ist?« – »Ich will sie nun aber einmal, auf der Erde heirate ich nicht.«

Er schrieb einen Heiratsbrief und gab ihn der Antilope. Die Antilope sagte: »Ich kann nicht an den Himmel gehen.« Er gab ihn dem Habicht. Der Habicht sagte: »Ich kann nicht an den Himmel gehen.« Er gab ihn dem Geier. Der Geier sagte: »Halbwegs erreiche ich ihn; ganz kann ich nicht an den Himmel kommen.« Da sagte der junge Mann: »Was soll ich tun?« Er legte ihn beiseite in ein Kästchen und verhielt sich ruhig.

Die Leute von Herrn Sonne und Frau Mond pflegten zum Wasserholen auf die Erde zu kommen. Da kam der Frosch. Er traf den Sohn des Kimanaueze und sagte: »Junger Mann, gib mir den Brief, ich besorge ihn.« Da sagte der junge Mann: »Scher dich! Denn, wo Leute mit Flügeln es aufgeben, da sagst du: Ich will dahin gehen? Wie kannst du dahin gelangen?« – »Junger Herr, ich bin dazu imstande.« Da gab er ihm den Brief, indem er sagte: »Wenn du nun aber nicht dahin gelangst und wieder damit zurückkommst, dann werde ich dir eine Tracht Prügel geben.«

Der Frosch ging ab. Er ging an die Quelle, zu der die Mägde von Sonne und Mond gewohnt waren zum Wasserschöpfen zu kommen. Er nahm den Brief in den Mund, stieg hinein in die Quelle und verhielt sich ruhig. Nach einer Weile kamen die Mägde von Herrn Sonne und Frau Mond, um Wasser zu holen. Sie ließen einen Krug in die Quelle hinab; der Frosch stieg hinein in den Krug.

Als sie Wasser geschöpft hatten, hoben sie den Krug hoch. Sie wußten nicht, daß der Frosch hineingestiegen war. Dann kommen sie im Himmel

174

an, setzen die Krüge an ihre Plätze und gehen weg. Der Frosch kommt heraus aus dem Krug. In dem Raum, in dem die Krüge mit Wasser aufbewahrt werden, befindet sich auch ein Tisch. Der Frosch spuckt den Brief aus und legt ihn an das obere Ende des Tisches. Dann geht er weg und verbirgt sich in einer Ecke des Zimmers.

Nach einer Weile kommt Herr Sonne selbst in den Wasserraum, schaut auf den Tisch, erblickt den Brief, nimmt ihn und fragt: »Woher kommt der Brief?« – »Wir wissen es nicht.« Herr Sonne öffnet ihn und liest ihn. Der Schreiber sagte: »Ich, der Sohn des Kimanaueze von Tumba Ndala auf der Erde, möchte die Tochter von Herrn Sonne und Frau Mond heiraten.« Herr Sonne denkt und sagt bei sich: »Kimanaueze lebt auf der Erde, ich aber lebe im Himmel, wo ist denn der, der mir den Brief gebracht hat?« Er tut den Brief in ein Kästchen und verhält sich ruhig.

Als nun Herr Sonne den Brief gelesen hat, steigt der Frosch wieder in den Krug. Nach einer Weile sind die Krüge leer, die Wassermädchen nehmen die Krüge auf und gehen damit zur Erde nieder. Sie kommen zur Quelle, tauchen die Krüge ins Wasser, der Frosch steigt heraus, geht unter Wasser und verbirgt sich. Als die Mädchen mit Schöpfen fertig sind, gehen sie fort.

Der Frosch steigt aus dem Wasser, geht ins Dorf und verhält sich ruhig. Als einige Tage vergangen sind, fragt der Sohn des Kimanaueze den Frosch: »Na, Bursche, wohin bist du nun mit dem Brief gewesen, was?« – »Herr, den Brief lieferte ich ab, ich habe nur noch keine Antwort.« – »Mensch, du lügst, du bist nicht dort gewesen.« – »Herr, du wirst sehen, wo ich gewesen bin.«

Sechs Tage vergingen; dann schrieb der Sohn des Kimanaueze noch einen Brief, in dem er sich nach dem erstgeschriebenen erkundigte, er sagte: »Ich schrieb euch, Herr Sonne und Frau Mond, mein Brief ging ab, aber eine Antwort von euch bekam ich nicht, in der ihr sagt, entweder ›wir nehmen dich an‹ oder ›wir lehnen dich ab‹.«

Er beendet den Brief und schließt ihn. Dann ruft er den Frosch und gibt ihn ihm. Der Frosch geht ab und kommt an die Quelle. Er nimmt den Brief ins Maul, steigt ins Wasser und duckt sich auf den Grund der Quelle.

Nach einer Weile kommen die Wassermädchen hernieder und gelangen an die Quelle. Sie tauchen die Krüge ins Wasser, der Frosch steigt in einen Krug. Sie sind fertig mit Füllen und heben sie heraus. Sie steigen an dem Faden, den die Spinne wob, empor. Sie kommen im Himmel an; sie treten ins Haus. Sie setzen die Krüge nieder und gehen. Der Frosch steigt aus dem Krug und spuckt den Brief aus. Er legt ihn auf den Tisch und versteckt sich in einer Ecke.

Nach einer Weile geht Herr Sonne durch das Zimmer, wo das Wasser steht. Er blickt auf den Tisch, da ist ein Brief. Er öffnet ihn, liest ihn, im Brief steht: »Ich, der Sohn des Kimanaueze von Tumba Ndala, möchte mich bei dir, Herr Sonne, nach meinem vorigen Brief erkundigen. Du ließest mir überhaupt keine Antwort zuteil werden.«

Herr Sonne sagt: »Ihr Mädchen, bringt ihr immer Briefe mit, wenn ihr zum Wasserholen geht?« – »Wir? Nein.« Herr Sonne hegt Zweifel. Er legt den Brief in eine Schachtel und schreibt dann folgendes an den Sohn des Kimanaueze: »Du, der du mir immer Heiratsbriefe schreibst, ich bewillige dir meine Tochter, unter der Bedingung, daß du, der Mann, in eigener Person hierherkommst mit deinem Erst-Geschenk, damit ich dich auch kennenlerne.«

Er schrieb den Brief fertig, faltete ihn, legte ihn auf den Tisch und ging weg. Der Frosch kommt aus seiner Ecke heraus, nimmt den Brief, steckt ihn in den Mund, steigt in einen Krug und verhält sich ruhig.

Nach einer Weile sind die Krüge leer. Die Mädchen kommen und heben die Krüge auf. Am Faden der Spinne lassen sie sich auf die Erde nieder. Sie kommen an die Quelle, tauchen die Krüge ins Wasser, der Frosch steigt heraus aus dem Krug und geht auf den Grund der Quelle. Als die Mädchen fertig sind mit Schöpfen, steigen sie empor. Der Frosch geht ans Ufer, kommt im Dorf an und verhält sich ruhig.

Als der Abend kommt, sagt er: »Jetzt werde ich den Brief hinbringen.« Er spuckt ihn aus, kommt an beim Hause des Sohnes von Kimanaueze und klopft an die Tür; der Sohn des Kimanaueze fragt: »Wer ist da?« Der Frosch sagt: »Ich bin's, Mainu, der Frosch.« Der Sohn des Kimanaueze springt auf vom Bett, auf dem er geruht hat, und sagt: »Tritt ein!«

Der Frosch kommt, überreicht ihm den Brief und geht hinaus. Der Sohn des Kimanaueze öffnet ihn und liest ihn. Was Herr Sonne ihm verkündigt, gefällt ihm; er sagt: »Frosch, es war also doch wahr, als du sagtest: ›Du wirst sehen, wo ich gewesen bin.‹« Er sann nach, dann schlief er.

Am andern Morgen nahm er vierzig Taler und schrieb einen Brief, in dem er sagte: »Jetzt bleibt mir nur noch das Werbungsgeschenk übrig. Ich bitte euch, mir die Höhe des Werbungsgeschenkes mitzuteilen.«

Er beendet den Brief, ruft Mainu, den Frosch. Der kommt, dann gibt er ihm den Brief und das Geld und sagt: »Trag es hin!«

Der Frosch geht weg, kommt an die Quelle, läßt sich hinab ins Wasser und verhält sich ruhig. Nach einer Weile kommen die Mädchen und tauchen die Krüge in das Wasser; der Frosch steigt in den Krug. Als die Mädchen die Krüge gefüllt haben, nehmen sie sie heraus, steigen an dem Spinnenfaden in die Höhe, kommen in dem Wasserraum an, setzen die Krüge nieder und gehen.

Der Frosch steigt aus dem Krug heraus, legt den Brief auf den Tisch und das Geld, geht weg und versteckt sich in einer Ecke. Nach einer Weile kommt Herr Sonne in den Wasserraum, findet den Brief auf dem Tisch, nimmt ihn und das Geld und liest ihn. Er erzählt seiner Frau die Nachricht, die von ihrem Schwiegersohn gekommen ist; seine Frau stimmt ihm bei. Herr Sonne sagt: »Ich kenne den nicht, der den Brief gebracht hat, wie soll die Speise für ihn gekocht werden?« – »Wir werden es irgendwie kochen und auf den Tisch stellen, wo sonst die Briefe lagen.« – »Recht so!« Sie töten ein Huhn und kochen es. Als es Abend wird, kochen sie Maisbrei. Sie setzen die Speisen auf den Tisch und machen die Tür zu. Der Frosch kommt an den Tisch, er ißt die Speisen, geht in eine Ecke und verhält sich ruhig.

Herr Sonne schreibt einen Brief, in dem er sagt: »Mein lieber Schwiegersohn, das Erst-Geschenk, was du mir geschickt hast, habe ich erhalten. Die Höhe des Werbungsgeschenkes beläuft sich auf einen Sack voll Geld.«

Er beendet den Brief, legt ihn auf den Tisch und geht weg. Der Frosch kommt aus der Ecke hervor, nimmt den Brief, steigt in den Krug und schläft.

Am nächsten Morgen nehmen die Mädchen die Krüge; sie steigen auf die Erde nieder, kommen an die Quelle und tauchen die Krüge ins Wasser. Der Frosch steigt heraus aus dem Krug. Als die Mädchen mit Schöpfen fertig sind, gehen sie wieder aufwärts.

Der Frosch kommt heraus aus dem Wasser und geht ins Dorf. Er tritt in das Haus und wartet. Die Sonne ist untergegangen, der Abend hereingebrochen, und er sagt: »Jetzt will ich den Brief hinbringen.« Er geht fort, gelangt an das Haus des Sohnes von Kimanaueze. Er klopft an die Tür, der Sohn des Kimanaueze ruft: »Wer da?« – »Ich bin's, Mainu, der Frosch.« – »Tritt ein!« Der Frosch geht hinein, gibt ihm den Brief und geht wieder hinaus. Der Sohn des Kimanaueze öffnet den Brief und liest ihn, dann legt er ihn beiseite.

Sechs Tage braucht er, dann war der Sack voll Geld fertig. Er ruft den Frosch, der Frosch kommt. Der Sohn des Kimanaueze schreibt folgenden

Brief: »Meine lieben Schwiegereltern, hier ist das Werbungsgeschenk, und bald werde ich selbst kommen, um mein Weib heimzuholen.« – Den Brief gab er dem Frosch mit dem Geld.

Der Frosch geht. Er kommt an die Quelle, taucht unter Wasser und versteckt sich. Nach einer Weile steigen die Wassermädchen hernieder, kommen an die Quelle, tauchen ihre Krüge ins Wasser und der Frosch steigt in einen Krug. Als sie fertig geschöpft haben, heben sie sie heraus. Sie steigen am Spinnenfaden empor und kommen im Himmel an. Im Wasserraum setzen sie die Krüge nieder und gehen hinaus. Der Frosch steigt aus dem Krug, legt den Brief und das Geld auf den Tisch, geht in eine Ecke und versteckt sich. Herr Sonne kommt in den Wasserraum, findet den Brief und das Geld. Er nimmt beides, zeigt das Geld dem Mond, und Frau Mond sagt: »Sehr schön.«

Sie nehmen ein junges Schwein und töten es. Als sie das Essen gekocht haben, setzen sie es auf den Tisch und machen die Tür zu. Der Frosch kommt zum Essen und ißt es auf. Als er fertig ist, steigt er in den Krug und schläft.

Am andern Morgen nehmen die Wassermädchen die Krüge auf und gehen zur Erde nieder. Als sie bei der Quelle ankommen, tauchen sie die Krüge ins Wasser. Der Frosch steigt aus dem Krug und versteckt sich. Als sie fertig mit Schöpfen sind, gehen sie himmelan. Der Frosch geht an Land, kommt ins Dorf, geht ins Haus, verhält sich ruhig und schläft.

Am nächsten Morgen spricht er zum Sohn des Kimanaueze so: »Junger Herr, ich gab denen das Werbungsgeschenk, bei denen ich war, sie haben es erhalten. Sie haben mir ein junges Schwein gekocht, ich aß es. Nun mußt du selbst den Tag bestimmen, an dem du sie heimholen willst.« Der Sohn des Kimanaueze sagt: »Es ist gut.« So lebten sie zehn Tage und noch zwei.

Der Sohn des Kimanaueze sagt: »Ich brauche jemand, der mir die Braut heimführt, aber ich finde niemand. Sie sagen: ›Wir können nicht an den Himmel gehen.‹ Was soll ich nun machen, Frosch?« – »Junger Herr, sei unbesorgt, ich bin dazu imstande, sie heimzuholen.« – »Das kannst du nicht; die Briefe hast du allerdings besorgen können, aber sie mir zuführen kannst du nicht.« – »Junger Herr, beruhige dich, quäle dich nicht unnütz. Ich bin wirklich dazu imstande, sie heimzuführen; verachte mich nicht.« – »Versuchen wir's mit dir.« Er nimmt Lebensmittel und gibt sie dem Frosch.

Der Frosch geht. Er kommt an die Quelle. Er taucht ins Wasser und versteckt sich. Nach einer Weile kommen die Wassermädchen hernieder, sie kommen an die Quelle, tauchen ihre Krüge ins Wasser, und der Frosch steigt hinein. Als sie geschöpft haben, gehen sie himmelan. Sie kommen in den Wasserraum, setzen die Krüge nieder und gehen fort. Der Frosch kommt aus dem Krug heraus, versteckt sich in einer Ecke. Die Sonne geht unter. Abends spät geht der Frosch aus dem Wasserraum heraus und sucht das Zimmer, in dem die Tochter des Herrn Sonne schläft. Er findet sie schlafend. Er nimmt ihr ein Auge heraus, dann nimmt er auch das andere heraus. Er bindet die Augen in ein Tuch, kommt wieder in den Wasserraum in seine Ecke, verbirgt sich und schläft.

Am nächsten Morgen stehen alle auf. Nur die Tochter des Herrn Sonne kann nicht aufstehen. Sie fragen sie: »Stehst du nicht auf?« – »Meine Augen sind geschlossen, ich kann nicht sehen.« Ihre Eltern sagen: »Was mag die Ursache sein, gestern klagte sie doch noch nicht.«

Da schickte Herr Sonne zwei Boten ab und sagte ihnen: »Geht zum Wahrsager, damit er wahrsagt über meines Kindes kranke Augen.«

Sie gehen fort und kommen zu den Wahrsagern. Sie unterbreiten ihnen die Sache, die Wahrsager nehmen die Zauberwürfel heraus. Die Leute, die den Wahrsager befragten, sagten ihm nichts von der Krankheit, sie sagten nur: »Wir sind gekommen, daß du uns wahrsagst.«

Der Wahrsager blickt in die Zauberwürfel und sagt: »Krankheit hat euch zu mir geführt. Die, die krank ist, ist eine Frau, ihre Krankheit sind ihre Augen. Ihr seid geschickt worden und nicht aus eigenem Antrieb gekommen. Ich habe gesprochen.« Die zu den Wahrsager gekommen waren, sagten: »Das ist wahr! Siehe nun nach der Ursache des Leidens.«

Der Wahrsager sieht hinein und sagt: »Sie, die kranke Frau ist noch nicht verheiratet, sie ist nur erst erwählt. Ihr Gebieter, der um sie angehalten hat, sendet den Zauberspruch, indem er sagt: ›Laßt meine Frau kommen, wenn sie nicht kommt, wird sie sterben.‹ Ihr, die ihr zum Wahrsagen kamt, bringt sie zu ihrem Gatten, damit sie entkomme. Ich habe gesprochen.«

Die Männer stimmen zu, gehen aufwärts. Sie finden Herrn Sonne und überbringen ihm die Worte des Wahrsagers. Herr Sonne sagt: »Gut so, wir wollen schlafen und morgen kann sie auf die Erde herniedergebracht werden.« Der Frosch, der in seiner Ecke sitzt, hört alles, was sie sagen. Sie schlafen.

Am andern Morgen steigt der Frosch in den Krug, die Wasserträgerinnen kommen und nehmen die Krüge auf. Sie steigen zur Erde nieder und erreichen die Quelle. Sie tauchten ihre Krüge ins Wasser. Der Frosch kommt heraus und versteckt sich am Grund. Die Wasserträgerinnen steigen hinauf. Herr Sonne sagt zur Spinne: »Spinne ein großes Gewebe bis zur Erde nieder, denn heute soll meine Tochter mit auf die Erde genommen werden.« Die Spinne spinnt und wird fertig. Darüber vergeht Zeit.

Der Frosch steigt aus der Quelle heraus, geht ins Dorf. Er findet den Sohn des Kimanaueze und sagt: »Oh, junger Herr, heute kommt deine Braut.« – »Scher dich, Lügner!« – »Herr, glaub' es mir, heute abend spät bring ich sie zu dir.« Sie schwiegen.

Der Frosch geht zurück zur Quelle und steigt ins Wasser. Er bleibt ganz still. Die Sonne geht unter. Sie bringen die Tochter des Herrn Sonne zur Erde nieder, setzen sie bei der Quelle ab und gehen wieder empor. Der Frosch kommt zum Vorschein und sagt zu der jungen Frau: »Ich bin dein Führer und will dich hinbringen zu deinem Gebieter.« Der Frosch gibt ihr ihre Augen wieder, sie machen sich auf den Weg. Sie betreten das Haus des Sohnes von Kimanaueze. Der Frosch sagt: »Oh, junger Herr, hier ist deine Braut.« – »Sei willkommen, Mainu, mein Frosch!«

So heiratete der Sohn des Kimanaueze die Tochter von Herrn Sonne und Frau Mond; sie lebten mitsammen. Alle hatten es aufgegeben, an den Himmel zu gehen, nur Mainu, der Frosch, hat es fertiggebracht.

Ich habe meine kleine Geschichte erzählt. Ende!

Wie die Söhne des Luchses Sonne und Mond wurden

Im Hause des Frosches lebte die Hindin, ohne daß irgend jemand darum wußte. Einst brachte der Hase Mapitifelle ins Haus des Frosches. Jedermann war es bekannt, daß der Frosch viel zu alt war, um sie zu bearbeiten, aber nichtsdestoweniger waren die Felle nach wenigen Tagen fertig zubereitet. Die Leute begannen nun sein Haus zu beobachten und fanden die Spuren eines weiblichen Wesens; aber niemand wußte, wer es war. Nachdem alle Tiere ihm vergeblich nachgespürt hatten, versuchte der Luchs ausfindig zu machen, wer für den Frosch arbeite.

Viele Tage paßte er vergeblich auf, ohne jemand zu sehen. Er suchte sorgfältig nach Spuren rings um das Haus und fand endlich die Stelle, an der die Hindin ihr Wasser abzuschlagen pflegte. Er bemerkte, daß sie versucht hatte, die Spuren zu verbergen, aber trotzdem entdeckte er sie. Er riß sich vier Haare aus, legte sie auf die Erde und befahl ihnen, in den Körper der Hindin einzudringen, wenn diese ihr Wasser abschlüge.

Es geschah, wie der Luchs befohlen hatte, und nach wenigen Stunden gebar sie ein Kind. Die Leute hörten es weinen und entdeckten nun die Hindin in des Frosches Haus. Niemand wußte, wer des Kindes Vater war. Der Frosch ließ die Männer nacheinander das Kind auf den Arm nehmen, da er dachte, daß es aufhören würde zu weinen, wenn sein Vater es aufnähme. Der Präriewolf versuchte das Kind zu beruhigen, doch gelang es ihm nicht. Der alte Rabe dachte: »Gewiß ist mein Sohn der Vater des Kindes« und sandte ihn hin. Das Kind hörte aber nicht auf zu weinen. Alle Leute kamen, aber keiner konnte es beruhigen.

Mittlerweile war der Luchs von der Jagd zurückgekommen. In der Nähe des Dorfes legte er seine guten Kleider ab und begrub sie unter Steinen. Er nahm auch den Feuerstein, den er zum Feuermachen benutzte und im Ohr trug, ab und legte ihn zu den Kleidern. Dann ging er ins Dorf. Als die Leute ihn kommen sahen, sagten sie: »Da kommt der Luchs.«

Kaum hatten sie diese Worte ausgesprochen, als das Kind sich zu beruhigen begann; sobald der Luchs es auf die Arme nahm, wurde es ganz ruhig. Da wußten die Leute, daß der Luchs des Kindes Vater sei. Noch während er es hielt, rissen sie ihm die Kleider vom Leib und zerfetzten sie. Sie verließen ihn, die Hindin und das Kind, löschten alle Feuer aus, nahmen ihre Vorräte mit und überließen jene dem Hungertod.

Als die Leute fortgegangen waren, führte der Luchs sein Weib und Kind nach dem Platz, wo er Kleider, Feuerzeug und Proviant verborgen hatte. Er öffnete das Versteck, und sie bauten sich eine Hütte. Das Kind wuchs heran und wurde ein guter Jäger wie sein Vater, so daß sie immer reichlich zu essen hatten. Nach einiger Zeit gebar die Hindin einen zweiten Sohn. Während sie nun Nahrung in Hülle und Fülle hatten, litten die Leute, welche sie verlassen hatten, große Not. Unter ihnen war die Großmutter des Luchses, die Elster. Diese dachte: »Ich will doch sehen, was aus meinem Enkel geworden ist.« Wie groß war ihr Erstaunen, als sie fand, daß es ihnen so gut ging. Der Luchs gab ihr reichlich zu essen, verbot ihr aber, den andern Leuten etwas abzugeben.

Einstmals im Sommer verließ der Luchs seine Familie, um Lachse zu fischen. Er machte ein Wehr, ließ den Fluß oberhalb desselben sich aufstauen und das Wasser wieder abfließen, wenn das Wehr voller Lachse war. Auf diese Weise fing er viele Lachse. Die Mutter und ihre zwei Söhne waren allein zurückgeblieben.

Eines Tages sagte sie zu den jungen Männern: »Wißt ihr, daß die Leute jetzt damit beschäftigt sind, die Sonne zu machen? Geht hin und versucht, ob ihr nicht die Sonne werden könnt. Ihr werdet an der Stelle vorbeikommen, wo euer Vater fischt; sagt ihm, was ihr zu tun gedenkt.« Die Söhne rüsteten sich zur Reise, nahmen Abschied von ihrer Mutter und trafen, als sie einige Tage gewandert waren, ihren Vater. Dieser erkannte sie zuerst nicht, bis sie zu ihm sprachen: »Wir sind deine Söhne und gehen zu dem Platz, wo die Leute die Sonne zu machen versuchen. Wenn es uns gelingt, wirst du uns nicht wiedersehen, sonst kommen wir bald zurück.«

Sie wanderten weiter und gelangten endlich zu dem Platz, wo die Leute sich bemühten, die Sonne zu machen. Als sie ankamen, war gerade der Rabe die Sonne. Schwere, schwarze Wolken bedeckten den Himmel, und es war sehr kalt. Die Leute riefen den Raben zurück und hießen den Präriewolf seinen Platz einnehmen. Der lief fort, und nach kurzer Zeit sahen sie ihn hinter den Bergen aufsteigen. Sogleich wurde es schönes Wetter und so heiß, daß die Leute ins Wasser springen mußten, um der Hitze zu entgehen.

Nachdem der Präriewolf eine kurze Zeit am Himmel gewesen war, sah er Leute Wildbret braten. Da rief er: »Hallo! Eßt nicht alles auf, was ihr gekocht habt. Ich will auch etwas haben« und eilte zurück. Daher war der Tag sehr kurz. Zudem erzählte er alles wieder, was er auf Erden gesehen hatte. Da sagten die Leute: »Du sprichst zuviel, du kannst nicht die Sonne sein.«

Dann rief der Häuptling mit lauter Stimme: »Laßt die beiden Fremdlinge, die eben angekommen sind, ihr Glück versuchen, den älteren zuerst.« Dieser ging nun hinter den Berg und stieg langsam empor. Da sahen die Leute die Sonne erscheinen, gerade so, wie wir sie heute sehen. Es war nicht zu warm und nicht zu kalt. Mittags stand sie nicht so hoch, daß gar kein Schatten gefallen wäre, und der Tag hatte die richtige Länge.

Als er (der Sonnenmann) abends zurückkam, fragte der Häuptling: »Was haltet ihr von ihm?« Und alle Tiere priesen ihn. Er wurde daher als Sonne angenommen. Der Häuptling fuhr fort: »Wir müssen aber auch eine Sonne für die Nacht haben; laßt den jüngeren Bruder versuchen, ob er es werden kann.« Dieser ging hinter den Berg, stieg in die Höhe, und die Leute sahen, daß er wunderschön hell war. Daher nahmen sie ihn als Mond an.

Die Söhne des Luchses waren also Sonne und Mond geworden. Der Präriewolf aber war neidisch auf sie, da er seinen Platz nicht hatte behalten können, und beschloß, die Sonne zu töten. Er ging zur Stätte des Sonnenaufganges, aber die Sonne blendete ihn so, daß er sie verfehlte. Viermal versuchte er vergeblich, sie zu töten. Beim letzten Versuch verbrannte einer seiner Pfeile, fiel ins Gras und entzündete es. So verursachte er den ersten Präriebrand.

Das Seil, das vom Himmel kam

In alten Zeiten, da lebten in einem Haus fünf Leute zusammen, Vater, Mutter, Sohn und Tochter und noch ein ganz kleines Kind. Eines Tages ging die Mutter in das Dorf auf der anderen Seite der Berge, um für jemanden zu weben. Obwohl der Tag zu Ende ging, war die Mutter noch nicht zurückgekommen, und da verriegelten die Kinder die Tür und warteten darauf, daß die Mutter zurückkomme.

Die Mutter mußte bis zu dem Dorf, in das sie wegen ihrer Webarbeit ging, zwölf Pässe überqueren. Als sie mit ihrer Arbeit fertig war, bekam sie als Entlohnung Reiskuchen, und die trug sie auf dem Kopf und kehrte zurück. Doch als sie einen Paß heraufkam, saß ein Tiger zusammengekauert da und sagte: »Alte, Alte, wenn du mir einen Reiskuchen gibst, dann werde ich dich nicht fressen«, und sie nahm einen Reiskuchen heraus und gab ihn her.

Als sie zum nächsten Paß heraufkam, verlangte wieder ein Tiger: »Alte, Alte, wenn du mir einen Reiskuchen gibst, dann werde ich dich nicht fressen«, und sie nahm wieder einen Reiskuchen heraus und gab ihn her.

Als sie den nächsten Paß heraufkam – war da doch wieder ein Tiger, der die gleichen Worte wiederholte.

Und diesmal blieb ihr nur ein einziger Reiskuchen übrig.

Als sie wieder einen Paß heraufkam, kam wieder ein Tiger heraus, ihm gab sie das letzte Stück.

Am nächsten Paß sagte ein Tiger: »Alte, wenn du mir einen Arm gibst, werde ich dich nicht fressen«, und sie gab ihm einen Arm. Als sie den nächsten Paß heraufkam – kam ein Tiger heraus, und sie mußte ihm den anderen Arm überlassen. Noch einen Paß kam sie herauf – ein Tiger kam, und sie gab ihm ein Bein. Und als sie den nächsten Paß überqueren wollte, kam wieder ein Tiger, und sie mußte sogar das letzte übriggebliebene Bein weggeben.

Und der Tiger am nächsten Paß fraß die Mutter ganz auf, zog sich ihre Kleider an und ging zu ihrem Haus. »Kinder, Kinder! Macht die Tür auf!« rief er, die Kinder aber sagten: »Das ist nicht die Stimme unserer Mutter« –

und da sagte der Tiger: »Ja, ich bin über zu viele Pässe gelaufen, da habe ich mich erkältet, deshalb ist meine Stimme so.«

Die Kinder verlangten nun: »Dann streck mal deine Hand aus!« Und der Tiger streckte seine Pfote aus. Als die Kinder sahen, daß da Haare drauf waren, meinten sie, das sei nicht die Hand ihrer Mutter. Und da erklärte der Tiger, das sei durch die Weberei so geworden, und verlangte, sie sollten die Tür endlich aufmachen. Und die Kinder machten die Tür auf.

Der Tiger kam ins Zimmer, umarmte das kleinste Kind, und mit krach, krach biß er ihm in die Hand und fing an zu kauen. Die anderen Kinder fragten, als sie das hörten: »Mutter, was ißt du denn da?« – »Im Nachbarhaus habe ich geröstete Bohnen bekommen, und die esse ich« – doch da erkannten die Kinder, daß das nicht ihre Mutter war, und sie fürchteten sich. Das Mädchen ließ sich was einfallen: »Mama, ich muß mal!« – »Dann mach in den Topf!« – »Aber wenn Vater kommt und schimpft?« – »Dann geh auf die Veranda und mach da!« – »Aber wenn Vater kommt und da reintritt?« – »Schon gut, ich bind' dir dies Seil um, dann gehst du raus in den Garten und machst dort.«

Und so banden sich Bruder und Schwester das Seil am Körper fest, gaben das andere Ende dem Tiger, gingen hinaus in den Garten, taten so als ob – und machten sich in Wirklichkeit davon. Das Seil banden sie an einem Mörser fest, liefen weg und kletterten auf eine Pappel neben dem Brunnen. Der Tiger wartete, dann versuchte er, am Seil zu ziehen, aber es hing fest. Komisch, dachte er, und ging hinaus. Er sah nicht, wohin die Kinder gegangen waren, nur, daß das Seil am Mörser festgemacht war. Der Tiger lief hierhin und dorthin und suchte die Kinder, so kam er auch zum Brunnen. Als er in den Brunnen sah – waren die Kinder da drin. Als er das sah, wollte er in den Brunnen hinuntersteigen. Die Kinder sahen das mit an und mußten laut lachen. Da blickte der Tiger auf zur Baumspitze, und da oben waren die Kinder.

Der Tiger wollte auch auf den Baum klettern und gab sich alle Mühe, aber er schaffte es nicht. »He, ihr Kinder! Wie seid ihr denn da hinaufgekommen?« – »Im Nachbarhaus haben wir Sesamöl geholt und auf den Baum geschmiert, dann sind wir hochgeklettert«, sagten die Kinder, und kaum hatten sie geantwortet, schon lief der Tiger zum Nachbarhaus, holte Sesamöl, schmierte es auf den Baum und versuchte hinaufzugelangen, aber es war zu glitschig, und er konnte erst recht nicht hinauf. Und so fragte er die Kinder noch einmal: »Wie seid ihr da raufgekommen?«

»Ins Nachbarhaus sind wir gegangen, haben ein Beil geholt, Kerben gemacht und sind so heraufgeklettert.« Da holte der Tiger ein Beil, machte Kerben und kam so fast ganz den Baum hinauf.

Die Kinder bekamen Angst und sahen zum Himmel auf. »Gott, Gott, wenn du uns helfen willst, dann laß uns ein gutes Seil herunter. Wenn du uns aber sterben lassen willst, dann laß ein schlechtes Seil herunter!« sagten sie, und da kam ein gutes Seil herunter. Daran kletterten sie zum Himmel hinauf.

Auch der Tiger sprach: »Gott, Gott, wenn du mir helfen willst, dann laß mir ein gutes Seil herunter. Wenn du mich aber sterben lassen willst, dann laß mir ein schlechtes Seil herunter«, und es kam etwas herunter, was wie ein gutes Seil aussah, und er freute sich und kletterte daran hinauf. Doch weil dieses Seil ein schlechtes, schon gebrauchtes Seil war, riß es, als er auf halbem Wege war, und er fiel herunter auf ein Maisfeld und starb. Und weil die Maisstengel mit Blut bespritzt wurden, färbten sie sich rot.

Als die beiden Kinder in den Himmel kamen, wurde zuerst einmal der Junge die Sonne und das Mädchen der Mond. Aber das Mädchen fürchtete sich, weil es immer nachts draußen herumziehen mußte, und so tauschten sie miteinander, und das Mädchen wurde die Sonne und der Junge der Mond.

Wie zwei Vögel ein Stück Mond befestigten

In alten Zeiten stand ein großer Mond am Himmel, viel größer als den, den wir heute haben.

Eines Tages beschloß der Mond, zur Erde zu reisen. Er kletterte an dem Seil herab, das Himmel und Erde verband, und kam in ein Dorf, als alle Erwachsenen auf den Feldern waren und nur die Kinder spielten. Der Mond tötete einige Kinder und fraß sie auf.

Als die Eltern von den Feldern zurückkamen, konnten sie nicht verstehen, was mit ihren Kindern geschehen war. Jedesmal, wenn sie auf den Feldern waren, kam der Mond, tötete und fraß ihre Kinder.

Schließlich hielten die Eltern eine Versammlung ab, besprachen die Angelegenheit und beschlossen, daß ein Mann aufpassen und herausfinden sollte, wer ihre Kinder tötete. Am nächsten Tag gingen wieder alle zur Arbeit, aber ein Mann versteckte sich im Bananenfeld. Nach einer Weile sah er den Mond an dem Seil herabklettern, ein paar Kinder fangen und fressen. Dann kletterte er schnell in den Himmel zurück.

Am Nachmittag kehrten alle Menschen ins Dorf zurück und hörten die Geschichte des Mannes.

Am nächsten Morgen rüsteten sie sich mit Äxten, Speeren und Pfeilen, um den Mond zu töten. Sie taten als gingen sie auf die Felder, versteckten sich aber im Dorf. Nur die Kinder blieben im Freien und spielten, so daß der Mond sie sehen konnte.

Nach einer Weile kletterte der Mond langsam am Seil herab, schaute sich sorgfältig um, konnte aber niemanden entdecken. Dann ließ er das Seil los und verfolgte die Kinder. Die Menschen stürzten sich auf ihn. Einige zerschnitten schnell das Seil, an dem er in den Himmel kletterte, so daß er nicht mehr entwischen konnte. Dann töteten sie ihn und zersplitterten ihn in kleine Stücke und warfen sie in die Gegend.

Von da an herrschte Dunkelheit in der Nacht, und die Menschen waren unglücklich, weil es nun überhaupt kein Licht mehr gab.

Schließlich versammelten sich Menschen, Vögel und Tiere, um etwas anderes zu finden, das ihnen leuchten könnte. Aber sie fanden nichts, was dem Mond ähnlich gewesen wäre.

Da schlugen die Vögel vor, man könne doch wenigstens ein Stück des alten Mondes wieder am Himmel befestigen. Sie sahen sich nach dem stärksten Vogel um und wählten den Adler. Er nahm ein Stück Mond und flog hinauf, bis er müde wurde, aber der Himmel war noch weit weg, und er kehrte zur Erde zurück. Alle großen Vögel wurden ausgewählt, den Mond hinaufzutragen, aber keiner konnte den Himmel erreichen.

Schließlich baten sie den Spatz, der sein Nest unter den Felsen baut. Der *pentaung*-Vogel, der noch viel kleiner ist als der Spatz und rote Brustfedern hat, sollte ihn begleiten.

Die zwei Vögelchen hielten gemeinsam den Mond und flogen in den Himmel. Sie passierten die Stelle, die die großen Vögel erreicht hatten, und flogen höher und höher, bis sie an den Himmel kamen und an die Stelle, an der der Mond vorher gewesen war. Dort setzten sie den kleinen Mond ab und befestigten ihn.

Die ganze Welt war überrascht und glücklich, als sie den Mond wieder am Himmel sah, wenn es auch nur noch ein kleines Stück war. Als die beiden Freunde zurückkamen, bedankten sich Vögel und Menschen.

An klaren Nächten kann man einen Ring um den Mond sehen – das gibt euch eine Vorstellung davon, wie groß der ursprüngliche Mond einmal war.

Der Sperber und der Mond

Zwei Sperberbrüder zogen einst aus, um Honig zu suchen. Sie fanden einen hohlen Baum, der so aussah, als könnte er ein Bienennest enthalten. Mit der Axt schlugen sie ein schmales Loch in den Baumstamm, und einer der Brüder zwängte seinen Arm hindurch, um nach dem vermeintlichen Bienennest zu tasten. Doch zu seinem Schrecken stellte er fest, daß sein Arm in dem Loch steckenblieb, und so sehr er sich auch bemühte, ihn mit Hilfe seines Bruders durch heftiges Ziehen und Reißen zu befreien, er schaffte es nicht. Schließlich ging der Bruder zur nächsten Lagerstelle, um Hilfe zu holen. Doch alle seine Angehörigen und Freunde hatten eine Ausrede, und er wollte ihnen gerade als ein Zeichen seiner Verachtung sein Hinterteil zukehren, als er den Mond, den Bruder seiner Mutter, in einiger Entfernung vom Lager sitzen sah. Zu jener Zeit lebte der Mond nämlich auf der Erde wie alle anderen Menschen.

Nachdem der Sperber den Mond über die schwierige Lage seines Bruders aufgeklärt hatte, erhob sich der Mond sofort und begleitete seinen Neffen zu dem hohlen Baum, in dem sein anderer Neffe feststeckte. Der Mond kletterte auf den Baum, steckte seinen Kopf tief in die Öffnung der Baumhöhle und nieste so heftig in das Loch hinein, daß der plötzliche Luftdruck den Arm des Sperbers aus dem Baum preßte.

Der Sperber war allerdings über die Gleichgültigkeit der anderen Leute, die ihm beinahe das Leben gekostet hatte, so erzürnt, daß er sich an ihnen rächen wollte. Damit sein Retter, der Mond, jedoch durch seinen Rachezug nicht zu Schaden kam, grub er ihn in die Erde ein. Dann setzte er ringsumher das Gras in Brand, um das Lager seiner Angehörigen niederzubrennen. Aber einige Lagerbewohner entkamen dem Brand und brachten sich in Sicherheit.

Daraufhin grub der Sperber den Mond aus und setzte ihn auf den Wipfel des höchsten Baumes. Dann legte er ein neues Feuer, das die Büsche und kleineren Bäume im weiten Umkreis ergriff. Doch wiederum entkamen einige Leute und brachten sich in Sicherheit.

Der Sperber gab sich noch nicht zufrieden, denn er wollte sie alle für ihre Gleichgültigkeit bestrafen. Deshalb hob er den Mond aus dem höchsten Baum und setzte ihn in den Himmel. Dann steckte er das ganze Land in Brand, und alle Einwohner kamen in dem Feuer um. Und seither begibt sich der Mond regelmäßig in den Himmel, wo er von der Gefahr der Waldbrände sicher ist.

VII.

MOND-ERSCHEINUNGEN

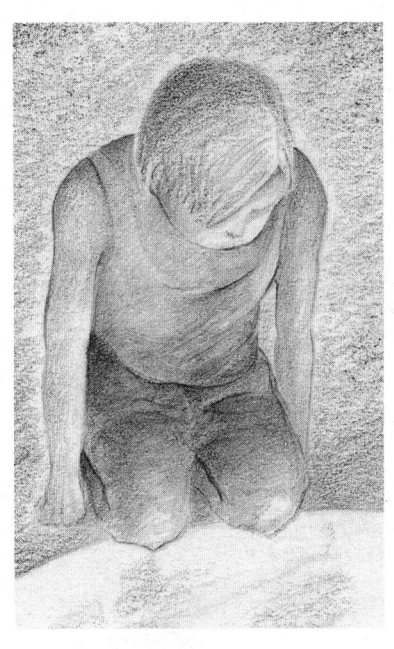

Die Einsetzung des Mondschiffes

Als Anu, Enlil und Ea, die großen Götter, in ihrem unwandelbarem Rat-schluß und ihrem gewaltigen Machtspruch das Schiff des Mondes einge-setzt hatten, die Sichel erstrahlen zu lassen und den Monat ins Dasein zu rufen, und als sie ihn als Wahrzeichen von Himmel und Erde eingesetzt hatten, um mit seinem Himmelsschiff Licht zu bringen, da ging er mitten am Himmel sichtbarlich hervor.

Die Holzschüssel

Die erste Mutter der Welt war eine große Zauberin. Die erste Mutter der Welt nahm einmal eine Holzschabe mit Wasser, sie schlug mit einer Sichel hinein, so daß Schaum und Blasen aufstiegen. Da schrie Agur gitäisch (d. i. der Mond der Sonne; gemeint ist anscheinend die durch den Mond in vollkommener Bedeckung verfinsterte Sonne) und Agur gitäisch fiel in die Holzschüssel. Die Sonne lag wie ein glänzender Spiegel in der Holz-schüssel mit Wasser.

Sogleich war die Welt dunkel, und es war schwarze Nacht. Die Kabylen sagen, daß dieses noch heute alle fünf Jahre einmal vorkommt. Sie sagen, die erste Frau der Welt, nämlich Stud, habe der Welt einen Tag von fünf Jahren gestohlen.

Wie es nun ganz dunkel war, kamen alle Leute zu der alten Stud und sagten zu ihr: »Was hast du getan? Wie soll es nun wieder hell werden? Es kann nur geschehen, indem du eines deiner Kinder, das dir lieb ist, ster-ben läßt. Wenn du der Sonne ein dir liebes Kind gibst, wird sie wieder emporsteigen. Tu es also.«

Die erste Mutter der Welt bezeichnete ein Kind und sagte: »So mag die-ses Kind sterben. Dieses Kind will ich der Sonne geben.« Das Kind starb sogleich, und die Sonne stieg wieder empor.

Die Kabylen sagen, daß es heute noch in jedem Dorf vier oder fünf sol-cher alten Zauberinnen gäbe, die es verständen, den Mond der Sonne oder die Sonne des Mondes in ein Wassergefäß herabstürzen zu lassen, und dann müsse jedesmal ein von der Zauberin geliebtes Kind sterben. Gibt man nicht ein Kind, das man von ganzem Herzen liebt, so geht die Sonne nicht wieder in die Höhe.

Die erste Mutter der Menschen machte damals aber mit ihrer hölzernen Wasserschüssel und der Sichel noch mehr. Die Blasen wurden zu Wolken. Vier Monate lang im Jahr ziehen seitdem die Wolken über den Himmel hin und verdunkeln die Sonne, so daß sie nicht hell und warm scheinen kann. Die Zähne der Sichel, mit der sie die Blasen im Wasser aufschlug, wurden zu Sternen. Die glänzende Mittelfläche der Wasserschüssel wurde die Sonne, der Rand herum der Himmel. Solche hölzerne Wasserschüssel ist also wie ein Spiegel der Welt, und die Kabylen benutzten solche hölzernen Wasserschüsseln auch als Spiegel, ehe sie durch die Europäer andere Spiegel kennenlernten. (Der Erzähler wiederholt:) Die helle Fläche in der Mitte ist aber etäisch, die Sonne.

Weiberrache

Po Kot war ein Mann von Paliau, er hatte vierzig Leute, und sie wohnten in ihrem Land. Po Kot hatte geheiratet, sein Weib war zu Hause. Als die Jap ein Essen veranstalteten, sagte er zu seinen Leuten: »Laßt uns hingehen und in Jap das Essen ansehen.« Sie ruderten zehn Tage, erreichten Jap und gingen ans Ufer. Sie schmückten sich, sie gingen die Trommeln schlagen. Po Kot war bei der großen Trommel, seine Leute bei den übrigen. Da erbaten sich zwei Frauen, sie waren Schwestern, von ihm Betel. Die beiden sagten: »Po Kot, gib uns eine Betelnuß.«

Po Kot sagte: »Euer Körper ist dunkel, ihr gleicht den Weibern von Laues. Der Körper meines Weibes zu Hause ist hell.« Er wollte von den beiden nichts wissen.

Die beiden gingen zu ihrer Großmutter. Sie erbaten sich eine Zauberei. Die Großmutter nannte ihnen die Zauberei der Moskitoplage. Die beiden mochten nicht. Sie nannte die Zauberei über die Betelnuß, die beiden wollten nicht. Sie nannte die Zauberei zum Einschläfern, die zwei wollten nicht. Sie nannte die Zauberei des Kalkstaubes, die beiden wollten nicht. Sie nannte die Zauberei, die Regen verhängt, die beiden stimmten zu. Die zwei nahmen sie, sie gingen. Die beiden kauten Ingwer, sie aßen die Knolle der Kis-Pflanze. Die beiden bespuckten ihn, ein Regenschauer rauschte nieder. Alle seine Leute blieben unversehrt, der Regen begoß nur den Po Kot. Er wollte ins Haus gehen, der Regen begoß ihn. Er wollte sich mit einem Pandanusschirm bedecken, der Regen begoß ihn. Er wollte unter das Bett kriechen, der Regen begoß ihn. Er versuchte es vergebens, und als er im Freien blieb, vor dem Haus, da begoß ihn der Regen, und seine Beine sanken in ein Loch. Der Regen begoß ihn, er sank in das Loch bis zur Leibesmitte. Der Regen begoß ihn, und sein Hals versank. Der Regen begoß ihn, sein Kopf versank in dem Loch. Er war nun ganz verdeckt, nur eine einzige Vogelfeder ragte hervor. Der Regen hörte auf. Seine Leute weinten. Als sie damit fertig waren, ruderten sie heim.

Ihre Mutter fragte sie: »Wo ist euer Vater?« Sie sagten: »Zwei Frauen von Jap machten mit ihm Regenzauber, er ist in einem Loch.« Ihre Mutter sagte: »Erst eßt ihr noch.« Sie aßen. Ihre Mutter kaute Ingwer, sie sagte: »Laßt uns jetzt rudern.« Sie ruderten und erreichten Jap. Ihre Mutter schritt voran, und sie, ihre Kinder, gingen hinterdrein. Sie fragte nach ihrem Mann, sie sagte: »Wo ist Po Kot?« Ihre Kinder sagten: »Er ist vor dem Haus im Freien, seine Vogelfeder ragt heraus.« Sie gingen nah hin, ihre Mutter bespuckte Po Kot, sie spuckte einmal, sein Haar kam hervor. Sie spuckte noch einmal, sein Kopf kam heraus. Sie spuckte wieder, seine Leibesmitte kam heraus. Sie spuckte wieder, seine Oberschenkel kamen heraus. Sie spuckte wieder, seine Waden kamen heraus. Sie spuckte noch einmal, und Po Kot sprang heraus in die Höhe. Er rief: »Jooh.« Er sagte: »Wie steht's mit mir, wie kam ich wieder frei?« Sein Weib sagte: »Die beiden Frauen stritten sich um dich. Eine soll (fort) bleiben; nimm die andere zur Gefährtin.«

Die Jap schmückten eine (der beiden) für das Kanu. Sie ruderten Po Kot. Das erste Weib ging ihm zur Hand seiner Rechten, das letzte Weib ihm zur Linken. Po Kot saß in der Mitte. Die drei saßen auf der Seite dem Auslegen gegenüber. Sie ruderten. Po Kot erbat sich Betel von dem ersten Weib. Das Weib von Laues sagte: »Erbitte dir Betel von ihr, der Letzten.« Er erbat sich Betel von dem letzten Weib. Es wollte aber nicht. Das Weib von Laues nahm eine Perlmuttschale und durchschnitt damit den Hals der Frau von Jap. Es warf die Frau von Jap ins Meer.

Sie kamen heim. Das Weib von Laues warf seine Permuttschale gen Himmel, sie wurde zum Mond. Das Weib von Jap stürzte in die See, es bewegte sich, die See wurde wellig. Die Perlmuttschale hatte die andere nicht sauber gewaschen, es klebte Blut daran.

Das Blut der Frau von Jap befindet sich im Gesicht des Mondes. Wenn der Mond aufsteigt, ist in seinem Gesicht etwas Schwarzes. Dies ist das Blut der Frau von Jap.

Die ersten Tränen der Welt

Damals ging ein Kind auf der Erde umher, das war eine Waise und hatte weder Vater noch Mutter. Das Waisenkind ging ganz traurig umher, und kein Mensch nahm sich seiner an und fragte, weshalb es traurig wäre. Das Kind war sehr traurig, aber konnte nicht weinen. Denn das Weinen gab es damals noch nicht.

Als der Mond das traurige Waisenkind auf der Erde umhergehen sah, hatte er Mitleid. Er stieg, als es Nacht war, vom Himmel herab. Der Mond legte sich vor dem Waisenkind auf die Erde und sagte: »Waisenkind weine! Laß deine Tränen aber nicht auf die Erde fallen, von der die Menschen essen, damit du die Erde nicht verunreinigst. Laß deine Tränen auf mich fallen. Ich werde sie mit an den Himmel nehmen.« Das Waisenkind weinte. Es war das erste Weinen. Die ersten Tränen fielen auf den Mond. Der Mond sagte: »Ich will dir die Gnade geben, daß alle Menschen dich lieben.«

Nachdem das Waisenkind sich ausgeweint hatte, stieg der Mond wieder zum Himmel empor. Das Waisenkind war aber von dem Tag an glücklich. Alle Leute liebten es und gaben ihm gerne, was es erfreute und erheiterte. Am Mond aber sieht man bis heute in den dunklen Flecken die Tränen des ersten Waisenkindes und die ersten Tränen der Welt.

Sonne und Mond streiten sich
um ein Waisenmädchen

Es war einmal ein kleines Mädchen, dessen Eltern starben, als es noch ganz jung war. Sie hinterließen ihr ein kleines Häuschen und ein wenig Land, das sie bebaut hatten. Da jedoch das kleine Mädchen es nicht verstand, das Feld zu bestellen, verbrauchte es in kurzer Zeit seine ganze Habe und behielt nur das Haus übrig.

Da nahm sie der Fürst des Stammes, der ein entfernter Verwandter von ihr war, zu sich. Dies geschah jedoch nicht aus Mitleid mit dem hilflosen Zustand der Kleinen, sondern in der selbstsüchtigen Absicht, an ihr eine Magd zu erhalten, die man nicht zu bezahlen brauchte.

Arbeit gab es reichlich in dem Haushalt des Fürsten, so daß sich das Waisenmädchen Tag und Nacht abmühen mußte. Zudem hatte der Fürst

eine böse alte Frau, die dem Waisenmädchen für alle seine Plage wenig Dank wußte, die ihm vielmehr das Leben durch andauerndes Schelten erschwerte und es ohne alle Veranlassung schlug.

In einer Nacht, als der helle Mond am Himmel leuchtete und es so kalt war, daß sich der Hauch des Mundes sogleich in Eis verwandelte, schickte die Frau des Fürsten das arme Waisenmädchen zu einem nahe gelegenen See, um Wasser für sie zu holen. Das Waisenmädchen begab sich mit einem Eimer an den See, zerschlug dort die Eisdecke und füllte ihren Borkeneimer, um sich dann auf den Heimweg zu machen.

Als sie an einem Gebüsch vorüberging, blieb ihr Fuß an einem langen Weidenzweig hängen, ihr Eimer fiel zu Boden, und das Wasser lief heraus. Das Waisenmädchen stand ratlos da und dachte darüber nach, was da zu tun sei. Der Frost ließ ihren Körper erstarren.

Zurück zum See wollte sie nicht gehen, denn sie dachte, die Öffnung im Eis habe sich schon wieder geschlossen, und sie glaubte, erstarrt wie sie war, nicht die nötige Kraft zu haben, die Eiskruste von neuem zu entfernen.

Indessen wagte sie es nicht, ohne Wasser nach Hause zu gehen, da sie sich vor den Schlägen fürchtete, die sie von ihrer Herrin zu erwarten hatte. So stand sie denn im hohen Schnee und weinte.

Der silberschimmernde Mond schwamm still am Himmel einher und blickte auf das Waisenmädchen herab. Da wandte sich das arme Mädchen mit der Bitte an ihn, sie aus ihrer trostlosen Lage zu befreien, indem sie sprach: »Errette mich, weißer Mond, von der Qual, die ich auf Erden zu erdulden habe, wo es so kalt ist, wo die Frau des Fürsten mich jeden Tag schlägt, und kein Mensch mir ein gutes Wort gönnt!«

Der Mond vernahm ihre Bitte, und da er ein liebenwürdiger junger Mann war, fiel er auf die Erde herab zu ihren Füßen und war eben dabei, sie mit sich emporzuheben, da kam auch die Sonne herab und wollte sie für sich haben und zu sich nehmen.

Auch die Sonne war ein junger Mann, und so entstand alsbald ein Streit. Die beiden Brüder, Sonne und Mond, rangen miteinander, doch alsbald hatte die Sonne als der stärkere und ältere Bruder den Mond überwunden.

Da klagte der Mond: »Zur Nachtzeit ist doch die Herrschaft über die Welt mein, und erst am nächsten Morgen kommt an dich die Reihe, sie zu beherrschen. Außerdem hat das Mädchen hier an mich die Bitte gerichtet und nicht an dich. Endlich solltest du bedenken, daß du sie mit deinen heißen Strahlen verbrennen wirst.«

Die Sonne war verständig und sah ein, daß ihr jüngerer Bruder, der Mond, mit seinen Worten recht hatte, daher überließ er ihm das Waisenmädchen. Der Mond nahm sie also mit sich, zugleich aber auch den Weidenzweig, den sie in ihrer Angst erfaßt hatte, als der Streit zwischen den Brüdern begann.

Und noch heute können wir im Mond das Waisenmädchen mit ihrem Eimer sehen, wenn der Mond in hellen Nächten seinen Weg über den Himmel einherzieht.

Woher Gold und Silber kommen

Vor langer, langer Zeit – wir alle hier waren noch nicht geboren – herrschte auf der Erde große Armut, denn der Teufel hatte sich zum Herrn der Erde gemacht, und alle Bauern und Hirten mußten ihm einen Zehnten abliefern. Am besten ging es noch den Händlern und Kaufleuten, denn die konnten den Teufel am leichtesten betrügen. Aber so ein armer Bauer oder Hirt, was konnte er schon machen?

Nun zog einmal ein Kaufmann über Land, der hatte schon sieben Reiche durchreist und überall mit seinen Waren einen guten Gewinn erzielt. Wenn aber der Teufel erschien, um seinen Anteil einzukassieren, sagte der Kaufmann zu ihm: »Ich kann jetzt noch nicht abrechnen, denn ich habe noch Schulden, und von diesen Waren hier muß ich noch einiges abliefern, anderes habe ich auf Kredit bezogen.«

Aber einmal wurde es dem Teufel zuviel, und er beschloß, den Kaufmann hereinzulegen. Als der mit seinen Pferden und seinem Wagen auf einer Fähre über einen großen Fluß setzte, hing sich der Teufel auf der einen Seite an den Rand des Floßes, die Fähre bekam Schlagseite, und der Kaufmann drohte mitsamt den Pferden und dem Wagen ins Wasser zu stürzen.

Der Teufel aber schrie: »Versprich mir das bei dir zu Hause, von dem du nichts weißt, dann lasse ich los.« Der Kaufmann dachte: ›Das, von dem ich nichts weiß? Was kann es sein? Vielleicht hat meine Frau etwas eingekauft?‹ – Er sagte laut: »Ja, einverstanden! Du bekommst bei mir daheim das, wovon ich nichts weiß.«

Da ließ der Teufel die Fähre fahren, und der Kaufmann kam heil ans Ufer. Und nachdem er seine Geschäfte abgewickelt hatte, kehrte er heim.

Wie groß aber war sein Schreck, als daheim seine Frau sagte: »Mann, freu dich! Wir bekommen ein Kind, denn ich bin schwanger.«

Und als die Zeit der Frau vorüber war, gab sie einem Sohn das Leben. Und der Kaufmann, der wußte, was ihm bevorstand, ließ gleich den Pfarrer rufen und am gleichen Tag seinen Sohn auf den Namen Piero taufen.

Am nächsten Tag erschien der Teufel, um den kleinen Buben abzuholen: »Gib mir das, von dem du nichts wußtest!« – »Hier ist das Kind.«

Da heulte der Teufel laut und sagte: »Ihr Elenden! Ihr habt es ›gesalzen‹! (So nennen nämlich die Heiden die getauften Christen.) Du hast den Vertrag gebrochen!« – »Davon kann nicht die Rede sein, denn wir haben überhaupt nicht davon gesprochen. Nimm also das Deine nach dem Vertrag, und laß mich in Frieden!«

Der Teufel nahm unter Verwünschungen den kleinen Buben mit in die Hölle.

Nun, in der Hölle wächst alles sehr, sehr schnell; so schnell wächst alles, wie ein Weizenfeld unter der Sonne. Nach einem Jahr war Piero zu einem stattlichen Burschen herangewachsen. Der Teufel wollte ihn nun mit seinen anderen Dämonen ausschicken, um überall seinen Anteil einzutreiben, aber Piero hielt zu den Menschen und brachte immer weniger heim als die anderen Teufelchen.

Nachdem sich der Teufel einige Zeit mit dem Burschen herumgeärgert hatte, sagte er: »Warte! Du wirst noch klein beigeben! Ich sperre dich ein bis du schwarz wirst! Wir wollen doch sehen, ob ich nicht aus dir einen Teufel machen kann!«

Und er warf Piero in ein dunkles Loch, in dem nur Schlangen und Ratten herumliefen. Aber das Ungeziefer tat Piero nichts zuleide, sondern die Schlangen und Ratten sagten zu ihm: »Piero, du bist kein Verdammter, und deshalb tun wir dir nichts. Sei ruhig und habe Geduld! Wenn der Teufel aus dem Hause ist, bilden wir dir eine Leiter, und dann kannst du darauf hinaufsteigen und aus dem Loch entfliehen.« – »Aber wohin soll ich denn fliehen, wo der Teufel doch auf der ganzen Erde herumläuft. Ich kann mich nirgends verstecken; er würde mich überall entdecken.« – »Du mußt zum Himmel hinaufsteigen und dich an Herrn Sonne wenden. Herr Sonne ist zwar sehr heiß, aber Hitze bist du ja von der Hölle her gewöhnt.« (Und so war es nämlich auch. Als der Teufel mit Piero auf dem Arm in die Hölle gekommen war, hatte er einen Zauberspruch über das Kind gemurmelt, damit ihm die Flammen nicht schadeten.)

Als der Teufel die Hölle verlassen hatte, um wieder auf der Erde seinen Zins einzutreiben, sprangen die Ratten – jeweils zwei und zwei – einander auf die Rücken, und die Schlangen legten sich so dazwischen, daß es wie

Sprossen einer Leiter wurde. Und auf dieser Leiter stieg Piero aus dem Loch heraus.

Kaum war Piero der Hölle entronnen, da rannte er auf ein hohes Gebirge und sprang von dort zum Himmel und lief zum Herrn Sonne.

»Herr Sonne, würdet Ihr mich vor dem Teufel verstecken?« – »Ich will es gern versuchen, aber ich fürchte, der Teufel wird es bald durchschauen.« Und Herr Sonne nahm Piero unter seinen leuchtenden Mantel.

Als der Teufel heimkam, ging er sofort zu der Schlangengrube, um nach dem Piero zu schauen. Aber er fand nur das Gewürm. Von Piero war keine Spur.

»Dieser Elende!« schrie der Teufel, »er ist aus der Grube gestiegen und mir entronnen. Aber er wird nicht weit kommen.«

Und der Teufel lief auf der ganzen Erde umher, und auch alle kleinen Teufelchen mußten suchen helfen, aber Piero war nirgends zu entdecken. Endlich, als er den Flüchtling nicht finden konnte, schaute der Teufel zum Himmel hinauf. Da sah er Herrn Sonne, und der war dick wie eine schwangere Frau. Er mußte irgend etwas unter dem Mantel versteckt haben.

»Ha, habe ich euch!« schrie der Teufel erbost, »Herr Sonne, gebt sofort meinen Piero heraus!«

Aber Herr Sonne sagte zu Piero: »Ich werde mit dir zur andern Seite des Himmels laufen. Vielleicht gelingt es uns, dem Teufel zu entrinnen. Wenn nicht, so spring du voraus und laufe zu Frau Mond. Sie kann im Finstern dich vielleicht eher verstecken. Ich aber bleibe etwas zurück, damit der Teufel nicht sieht, wohin du läufst.«

Während aber Herr Sonne mit dem Burschen über den Himmel lief, holte der Teufel seinen Bogen und seine Pfeile heraus und sagte: »Das werden wir ja sehen, ob es sich Herr Sonne erlauben kann, gegen meine Befehle zu handeln!« Und er schoß einen Pfeil auf Herrn Sonne ab, und Herr Sonne schrie auf, und Blut tropfte aus seiner Wunde und rann auf die Erde hinab und wurde dort zu Gold.

»Schieß nicht mehr, Teufel«, rief Herr Sonne, »und schau her: dein Piero ist nicht mehr bei mir.«

Der Bursche war nämlich so davongelaufen, daß immer Herr Sonne zwischen ihm und dem Teufel war.

Der Teufel kratzte sich am Kopf. Das ging ja wie verhext zu! Herr Sonne breitete seinen Mantel weit aus, und darunter war kein Piero zu sehen!

Und er machte sich auf den Heimweg, um in einem Zauberbuch nachzulesen, wo Piero sein könne. Und kaum hatte er sein Zauberbuch aufgeschlagen, da fand er darin, daß Piero zu Frau Mond geflohen war. Und er machte sich wieder auf, um Piero zu verfolgen.

Indessen war Piero zu Frau Mond gekommen: »Frau Mond, der Teufel ist hinter mir her; würdet Ihr mich verstecken.« – »Piero, gern will ich das tun. Aber ich fürchte, der Teufel wird dich bei mir finden. Wenn er also kommt, dann werde ich meinen Mantel ausbreiten, so weit es geht. Dann laufe du auf der andern Seite zu den Sternen und frage nach dem heiligen Michael, denn nur der kann dir gegen den Teufel helfen.«

Da bedankte sich Piero bei Frau Mond und ruhte sich etwas aus, denn von der Hetzjagd taten ihm die Füße weh. Und schon kam der Teufel angebraust und schrie: »Frau Mond, liefert mir sogleich den Piero aus, denn er gehört mir!« – »Hol ihn dir doch selber!«, antwortete die Frau Mond und lief mit Piero so schnell sie konnte auf die Sterne zu.

Da spannte der Teufel wiederum seinen Bogen und schoß einen Pfeil auf Frau Mond ab, und er traf sie in den Rücken, so daß ihr Blut aus der Wunde spritzte, und das Blut tropfte auf die Erde hinunter und wurde zu Silber.

Frau Mond aber rief: »Teufel, hör auf zu schießen! Ich habe deinen Piero nicht.« Und sie rollte ihren Mantel ein, so daß sie nur mehr halb so dick war und wie eine Sichel am Himmel stand.

Piero hatte einen guten Vorsprung, aber der Teufel erspähte ihn noch, und er begann auf den Himmel hinaufzusteigen und hinter Piero herzulaufen. Der Bursche aber hatte die Sterne um Hilfe angerufen, und sie wiesen ihm den Weg zum heiligen Michael. Und als Piero den heiligen Michael sah, rief er: »Heiliger Michael, hilf mir!«

»Habe keine Angst«, sagte der heilige Michael, »wir werden diesen Fall gleich in Ordnung bringen. Hier droben hat der Teufel nichts zu bestimmen, mag er auch drunten der Herr sein.«

Unterdessen kam der Teufel in großer Eile angestürzt und schrie: »Heiliger Michael, gib mir den Piero heraus, denn mir gehört er.«

»Der Bursche steht unter meinem Schutz, denn du hast ihn nur durch Zwang und Betrug erworben«, entgegnete der heilige Michael.

Da wurde der Teufel sehr zornig, und er spannte wieder seinen Bogen und schoß einen Pfeil auf den heiligen Michael ab. Aber der hatte sich vorgesehen, und er hielt seinen Schild vor, und der Pfeil prallte am Schild ab und flog wieder zurück und traf den Teufel am linken Bein. Und da spritzte das Blut des Teufels aus dem verletzten Fuß und tropfte auf die Erde herunter und wurde zu Pech.

Der Teufel mußte abziehen, ohne etwas erreicht zu haben, und seit jenem Tag kam es, daß er hinkt.

Nun wißt ihr, woher das Gold, das Silber und das Pech kommen. Und da der Teufel das Blut der Sonne und des Mondes als seine Beute betrachtet, kehrt es immer wieder in seine Taschen und in die Beutel seiner Helfershelfer und Freunde zurück. Am Pech aber bleibt man leicht kleben, denn wer mit dem Teufel zu tun hat, kommt so leicht nicht wieder von diesem schwarzen Gesellen los.

Sonnenblut und Mondblut

Vor langer, langer Zeit gab es einmal einen großen, alten und weisen Häuptling, der über viele Stämme und Menschen herrschte. Er lebt auf einem hohen, hohen Berg, und außer seinen eigenen Kindern haben nur ganz wenige Menschen ihn besuchen dürfen.

Weil dieser alte Häuptling so klug war, wollten ihn viele Leute um Rat fragen. Aber er hat keinen unmittelbar vor sich erscheinen lassen, sondern alle, die etwas von ihm wissen oder haben wollten, mußten ihre Gaben einer seiner Töchter bringen, und diese hat dann den Spruch des Vaters eingeholt. Man weiß nur von einem einzigen Fall, daß dieser Alte vom Berg hinabgestiegen ist, um einen Streit zu schlichten, der zwischen verschiedenen Stämmen ausgebrochen war. Alle waren mit dem Urteil des Alten einverstanden, und während sie in ihre Gebiete zurückgekehrt sind, ist der Alte, begleitet von seiner Lieblingstochter, wieder auf seinen Berg hinaufgestiegen.

Darüber sind viele Jahre vergangen.

Dann ist der Häuptling alt und krank geworden, und wenn man ihn hat befragen wollen, ist als Antwort nur gekommen: »Ich kann nichts mehr sehen, nichts mehr erkennen, und ich kann nichts mehr sagen.«

Durch das Fehlen des Rates des Alten, durch dessen Hilfe auch viele Kranke geheilt worden, viele Kämpfe vermieden, viele Ehen geschlossen, viele Anpflanzungen gefördert worden waren, so daß die Menschen gut gelebt hatten, durch das Fehlen dieser Beratung also ist es eingetreten, daß vieles verfallen ist. Die Felder wurden nicht mehr so versorgt, der Friede wurde nicht mehr so eingehalten, und auch manches andere ist in Unordnung geraten.

Das ist so lange gegangen, bis sich einige Häuptlinge zusammengesetzt und beraten haben.

Und sie haben beschlossen, man müsse dem Alten helfen

Und dann ist der junge und starke Sohn eines Häuptlings zur Tochter des Alten gegangen, und hat gesagt: »Wir müssen deinem Vater helfen, daß er wieder gesund wird, denn von seinem Rat hängt es ab, ob es uns gut geht oder nicht.« – »Ja, aber wie soll man ihm helfen?« – »Du mußt ihn selber fragen, ob es eine Möglichkeit gibt, ihn gesund zu machen, und was man dafür tun muß.« – »Gut, ich werde ihn fragen.« Und am andern Tag ist das Mädchen hinaufgestiegen zum Vater: »Vater, warum bist du krank? Und was muß man tun, damit du wieder gesund wirst und zu Kräften kommst?« – »Ich bin alt geworden und krank. Und die Krankheit kann nur mit Mondblut geheilt werden, und die Kraft könnte nur durch Sonnenblut zurückerlangt werden. Denn wer in Mondblut badet, wird gesund, und wer Sonnenblut trinkt, gewinnt Kraft wie ein Jüngling.«

Die Lieblingstochter ist darauf wieder abgestiegen dorthin, wo der Häuptlingssohn gewartet hat, und hat ihm alles erzählt, was sie durch ihren Vater erfahren hatte.

Der Bursche hat überlegt: »Ich könnte schon zu Sonne und Mond gehen. Aber wie kommt man dorthin? Und wer wird mich begleiten? Und wie erlangt man das Blut? Werden Sonne und Mond es freiwillig hergeben?«

Das Mädchen meint: »Ich kann meinen Vater fragen und es dann wieder dir sagen. Und wenn du jemanden als Begleiter brauchst, so will ich gern mitgehen.«

Der Vater hört sich an, was seine Lieblingstochter berichtet, und sagt: »Das Mondblut ist leicht zu erreichen. Man braucht nur zu warten, bis die Mondfrau sich vom Himmel zurückzieht, weil sie ihre Regel hat. Das Blut, das sie dann verliert, schüttet sie weg. Man braucht es nur in einer Schüssel aus Jade aufzufangen. Schwieriger als bei der Mondfrau ist es beim Sonnenmann. Er wird dir nur von seinem Blut geben, wenn du ihn heiratest, denn dann ist er mit mir verwandt und wird alles für mich tun.«

»Gut, Vater, ich werde mich darum kümmern.«

Das Mädchen ist zu dem Burschen zurückgegangen und hat ihm alles erzählt.

Doch der Bursche: »Und wie kommen wir hinauf in den Himmel?« Das Mädchen: »Mein Vater hat vier Kondore als Diener. Wir können uns in zwei Körbe setzen, und sie werden uns hinauftragen.«

Und so geschieht es.

Alles ist so, wie der Alte gesagt hat. Die Mondfrau ist vom Himmel verschwunden. Sie pißt das Blut in ein Gefäß und will es wegschütten. Da kommen die Tochter des Alten und der Bursche und bitten sie um das Blut.

Die Mondfrau ist gutmütig: »Da nehmt! Und ich kann euch in Zukunft immer das Blut hinuntergießen auf die Erde.« Sie nehmen das Blut und füllen es um in ihre Schüssel aus Jade. Sie verschütten dabei einige Tropfen: die fallen auf die Erde und werden zu Silber.

Dann gehen der Bursche und das Mädchen zum Sonnenmann: »Gib uns von deinem Blut, denn mein Vater ist alt und krank!« – »Nur, wenn du meine Frau wirst.« – »Ja.« Sie wird seine Frau.

Der Sonnenmann aber sticht sich mit einer Smaragdnadel in den rechten Arm, und das grüne Blut tropft in einen Becher aus Jaspis. Einige Tropfen aber fallen daran vorbei und hinunter auf die Erde, wo sie zu Gold werden. Der Bursche aber nimmt die Schüssel mit dem Mondblut und den Becher mit dem Sonnenblut und geht hinunter zum Alten. Und der wird gesund und stark wie ein Jüngling. Er gibt auch dem Burschen zu trinken und sagt: »Du wirst mein Erbe. Und wähle dir unter meinen Töchtern eine Frau!« Und so geschieht es.

Und seitdem gibt es Gold von der Sonne – aber nur wenig – und Silber vom Mond, und das mehr. Man weiß, warum.

Die Jagd nach dem Mond

Eines Abend sah man von Skard in Kunoy den Mond auf den Bergspitzen südlich vom Dorf; wer dort oben gewesen wäre, hätte ihn mit Händen greifen und nach Skard mit herabnehmen können; das wäre sehr schön und bequem gewesen, meinten sie, ihn die langen Winterabende bei sich zu haben; da würde es nichts schaden, wenn kein Tran zum Einschütten in die Lampe da war – der große leuchtende Mond könnte wohl für sie scheinen. Es sollten darum alle Männer, die gehen konnten, aufs Gebirge steigen und den Mond herschaffen, damit er ihnen immer leuchte.

Das tun sie auch, aber als sie dort hinaufkamen, war kein Mond mehr auf dem Berg, er war hoch in die Luft gefahren vor ihnen und weiter südwärts gegangen, und keiner hatte so lange Arme, daß er ihn hätte erreichen und fangen können. Zurück ins Dorf zu fahren ohne Mond hielten sie für eine allzu große Schande; sie gehen da eiligst auf eine höhere Spitze, um ihn zu fangen, und es sah auch so aus, als ob ihnen das glücken sollte, denn je weiter hinab sie von der Bergspitze kamen, desto tiefer sank der Mond auf die südliche Bergspitze herab, und nun trösteten sie sich und rannten, was sie nur konnten, auf jenen Berg; aber als sie auf ihn hinaufgekommen waren, war der Mond wieder fort.

Nun glaubten sie, der Mond fürchte sich vor ihnen, und begannen von einer Spitze zur andern zu rennen und riefen alle so schmeichelnd als sie nur konnten:

>>Mond, Mond, komm in meine Tasche,
Du sollst Butterbrot dafür bekommen.<<

Aber der Mond wollte nicht in die Tasche der Skardmänner kommen und nicht ihr Butterbrot haben, sondern fuhr seines Weges weiter, über andern als ihnen zu leuchten. Erschöpft und todmüde kamen sie nach Hause, aber keinen Mond brachten sie mit sich.

VIII.
Die Magie des Mondes

Mondmagie

Seine geschlechtliche Einwirkung äußert der Mond nicht bloß auf die Weiber, sondern auch auf die Männer. Auch diese können, wenn sie den Mondschein im Wasser trinken, von ihm schwanger werden. Sie haben alle Empfindungen einer Frau in diesem Zustand, nehmen neun Monate an Stärke des Unterleibes zu und danach wieder ab.

Wenn ferner der Mann sein Wasser vom Mond bescheinen läßt und dann zum Weibe geht, wird diese mondschwanger. Ebenso gibt es mondsüchtige Kinder, wenn der Mann zum Weibe geht, während der Mond auf das Ehebett scheint.

Sonst waren die Ehebetten ohne Vorhänge neben dem Dachfenster und wurden gar oft vom Mond beschienen. Da wurden dann auch die meisten Kinder mondscheinig. Also traten die Männer zusammen, um sich zu beraten, und einer riet, über dem Bett eine Decke, den Himmel, anzubringen. Aber auch das half nicht immer; denn der Mond schien noch oft genug von der Seite herein.

Da traten die geplagten Ehemänner wieder in den Rat und fanden heraus, es wäre am sichersten, das Bett durch Vorhänge von allen Seiten dem Mond zu verschließen.

Das ist der Ursprung der Bettvorhänge, und noch heutzutage wäre es eine Schande für die Bauernbraut, wenn der Kammerwagen nicht deren zwei, für die Werk- wie für die Feiertag mitbrächte. Hat sie ja auch als Mutter für das Kind gegen den Mond auf der Hut zu sein: denn, wenn dieses, bloß daliegend, vom Mond beschienen wird, vermag es das Wasser nicht mehr zu halten, wird zum Bettpisser.

Der Mond im Brunnen

Aus einem offenen Brunnen, in welchem der Mond sich spiegelt, soll man nicht trinken; man könnte den Mond mithineintrinken. Zu Fronau wollte ein Mädchen vom Mond, den sie sich auf diese Weise hineingetrunken, schwanger sein.

Man soll auch nicht da Wasser schöpfen, wo der Mond sich spiegelt: Man schöpft sonst den Mond mit. Die Mädchen gießen das so geschöpfte Wasser wieder aus und holen es lieber an anderer, dunkler Stelle.

Eine Dirn holte zum Einmachen des Brotes Wasser aus dem mondbeleuchteten Brunnen. Als sie gebacken und eingeschossen hatte, da ist der Mühlbach abgerissen, durch den Backofen gedrungen und hat gerade jenen Laib hinausgelöst, in welchem der Mond hineingebacken war.

Wie nun der Laib einige Zeit auf dem Wasser daherschwamm, erweichte der Teig, und der Mond schaute heraus. Sogleich entstand starker Nebel und hob den Mond wieder an den Himmel.

Das heilende Bad im Mondteich

Vor alten Zeiten geschah es einmal, daß man unser Volk sehr bedrängt hat; und in jenen Tagen hat man auch einen Rabbi ins Gefängnis geschleppt, um ihn zu erpressen. Man hat gewußt, daß ihm viele Leute seiner Gemeinde Geld anvertraut haben, und so hat man gewollt, daß er verrate, wo er das Geld und den Schmuck, den man ihm gleichfalls gegeben hatte, aufbewahre. Der Rabbi hat jedoch nichts sagen wollen.

Wie nun die Polizisten gemerkt haben, daß der Rabbi nichts verraten will, hat man ihn zunächst geschlagen und immer heftiger verprügelt, und dann hat man ihn gefoltert. Dabei hat man ihm die Zähne eingeschlagen und ein Bein gebrochen. Der Rabbi hat furchtbare Schmerzen ausgehalten, aber er hat dennoch geschwiegen.

Da sind dann die Soldaten müde geworden, und sie haben es aufgegeben, ihn zu foltern. Sie haben ihn gepackt, aus dem Gefängnis hinausgetragen und vor der Festung in den Graben geworfen.

Da hat nun der Rabbi gelegen, ganz kaputt, und er hat sich nicht rühren können, und wegen des gebrochenen Fußes hätte er auch nicht heimgehen können. Er hat aus dem Mund und aus der Nase geblutet und hat gedacht, daß er sterben muß. Und so hat er begonnen zu beten, denn den nächsten Morgen könnte er doch nicht mehr erleben.

Wie die Sonne untergegangen war, ist langsam der Mond aufgestiegen. Und wie der Rabbi unterm Beten den Mond betrachtet hat, ist ihm gewesen, als sei von dort ein besonderer Schimmer ausgegangen, ein Strahl, der ganz anders ist als das Mondlicht.

Und während er noch weitergebetet hat, ist auf einmal ein Engel vor ihm gestanden. Der Rabbi hat sich gedacht: »Nun ist es soweit, daß ich zu meinen Vätern gehen soll.« Und er hat zu dem Engel gesagt: »Heiliger, warte nur noch einen Augenblick, bis ich mit meinem Gebet fertig bin, dann will ich dir gern folgen.«

»Nein, Rabbi«, sagt der Engel, »ich bin nicht gesandt, um dich aus dem Leben zu nehmen, sondern um dir zu helfen.«

»Ach«, sagt der Rabbi, »mir ist nicht mehr zu helfen. Mein Fuß ist gebrochen, mein Kiefer ist zerschlagen, und vielleicht ist sogar mein Brustbein kaputt.«

»Macht nichts«, sagt der Engel, »für alles gibt es Heilung, wenn der Heilige, gelobt sei er, es will. Ich werde dich zum Teich des heiligen Wassers führen, und du wirst gesünder aus dem Wasser steigen, als du je gewesen bist.«

»Aber ich kann nicht mehr gehen«, sagt der Rabbi.

»Nun, so werde ich dich tragen«, sagt der Engel.

Der Rabbi hat später erzählt, er könne sich nicht mehr erinnern, wie alles sich zugetragen hätte. Ihm sei gewesen, als höbe man ihn auf und trüge ihn weg. Und dann sah er auf einmal die Erde tief unter sich liegen. Und dann tauchte ihn der Engel in das Wasser des Mondteichs.

Dem Rabbi ist dann gewesen, als hätte er alles nur geträumt: er steht im Licht des Mondes vor seinem Hause; seine Kleider sind ganz und nicht zerrissen, kein Blut, kein Schmerz; Zähne, Kiefer und Bein: alles heil. Er fühlt sich frisch und wohl.

Seine Leute aber haben geglaubt, daß er längst tot ist, und sie haben schon für seine Bestattung Vorbereitungen getroffen. Und da war nun ihr Rabbi auf einmal gesund und munter mitten unter ihnen, obwohl viele gesehen hatten, wie man ihn zu Boden geschlagen und geprügelt hat. Ja, ich erinnere mich, man hatte dem Rabbi sogar einen Daumen abgeschnitten und zu seinen Freunden geschickt, in der Hoffnung, diese würden dann das Geld ausliefern.

Nun suchte man nach dem Daumen, und man hatte ihn auch. Aber als man dann den Rabbi betrachtete, da besaß er beide Daumen. Nur an der einen Hand hatte er einen roten Streifen dort, wo der Daumen abgeschnitten worden war.

So ist der Rabbi durch einen Engel geheilt worden.

Der begrabene Mond

Es ist lange her, in der Zeit meiner Großmutter, da bestand das Car-Land ganz aus Sümpfen, aus großen Tümpeln mit schwarzem Wasser und aus schleichenden Rinnsalen mit grünem Wasser und aus matschigen Schlammbuckeln, die aufspritzten, wenn man dabrauftrat.

Nun, Großmutter pflegte davon zu sprechen, wie lange vor ihrer Zeit Frau Mond selbst einmal tot war und in den Sümpfen begraben, und so, wie sie es mir erzählte, will ich euch alles darüber erzählen.

Zu jener Zeit schien Frau Mond und schien, gerade wie sie es heute tut, und wenn sie schien, erhellte sie die Moortümpel, so daß einer umhergehen konnte geradeso sicher wie am Tage.

Aber wenn Frau Mond nicht schien, dann kamen all die Wesen hervor, die in der Dunkelheit wohnen, und sie trieben sich umher, um zu suchen, wo sie Böses tun können und Leid zufügen. Sumpfgeister und kriechende Scheusale, alle kamen heraus, wenn Frau Mond nicht schien.

Nun Frau Mond hörte davon, und da sie freundlich und gut ist – und gewiß ist sie das, wenn sie doch für uns in der Nacht scheint, anstatt Ihre natürliche Rast zu halten –, war sie mächtig besorgt. »Ich will selbst nachsehen, ja, das will ich«, sagt sie, »vielleicht ist es nicht so schlimm wie es die Leute machen.«

Und wirklich, am Ende des Monats schritt sie herunter, eingehüllt in einen schwarzen Mantel und mit einer schwarzen Kapuze über ihrem gelben schimmernden Haar. Geradenwegs ging sie zum Rand des Sumpfes und sah sich um. Hier Wasser und da Wasser; wehende Büschel und zitternde Schlammbuckel und große schwarze Baumstümpfe, die sich wanden und krümmten. Vor ihr war alles dunkel – dunkel, bis auf das Glitzern der Sterne in den Tümpeln und das Licht, das von ihren eigenen weißen Füßen ausging, die sich unter dem schwarzen Mantel hervorstahlen.

Frau Mond zog ihren Mantel fester zusammen und zitterte, aber sie wollte nicht zurückgehen, ohne alles gesehen zu haben, was da zu sehen war. So ging sie weiter, so leicht wie der Sommerwind schritt sie von Grasbüschel zu Grasbüschel, hindurch zwischen den gierig gurgelnden Wasserlöchern. Gerade als sie sich einem großen schwarzen Tümpel näherte, glitt ihr Fuß aus, und sie taumelte beinahe hinein. Mit beiden Händen griff sie nach einem Baumstumpf in der Nähe, um sich so festzuhalten, aber als sie ihn berührte, wand er sich wie ein Paar Handschellen um ihre Handgelenke, und er packte sie so, daß sie sich nicht bewegen konnte. Sie zog und wand sich und rang mit ihm, aber es half nichts. Sie war gefesselt, und sie mußte es bleiben.

Als sie so zitternd in der Dunkelheit stand und sich fragte, ob jemand zu Hilfe kommen werde, hörte sie plötzlich etwas in der Ferne rufen, rufen und rufen und dann mit einem Schluchzer verstummen bis die Marschen erfüllt waren von diesem jammervollen Schreien. Dann hörte sie, wie sich Schritte abmühten, sie ließen den Schlamm aufspritzen und glitten auf den Büscheln aus, und durch die Dunkelheit sah sie ein weißes Gesicht mit großen angstvollen Augen.

Es war ein Mann, der sich in den Sümpfen verlaufen hatte. Verwirrt von Furcht kämpfte er sich vorwärts auf dieses flimmernde Licht zu, das nach Hilfe und Sicherheit aussah. Aber als die arme Frau Mond sah, daß er immer näher und näher zu dem tiefen Wasserloch kam und immer weiter weg vom Pfad, da wurde sie so böse und so zornig, daß sie sich abmühte und rang und zerrte, fester als je zuvor. Und obgleich sie nicht loskommen konnte, wand und drehte sie sich, bis ihre schwarze Kapuze herunterfiel von ihrem schimmernden gelben Haar, und das schöne Licht, das davon ausging, trieb die Dunkelheit hinweg.

Oh, und wie da der Mann vor Freude aufschrie, als er das Licht wieder sah. Und sofort flohen alle bösen Wesen zurück in die finsteren Winkel, denn sie können das Licht nicht ertragen. So konnte er sehen, wo er war und wo der Pfad war und wie er aus den Sümpfen herauskommen konnte. Und er war in solcher Eile, von dem Quickschlamm und von den Sumpfgeistern und den Wesen, die hier wohnen, wegzukommen, daß er kaum auf das tapfere Licht sah, das von dem schönen schimmernden gelben Haar ausging und sich ergoß über den schwarzen Mantel und niederfiel auf das Wasser zu seinen Füßen. Und Frau Mond selbst war so eifrig darauf aus, ihn zu retten, und so voller Freude, daß er wieder auf dem richtigen Pfad war; sie vergaß ganz, daß sie selbst doch Hilfe brauchte und daß sie festgehalten wurde von dem schwarzen Baumstumpf.

So war er weg; erschöpft und keuchend stolperte er dahin und schluchzte vor Freude, er floh um sein Leben aus den schrecklichen Sümpfen. Da überkam es Frau Mond, daß sie mächtig gern mit ihm gehen würde. Und so zerrte sie und rang wie wahnsinnig, bis sie erschöpft von der Mühe am Fuß des Stumpfes auf ihre Knie niederfiel. Und als sie da lag und um Atem rang, fiel ihr die schwarze Kapuze nach vorn über den Kopf. Da ging das gesegnete Licht aus, und die Dunkelheit kam zurück und mit ihr all ihre bösen

Wesen, und sie kamen mit schrillem Geschrei. Sie drängten sich um sie her, höhnten und schnappten und schlugen. Sie kreischten vor Wut und Bosheit und fluchten und knurrten, denn sie kannten sie als ihren alten Feind, der sie in die Winkel zurücktrieb und davon abhielt, ihre üblen Werke zu tun.

»Fürchte dich!« gellte es von den Hexenwichten, »wieder hast du uns in diesem Jahr unsere Hexereien verdorben!«

»Und uns hast du in den Winkeln brüten lassen!« heulten die Sumpfgeister.

Und alle Wesen stimmten ein mit lautem »Ho ho!«, so daß selbst die Grasbüschel erzitterten und die Wasser gurgelten. Und von neuem fingen sie an.

»Wir wollen sie vergiften – sie vergiften!« kreischten die Hexen. Und »Ho ho!« heulten die Wesen wieder.

»Wir wollen sie ersticken – sie ersticken!« zischelten die kriechenden Scheusale und wanden sich um ihre Knie.

Und »Ho ho!« höhnten alle anderen.

Und wieder brüllten sie alle vor Haß und Bosheit. Und die arme Frau Mond duckte sich und wünschte, sie wäre tot und es wäre alles vorbei.

Und sie stritten und zankten sich darüber, was sie mit ihr tun sollten, bis ein fahles grünes Licht am Himmel aufstieg, und es nahte die Dämmerung. Und als sie das sahen, bekamen sie Angst, sie hätten nicht mehr genug Zeit, ihre böse Absicht auszuführen, und sie ergriffen sie mit gräßlichen knochigen Fingern und legten sie tief ins Wasser am Fuß des Baumstumpfes. Und die Sumpfgeister holten einen sonderbaren großen Stein und wälzten ihn über sie, um sie am Aufstehen zu hindern. Und sie befahlen zwei Irrlichtern, sie sollten abwechselnd Wache halten auf dem schwarzen Stumpf und darauf achten, daß sie sicher und still liegenbleibe und nicht hervorkommen könne, um ihr Treiben zu stören.

Und da lag die arme Frau Mond tot und begraben im Sumpf, bis irgend jemand sie befreien würde; und wer wüßte schon, wo man nach ihr suchen müßte.

Nun, die Tage vergingen, und es kam die Zeit des Neumondes, und die Leute steckten Pfennige in ihre Taschen und Strohhalme auf die Mützen, damit sie dafür bereit sind, und sie schauten nach Frau Mond aus, denn sie war den Leuten in den Marschen ein guter Freund, und sie waren immer mächtig froh, wenn die dunkle Zeit vorüber war und die Pfade wieder sicher waren, und wenn die bösen Wesen durch das gesegnete Licht zurückgetrieben wurden in die Dunkelheit und in die Wasserlöcher.

Aber es verging Tag um Tag, und kein Neumond kam. Und die Nächte blieben dunkel, und die bösen Wesen waren schlimmer denn je. Und es vergingen immer mehr Tage, und Frau Mond erschien nicht. Natürlich waren die armen Leute voll seltsamer Furcht und verwirrt, und viele von ihnen gingen zur Weisen Frau, die in der alten Mühle wohnte, und fragten, ob sie nicht herausbringen könnte, wohin Frau Mond verschwunden war.

»Nun«, sagte sie, nachdem sie in den Brautopf geschaut hatte und in den Spiegel und in das Buch, »es ist ganz verrückt, aber was ihr zugestoßen ist, kann ich nicht richtig sagen. Wenn ihr irgend etwas erfahrt, kommt und sagt es mir.«

So gingen sie wieder ihrer Wege. Und als die Tage verstrichen und kein Mond erscheinen wollte, da sprachen sie natürlich darüber – na, auf mein Wort – ich will meinen, daß sie da drüber sprachen! Ihre Zungen regten sich zu Haus und im Wirtshaus und auf dem Hof. Und eines Tages, als sie im Wirtshaus auf der langen Bank saßen, da geschah es, daß ein Mann vom andern Ende des Marschlandes dasaß, rauchte und zuhörte. Und ganz plötzlich richtete der sich auf und schlug sich aufs Knie. »Meiner Treu!« sagt er, »das hätte ich einfach vergessen, aber ich schätze, ich weiß, wo Frau Mond ist!« Und er erzählte ihnen davon, wie er sich in den Sümpfen verirrt hatte und wie ein Licht aufgeschienen war, als er schon beinahe tot war vor Angst, und wie er den Pfad gefunden hatte und sicher nach Hause gekommen war.

Da gingen sie alle fort zu der Weisen Frau und erzählten ihr davon, und sie schaute lange in den Topf und wieder in das Buch, und dann nickte sie mit dem Kopf.

»Es ist immer noch düster, Kinder, es ist düster!« sagt sie. »Und ich kann's nicht richtig sehen, aber tut, wie ich euch sage, und ihr werdet es selbst herausfinden. Geht alle, gerade ehe die Nacht anbricht, nehmt einen Stein in den Mund und eine Haselrute in die Hand und sprecht kein Wort, bis ihr wieder sicher zu Hause seid. Dann geht los und fürchtet euch nicht, geht weit bis in die Mitte des Sumpflandes, bis ihr einen Sarg findet, eine Kerze und ein Kreuz. Dann seid ihr nicht weit von eurem Mond. Seht zu, vielleicht findet ihr sie.«

So kam die nächste Nacht in der dunklen Zeit, und sie gingen alle zusammen hinaus, jeder mit einem Stein im Mund und einer Haselrute in der Hand, und wie man sich denken kann, war ihnen sehr bang und gruselig zumute. Und sie stolperten und tappten die Pfade entlang bis in die Mitte des Sumpflandes; sie sahen nichts, obwohl sie hörten, wie es um sie seufzte und unruhig hin- und herglitt, und fühlten, wie kalte feuchte Finger sie berührten. Aber dann auf einmal … Sie schauten immer aus nach dem Sarg, der Kerze und dem Kreuz, und dabei kamen sie immer näher an den Tümpel neben dem großen Baumstumpf, wo Frau Mond begraben lag. Und dann auf einmal hielten sie an, sie bebten und waren verstört und voll Grauen, denn da war ein großer Stein, halb im Wasser drin, halb draußen, und – um alles in der Welt – er sah aus wie ein seltsamer hoher Sarg! Und zu seinen Häupten war der schwarze Stumpf, der breitete seine Arme aus wie ein finsteres, grausiges Kreuz, und darauf flackerte ein dünnes Licht wie eine verlöschende Kerze. Und sie knieten alle nieder in den Schlamm und sagten das Vaterunser, zuerst vorwärts wegen des Kreuzes und dann rückwärts, um die Geister abzuhalten; aber sie sagten es, ohne es auszusprechen, denn sie wußten, die bösen Wesen würden sie fassen, wenn sie nicht das machten, was ihnen die Weise Frau gesagt hatte.

Dann kamen sie näher und packten den großen Stein und schoben ihn weg, und wie sie dann später erzählten, sahen sie da einen winzigen Augenblick lang ein seltsames und schönes Gesicht, das schaute sie aus dem schwarzen Wasser heraus so in einer Art Freude an. Aber das Licht kam so rasch und so weiß und strahlend, daß sie verwirrt davon zurücktraten, und schon im nächsten Augenblick, als sie wieder richtig sehen konnten, stand der volle Mond am Himmel, strahlend und schön und freundlich wie immer, und er schien lächelnd herunter auf sie und machte die Sümpfe und Pfade taghell und drang selbst in die Winkel, als ob er die Dunkelheit und die Sumpfgeister, wenn er könnte, ganz und gar vertreiben wollte.

Der Hirte Hersch

Das war einmal vor sehr langer Zeit, vielleicht noch damals, als im Wassertal und in den jüdischen Gemeinden an der Wischau noch keine Menschen lebten; es war einmal, und wenn es nicht gewesen wäre, würde man es nicht erzählen, und meine selige Bobe, die Rochele vom Schneider Zurowitsch, hätte die Geschichte nicht gehört, und dann hätte auch ich sie nicht gehört, »fun der Bobe mejne«, und auch du, mein Hawerle, hättest diese Geschichte nicht aufschreiben können.

Es ist die Geschichte vom Hirten Hersch – »a Kaskale, a jiddisches, fun wie es is gewejn«.

Ich hab gesagt, daß diese Geschichte sich vor sehr langer Zeit zugetragen hat, also, das könnte vor einigen tausend Jahren gewesen sein; und ich hab gesagt, daß damals hier in der Gegend noch keine Menschen lebten. Das ist richtig. Aber einen Menschen gab es damals doch, und das war der Hirte Hersch. Ob er nun der einzige Mensch war, der hier auf den Bergen lebte – ich weiß?

Von anderen Menschen hab ich nichts gehört, und auch meine Bobe hat davon nichts erwähnt, als sie dies Kaskale erzählte.

Also: Oben auf dem hohen Berg, der dort drüben steht, neben dem Pjetroß, etwas weiter nach Norden hin, am Rande der Bukowina, man nennt ihn Tschorna Hora, den Schwarzen Berg; dort oben also wohnte einst ein Hirte, und der hieß Hersch, einfach Hersch, denn den Namen seines Vaters wußte man nicht.

Dieser Hersch hatte dort eine Styna (Sennhütte), und in der kleinen Kulibn (Holzverschlag) wohnte er den ganzen Sommer hindurch. Erst wenn der erste Schnee fiel, das war meist schon Anfang Oktober, zog er mit seinen vielen Schafen ins Tal hinunter, an die Goldene Bistritz, und dort verbrachte er dann die Wintermonate – immer ganz allein, nur er mit seinen Hunden und den Schafen, etwa hundert Stück.

Wie das so ist, auch heute noch, die Menschen hier im Tal können alle Ski laufen, die kleinen Kinder lernen es bereits, wenn sie kaum noch richtig gehen können, und die Alten können es noch, wenn sie sich beinahe schon auf Krücken fortbewegen müssen.

Auch der Hersch konnte Ski laufen, und er konnte es sehr gut; denn wie hätte er sich sonst fortbewegt, wenn der Schnee zwei Meter hoch steht? No na, nur mit Skiern, wie sonst?!

Da hat es einmal mehrere Tage immerzu geschneit. Und als sich am Himmel noch mehr Schneewolken übereinander türmten, konnte eines Abends der Mond nicht mehr aus seinem Haus treten, und da war es furchtbar dunkel, und es schneite weiter.

Am zweiten Abend stemmte sich der Mond gegen die Tür seiner Kulibn und versuchte, die schweren Schneewolken wegzuschieben, denn er wollte ja seinen Weg gehen, oben am Himmel, um dem armen Hersch, der unten im Tal wohnte, ein wenig zu leuchten.

Der Mond war ja nicht besonders stark, er hatte nicht die Kraft eines Hirten oder Bauern, und so stemmte er sich immer wieder gegen die klumpigen, nassen Schneewolken, er stemmte sich so lange dagegen, bis ihm beinahe der Atem ausging. Aber dann hatte er es doch geschafft.

Mühsam kroch er aus seiner Kulibn heraus und stieg auf die Schneewolke, die ihm den Ausgang versperrt hatte.

Die aber schüttelte sich vor Ärger, weil der Mond nun so auf ihr her-
umtrampelte, sie schüttelte sich so stark, daß er in ihren kalten großen
Bauch hineinrutschte. Jetzt war der Mond gefangen, und es blieb weiter-
hin dunkel.

Als Hersch merkte, daß da oben am Himmel etwas geschehen war,
nahm er seine Ski, schnallte sie an, legte einen kleinen Brinsn (Schafskäse)
und ein gutes Stickele von der Mamaliga (Maisbrei) in seine Trajsta
(Zwerchsack), und stieg so auf den Tschorna Hora.

Als er oben auf dem Berg angekommen war, sah er, daß die Wolken so
nah waren, wie du, mein Hawerl, jetzt hier sitzt. Also, er hätte ihnen eine
Tetschen geben können. Und wie er staunte und sich wunderte, hörte er
auch eine leise Stimme: »Hilf mir, Hersch, hilf mir, daß ich herauskommen kann, weil da drinnen ist es so naß und kalt!« Tjuh, wer war das? Das
war der Mond, der in der Wolke steckte und mit den Zähnen klapperte.

»Lua-te-ar naiba!« sagte der Hersch auf walachisch, weil er wußte, daß
die Wolken kein Jiddisch verstehen. Dann holte er Streichhölzer hervor
und verbrannte seine Trajsta (schade drum, aber er konnte sich ja nachher
eine andere weben, Wolle hatte er ja genug von den vielen Schafen).

Das Feuerchen von der Trajsta aber war stark genug, und an einer Stelle begann die Schneewolke zu schmelzen; das genügte, denn nun half der
Mond mit seinen feinen weißen Händen etwas nach, und schließlich
konnte er aus der nassen kalten Schneewolke herauskriechen.

Er bedankte sich beim Hersch, denn der hatte ihm ja das Leben gerettet (der Mond wäre vielleicht schon in den nächsten Tagen erfroren, und
dann hätten wir auch heute nur noch stockdunkle Nächte). Dann aber
machte sich der Mond sogleich auf den Weg, um all den Lebewesen, die
es damals auf der Erde gab, zu leuchten.

Der Hirte Hersch aber fuhr auf seinen alten Skiern wie der Wind den
hohen Berg hinunter und war sehr bald wieder bei seinen Schafen.

Lange danach, als Menschen von überall ins Tal zogen und der Hirte
Hersch längst nicht mehr lebte, fragte einmal ein Kind seinen Großvater,
was das für ein weißer Weg ist, der nachts über den Himmel führt. Und
da sagte ihm der Großvater das, was er von anderen Leuten gehört hatte,
und denen wiederum hatten es auch andere Leute erzählt: »Das ist die
Spur von den Skiern des Hirten Hersch, als er oben am Himmel war.«

Das Mondenlicht

In der Landschaft Schnorrwitz sind die Leute zu spät gekommen, als der liebe Gott die Sonne, den Mond und die Sterne verteilte. Sie dachten: das Beste käme zuletzt, allein sie hatten sich geirrt, denn sie bekamen keinen Mondenschein. Einstmals zogen aus dieser Landschaft vier Handwerksburschen aus und verwunderten sich gar sehr, als sie in ein Land kamen, wo sie, nachdem die Tageshelle vorüber war, an einem hohen Eichbaum ein Licht erblickten, welches so hell schien, daß die Leute dabei auf dem Felde arbeiteten. Sie traten zu einem Bauer, der pflügte, und sprachen: »Lieber Bauer, sage uns, was ist doch das für ein Licht, das dort brennt?«

Der Bauer antwortete: »Das ist der Mond, den hat unser Bürgermeister für drei Taler gekauft und auf die große Eiche gebunden. Alle Woche müssen wir ihm einen Taler geben, damit er dies Licht nur ordentlich putzt und sorgt, daß es recht hell brennt.«

Da sprachen die Handwerksburschen zueinander: »Haben wir nicht auch eine große Eiche in Schnorrwitz, darauf der Mond festgebunden werden kann? So laßt uns von da Wagen und Pferde holen und den Mond stehlen und in unsre Landschaft fahren, auf daß wir daselbst das schöne Geld damit verdienen.« Also taten sie auch, holten Wagen und Pferde, stiegen auf den Berg, darauf die Eiche stand, bohrten ein Loch in den Mond und ließen ihn an einem Seil herunter. Danach fuhren sie ihn gen Schnorrwitz, indem sie ihn unterwegs auf dem Wagen zugedeckt hatten, befestigten ihn dort auf der hohen Eiche und die Landschaft Schnorrwitz wurde sehr blühend, weil die Leute dort nun Tag und Nacht arbeiten konnten; die vier aber erhielten in jeder Woche für den Mondenschein ihr gewisses Geld ausgezahlt.

Das dauerte solange, bis der erste Handwerksbursche starb. Da aber mußte der Bauermeister eine Schere nehmen, auf die Eiche steigen und ein Viertel vom Mond herunterschneiden. So hatte es der Sterbende verordnet, und das Mondenviertel mußte ihm ins Grab gegeben werden. In Schnorrwitz aber hatten sie seit dieser Zeit abnehmenden Mond. Eine Zeit danach starb der zweite Handwerksbursche, der ließ sich das zweite Viertel mit ins Grab geben, und darauf der dritte das dritte Viertel, und endlich der vierte das vierte Viertel.

Da war es in Schnorrwitz wieder dunkel bei der Nacht, unter der Erde aber war es hell vom Mondenlicht, und alle die Toten erwachten und klagten, daß sie so lange nicht hätten sehen können, und war große Freude bei allen Toten und gingen wieder zu Tanz und Spiel bei Mondenschein und gingen in die Wirtshäuser vor wie nach, tranken sich voll, gingen mit Knitteln aufeinander los und vollführten einen Lärm, wie auf Erden noch nicht gewesen war.

Als sie im Himmel das hörten, meinte Petrus, das wäre der Feind, der den himmlischen Heerscharen das Königreich abtreiben wollte, ließ Lärm blasen und die ganze Himmelsmacht kam zusammen mit Gewehr und Waffen und standen fest wie die Mauern. Als der Feind nicht kam, setzte Petrus sich auf sein Pferd und ritt zum Himmelstor hinaus; die ganzen Toten ließ er wieder in die Gefangenschaft in ihre Gräber bringen, den Mond aber nahm er ihnen fort und hing ihn oben am Himmel auf.

Das verschwundene Mondlicht

Der Lorbeerkönig hatte einen Bären, und er sagte zu ihm: »Dein Leben lang hast du nur von trockener Kost gelebt. Jetzt wirst du so lange Wasser trinken, bis du zerplatzt.«

Der Bär trat bis zu den Kniekehlen ins Wasser, und sieben Jahre lang hielt er seine Nase drin. Der Lorbeerkönig glaubte schon, sein Bär hätte soviel Wasser getrunken, daß er zerplatzen müßte. Als er den Bären aus dem Wasser steigen ließ, sagte er: »Na, wie lange wird's dich nicht mehr dürsten?«

»Mein lieber Herr, gib mir was zu fressen, wenn du willst, daß ich dir ein treuer Diener sei. Wenn du mich nicht gut hältst, ziehe ich in den Wald, suche meine übrige Familie und gehe zurück in meine Höhle. Hältst du mich aber gut, dann will ich dir ein treuer Diener sein, und solange ich an deinem Hof bin, wird dir kein Leid geschehen, alles werde ich erledigen.«

»Nun gut, was möchtest du fressen?«

»Ich will dir sagen, wonach mich gelüstet. Schlachte mir sieben Schafe und schlachte mir eine Ziege, und das ganze Fleisch laß braten. Wenn das Fleisch gebraten ist, laß es von den Knochen ablösen, damit ich drin nicht herummanschen muß. So fresse ich es dann. Bring mir auch 5o Liter Wein, denn meine Kehle ist ganz ausgetrocknet.«

»Wie ist das möglich, deine Nase ist doch sieben Jahre lang im Wasser drin gewesen? Konntest ja trinken, soviel du wolltest! Ich glaubte, du würdest soviel trinken, daß du davon zerplatzt.«

»Mein erhabener Vater König, das Wasser war mir kein Genuß, hab' bloß den Wasserdunst durch die Nase gesogen. Davon gewann ich aber solche Kräfte, daß es gewiß keinen Menschen auf der Welt gibt, den ich nicht umlegen könnte.«

»Na, ich erfülle dir deinen Wunsch, aber nachher werde ich dich auf die Probe stellen. Der belgische König hat einen Meisterrecken von hundert Menschenstärken. Wenn du den nicht zu Boden streckst, mache ich dir mit eigener Hand den Garaus. Ich lade die Flinte mit Stahlkugeln und nicht mit Schrot, und so werde ich dich über den Haufen schießen.«

»Einverstanden, erhabener König, Ihr mögt es tun. Ich stehe für mein Wort und werde ihn umlegen. Aber vorher muß ich mich sattfressen, und dann ist der Mensch, der stärker wäre als ich, auf dieser Welt noch nicht geboren.«

Der König ließ nun so viele Lämmer und Ziegen schlachten, wieviel der Bär verlangte, er ließ alles braten und das Fleisch von den Knochen lösen. Dann füllte er einen riesigen Trog mit all dem Fleisch und setzte es dem Bären vor. Als alles aufgefressen war, ließ er ihm 5o Liter erstklassigen Wein bringen. Der Bär trank alles aus. Nun sandte der König um den Meisterrecken, damit sich die beiden im Kampf messen könnten. Sieben Jahre lang, sieben Augenblicke hielten sie sich fest umklammert, doch keiner vermochte den andern zu Boden zu ringen. Der König war des Zuschauens schon überdrüssig und sagte:

»Ich möchte wissen, wann dies wohl ein Ende nimmt?«

»Erhabener Vater König, hätte ich diesen Menschen zu Boden gerungen, so wäre die Welt längst zugrunde gegangen – nur deshalb hielt ich ihn so fest umklammert. Aber wenn Ihr es wünscht, Vater König, dann schmeiß' ich ihn zu Boden, daß davon das Mondlicht vom Himmel herabstürzt und sich erst in der Mitte des Eismeeres wieder zusammenrafft.«

»Ei fürwahr, das möchte ich gerne mal sehen!«

»Aber eins sag' ich Euch, Vater König, geht vorher hinein und holt einen Haufen Watte; stopft Euch und Eurer ganzen Familie die Ohren damit zu, denn von dem gewaltigen Krach wird alles ringsumher taub. Auch Ihr selber werdet taub und hört dann nicht mehr, was in der Welt vorgeht.«

Der König sagte:

»Na, du Bär, wenn du nicht die Wahrheit sprichst, hol' ich gleich meine Flinte und erschieße dich auf der Stelle.«

»Macht nur, was ich sage!«

Der König ließ einen Haufen Watte bringen, zupfte die Watte auseinander und stopfte sie mit einer Bleistiftspitze der ganzen Familie und sich selber in die Ohren. Aber dann sagte der Bär:

»Ein Stück Watte behalte jeder in der Hand und drücke auch das noch an die Ohren – alle Mädchen und Frauen und auch der König! «

Sie folgten seiner Anweisung und drückten noch ein Stück Watte an die Ohren, die ja schon mit Watte vollgestopft waren. Jetzt packte der Bär den Meisterrecken und schmiß ihn mit solcher Wucht zu Boden, daß sich das Mondlicht – es ging gerade gegen Abend, und am Himmel schien der Mond – in den Grund des Eismeeres flüchtete, siebenundsiebzig Meter tief.

»O je, das Mondlicht ist vom Himmel verschwunden! Welch ungeheurer Schaden fürs ganze Land! Vor allem im Herbst, wenn die Ernte eingebracht wird – sonst wär's eher entbehrlich! So viele arme Leute fahren jetzt das Futter fürs Vieh ein, die Kartoffeln, die Rüben und den Mais. Das Mondlicht verlängert den Tag, und die armen Leute können dadurch besser vorwärtskommen. Welch große Sünde hab' ich da begangen! Den Meisterrecken hab' ich durch den Bären niederwerfen lassen, ich kann's am armen Volk vielleicht nie wieder gutmachen! Drum gelobe ich meine Tochter jenem Mann zum Weib, wer immer er sei, ob arm oder reich, der es unternimmt, das Mondlicht wieder an den Himmel zu schaffen! Meine Tochter ist so schön, daß um ihrer Schönheit willen die Sonne alle Tage um zwölf Uhr stille steht. Nur der soll sie bekommen, der das Mondlicht zurück an den Himmel schafft, damit abends wieder Helle sei wie gewöhnlich!«

Viele erboten sich dazu, Hunderttausende von Männern zogen aus, um es zu versuchen. Sie ließen sich ins Eismeer hinab und kamen nie wieder zurück.

War da auch ein Müller, ein sechzigjähriger Trunkenbold, und der sagte: »Hört, erhabener König, ich könnte es machen. Wenn Ihr mir Eure Tochter gebt, bring' ich das Mondlicht wieder hinauf, schon heute abend kann's dann jedermann am Himmel sehen.«

Der König musterte ihn: »He du, da haben sich schon andere Kerle darin versucht! Bist ja auch kein junger Mann mehr, wie ich sehe, gehst vielleicht schon in die Fünfzig?«

»Ich hab' sogar die Sechzig schon überschritten, mein Herr König.«

»Was brauchst du dann des Königs Tochter?«

»Na, ich brauch' sie, weil der König versprochen hat, sie herzugeben.«

»Nun wohlan, wenn's mein Mund ausgesprochen hat, so soll es auch so sein. Geh also und hau schon dieses Mondlicht an den Himmel! Ich stehe zu meinem Wort und gebe dir dann meine Tochter.«

»Je, mein König, ich muß Euch noch was sagen. Ich bin nämlich ein Mensch, der dem Schnaps zugetan ist. Seid also so gut, mein Herr König, und gebt mir etwas Schnaps zu trinken, muß ich doch in jenes kalte Wasser, um nach dem Mondlicht zu suchen! Es liegt auf dem Grunde des Eismeeres, siebzig Meter unterm Wasser.«

»He, du willst ja gar nicht nach dem Mondlicht suchen! Ich weiß schon, was dir fehlt: deine Kehle ist trocken, willst sie mit Branntwein einschmieren, was?«

»Oh, mein Herr König, auf Euren Branntwein bin ich nicht erpicht, vielmehr darauf, die Königstochter zur Frau zu bekommen. Mein Weib ist mir vor zehn Jahren gestorben, soll ich jetzt immer nur allein auf dieser Welt leben?«

»Ach nein, laß dich nicht auslachen, guter Mann! Ich will dir Schnaps geben, trink soviel du magst, ob du das Mondlicht herbeischaffst oder nicht. Du sollst nicht auf dem Grunde des Meeres verderben!«

»Nun, mein Herr König, ich sag' Euch was. Wenn ich das Mondlicht nicht herbeischaffe, so werdet Ihr nie und nimmer einen Menschen dazu finden. Solange noch die Welt besteht, wird es kein Mondlicht mehr am Himmel geben, höchstens, wenn man einen Mond aus Blech macht.«

»He du, wenn ich nur wüßte, wie man aus Blech einen Mond macht, der am Himmel so leuchtet wie unser Mond!«

»Na, ich sag' ja nicht, daß er so leuchten würde wie der alte, aber die Form kann sicher aus Blech nachgemacht werden. Es muß sich nur jemand finden, der ihn dann auch an den Himmel schafft. Und selbst das täte ich für Euch, denn so ein Mann bin ich mal! Wenn ich will, gehe ich, wenn ich will, fliege ich, wenn ich will, kann ich mich auch hinlegen. Bin ich besoffen, dann gehe ich freilich nicht, fliege auch nicht, sondern leg' mich ins Bett und ruhe mich aus.«

»Ich sehe schon, jedes deiner Worte geht nur auf eins hinaus, du hast nur einen einzigen Wunsch: den Branntwein!« entgegnete der König.

»Ich hab's ja gesagt, mein Herr König, bringt mir ein bißchen Schnaps zu trinken, dann hol' ich Euch das Mondlicht.«

»Nun denn, her mit dem Schnaps! 'S ist ja kein so kostbar Ding! Wieviel vermagst du wohl zu trinken, guter Mann?«

»Na, meine fünf Liter trink' ich schon, wenn ich mag.«

»Fünf Liter ganz allein? Wie willst du dann das Mondlicht vom Grunde des Eismeeres herausholen?«

»Ich bring' Euch sogar noch einen Fisch zum Nachtmahl mit; es gibt ja auch Fische auf dem Grunde des Meeres, die schlecken jetzt am Mond herum. Einen preß' ich an den Mond und bring' ihn Euch! Was soll's denn sein, ein Störfisch, ein Hecht, ein Barsch oder gar eine Forelle? Ich bring' Euch, was Ihr nur wünscht!«

»Am liebsten hab' ich Störfische. Unterm Eis ist das Wasser kalt und rein, wird durch nichts getrübt und bleibt frisch und klar. Du kannst mir einen Störfisch zum Nachtessen bringen!«

Das sagte der König freilich nur zum Spaß.

Nachdem der Trunkenbold seine fünf Liter Schnaps ausgetrunken hatte, entledigte er sich der Beinkleider, riß sich das Hemd vom Leib und lief bis an den Rand des Eismeeres. Dort stürzte er sich kopfüber ins Wasser und schwamm zu der Stelle hin, wo im Wasser das Mondlicht badete.

»Hör schon auf mit dem Baden, ich will mit dir die Tochter des Königs gewinnen! Wasch dich noch sauber, wo du kotig oder schmutzig bist, dann aber pack' ich dich und schleudere dich zurück an den Himmel!«

»Ach, laß mir noch ein Jährchen Zeit, laß mich noch ein wenig baden, nur so kann ich mich ausruhen. Hier hört man keine schmutzigen Reden wie bei den Menschen, wo der eine ärger flucht als der andere. Auch dich hab' ich schon oft gehört, du pflegst auch viel zu fluchen.«

»Reden wir nicht davon, sag mir lieber, wo sich im Wasser die Störfische aufhalten. Ich will dem König einen Stör zum Nachtessen bringen, soll er auch mal was Gutes zum Abendbrot haben.«

»Oh! die Störe sind etwa siebzig Meter tief im Wasser. Sie drücken den Kopf in den Schlamm, weil sie sich vom Naß des Schlammes ernähren.«

»Na, ich geh' jetzt dort hinunter. Bis dahin wasch dich gründlich, sonst nehme ich dich so dreckig mit wie du bist.«

Der Mond stieß ein Gelächter aus. Der Mann aber begab sich auf den Grund des Meeres, fing etwa sechs Störfische, jedes Stück acht bis neun Kilo schwer, preßte alle zusammen und hielt sie mit einer Hand am Schwanz. Dann tauchte er wieder an der Stelle auf, wo der Mond badete, packte auch diesen, steckte ihn unter die Achsel und brachte ihn so auf die Erdoberfläche. Doch einer der Störfische schlüpfte ihm aus der Hand, er haschte nach ihm, konnte ihn aber nicht mehr fassen. Und so findet man noch heute den Stör im Wasser des Eismeeres.

»Ach, was soll ich jetzt dem König sagen? Sechs Stück hab' ich gefangen und bring' ihm nur fünf. Pah! soll er sich damit zufrieden geben!«

Vorerst legte er den Mond im Hintergarten des Königs nieder, damit er sich nach dem langen Bad erhole. Dann trug er die fünf Störfische dem König hinein.

»Na, mein Herr König, da habt Ihr die Störe! Laßt sie sogleich zubereiten, damit sie zum Nachtessen fertig sind.«

»Ich sehe, guter Mann, Störe hast du zwar gebracht, aber wo ist das Mondlicht?«

»Das Mondlicht ist in Eurem Garten, kommt und schaut's Euch von allen Seiten an! Es ruht sich etwas aus, hat nämlich lange im Wasser gebadet.«

»Je! wie ist denn der Mond so heiß? Es sind noch etwa hundert Meter bis zu ihm, und ich fühle meine Haut schier verbrennen!«

»Ja seht Ihr, deshalb kann er auch am Himmel leuchten.«

»Und wie soll er hinaufgeschafft werden?«

»Gebt mir noch ein Schlückchen Schnaps, ich werf' ihn dann hinauf.«

»Wieviel vermagst du zu trinken, guter armer Mann?«

»Was? Bin ich für Euch immer noch der arme Mann? Hab' ich vergebens das Mondlicht aus dem Wasser geholt und Euch dazu noch fünf große Störfische gebracht? Es wären ihrer sechs gewesen, doch einer ist mir aus der Hand geschlüpft. Ich bin ihm zwar ins Wasser nach, aber so flink ist dieser Stör, hat sich so verkrochen, daß ich ihn nicht mehr hab' finden können. Da hab' ich mir gedacht, was soll ich noch länger suchen? Ihr eßt halt soviel ich Euch bringe.«

»Laß es gut sein mit diesen Störfischen, ich hab' dir sowieso nur einen aufgetragen.«

»Ich wollte aber sechs Stück bringen!«

»Sag jetzt, wieviel Schnaps du willst, und wie ich dich nennen soll?«

»Wie mich nennen? Habt Ihr mir nicht Eure Tochter zum Weib versprochen? Dann bin ich doch Euer Schwiegersohn, denk ich! Wenn nicht, dann ... wißt Ihr, was ich dann mache, mein Herr König? Ich zahl's Euch heim! Euch selber hau' ich an den Mond. Zwar zerspringt der Mond davon, aber Ihr ebenfalls. Es gibt dann keinen König mehr und auch keinen Mond am Himmel, so lange die Welt noch besteht! Gott wird der Erde keinen zweiten Mond geben!«

»Oh, tu das nur ja nicht! Sag, wieviel Schnaps du brauchst, und dann erledige schon diese Hinaufbringerei des Mondes an seine Leuchtstelle.«

»Bringt mir fünf Liter Schnaps, die trink' ich schnell aus, und dann erledige ich's. Eurer Tochter aber sagt, sie soll sich schön machen, sich waschen und baden, daß ich mich in sie verlieben kann; wenn nicht, dann bekommt Ihr's von mir!«

»Na sowas! Du schäbiger alter Mann, du meinst, du könntest dich in meine Tochter nicht verlieben? Du bist ja häßlich, und nicht meine Tochter!«

»Na, na, na, Ihr seht's dann schon; jetzt ist es noch dunkel, ich muß erst den Mond hinauflassen. Wenn ich den Mond an seinen Platz getan habe und zurückkomme, werdet Ihr vor lauter Staunen auf den Hintern fallen!«

Der arme Mann setzte die Korbflasche mit fünf Liter Schnaps an den Mund, trank in einem Zuge aus, dann nahm er das Mondlicht und trug es zurück an seinen Platz am Himmel. Da kam ein so heller Glanz am Himmel auf wie in den Nächten, wenn der Mond am schönsten leuchtet. Nun begab sich der arme Mann in das königliche Schloß. Das Hemd hatte er abgelegt und nur sein Beinkleid anbehalten, sonst nichts.

»Hör mich an, mein Vater, ich bin dein Schwiegersohn, hab' meine Pflicht erfüllt, und jetzt befehle ich: Gib mir ein Kleid zum Anziehen! Ich hab' dir gesagt, daß ich von armer Geburt bin; ein Kleid, wie es dem Schwiegersohn des Königs geziemt, besitze ich nicht!«

Wie ihn der König jetzt anblickt, sieht er einen so wunderschönen achtzehnjährigen Jüngling vor sich stehen, daß er vor dessen Glanz tatsächlich auf den Hintern fiel.

»Nun, wo ist denn deine Tochter? Zeig sie mir doch?« sagte der Jüngling, nachdem er sich angekleidet hatte.

Man rief das Mädchen herein. »Schau her, dies ist dein Bräutigam!« – »Ihr Bräutigam? Erst jetzt sagst du's deiner Tochter, daß sie meine Braut ist? Bin auch nicht bloß ihr Bräutigam, sondern schon ihr Gemahl, denn längst schon hätten die Ringe getauscht werden sollen, mein Vater! Und deiner Tochter hättest du's schon sagen können, als ich im Eismeer war, den Mond zu suchen! Nun denn, du Königstochter, sag, willst du meine Frau werden oder nicht?«

»Ei, warum nicht? Einen so schmucken Jüngling wie dich hab' ich in meinem Leben nicht gesehen. Wie wollt' ich da nicht deine Frau werden?!«

»Na, dann komm und laß uns die Ringe tauschen. Aber dein Vater soll mir einen Ring geben, den ich gegen deinen tauschen kann.«

Was konnte der König schon tun? Er zog seinen Ehering vom Finger, denn in der Tasche hatte er keinen in Reserve.

Das Fräulein nahm nun ihren Ring mit dem eingravierten Namen und tauschte ihn gegen den des schönen Jünglings. Sodann wurde die Hochzeit verkündet. Die Hochzeit der Königstochter mit dem ritterlichen Jüngling, der es vermochte, das Mondlicht zurück an den Himmel zu bringen, sollte drei Monate lang dauern.

Je nun, als der Mann wieder nüchtern war und zu der Tochter des Königs ging, war's ein so verhutzeltes altes Männlein, als wenn ein Karren über sein Gesicht gekippt wäre.

»Wie geht's, mein liebes Täubchen? Morgen wird Hochzeit sein!« Als ihn die Tochter des Königs erblickte, fiel sie schier in Ohnmacht.

»So einer soll mein Gemahl sein? Ein so verhutzeltes altes Männchen, wie wenn ein Karren über sein Gesicht gekippt wäre! Wie alt bist du eigentlich?«

»Wie alt, fragst du? Hab' ich's deinem Vater nicht gesagt? Hab' schon lange die Sechzig überschritten – vor zehn Jahren.«

»Wie alt bist du dann im ganzen?«

»Nun, rechne es doch aus! Du bist doch eine Königstochter, bist ja zur Schule gegangen, oder vielleicht nicht?«

»Nun, wie ich auch rechne, mußt du jetzt siebzig Jahre alt sein.«

»Du lügst, 's ist ein Jahr mehr!«

»Wie denn, einen einundsiebzigjährigen Mann soll die Tochter des Königs heiraten?«

»Dein Vater hat es mir versprochen! Willst du mich nicht heiraten?«

»Nein!«

»Ich seh' schon, ihr spekuliert da was in euren Köpfen, hast gar schon einen Bräutigam? Schau her, wer hat diesen Ring an meinen Finger gesteckt? Dein Name ist darauf!«

»Nicht dir habe ich ihn gegeben, sondern einem schönen jungen Mann.«

»Ei fürwahr, wenn du ihn einem jüngeren gegeben hast, dann schwindelst du und nicht ich. Schau nur gut her, erkennst du deinen Namen nicht auf diesem Ring?«

»Ich erkenne ihn wohl, du hast ihn bestimmt jenem Jüngling weggestohlen, vielleicht hast du ihn sogar getötet oder ihm sonst was angetan!«

Da schlug der Alte einen Purzelbaum und verwandelte sich wieder in den schönen achtzehnjährigen Jüngling von vordem, der mit dem Königsfräulein die Ringe gewechselt hatte.

»Bin ich's oder nicht?«

»Ja, jetzt erkenne ich dich wieder!«

»Dann laß uns schleunigst zur Hochzeit gehen, ich will nicht länger warten.«

»Wir müssen nicht hingehen«, sagte die Tochter des Königs, »mein Vater hat den Priester herbestellt, in zwei Stunden ist er da.«

»Also gut, diese zwei Stunden gehen auch vorüber. Zieh dir inzwischen dein schönstes Gewand an, so wollen wir zur Hochzeit gehen.«

»Ich hab' doch gesagt, daß wir nicht gehen müssen, hier im Zimmer werden wir getraut.«

Als sie vor dem Traualtar standen und der Schwur fast schon zur Hälfte geschworen war, hob die Königstochter ihren Blick zu dem armen Mann.

»Oh weh! wir müssen den Schwur widerrufen! Ich will nicht die Braut eines so häßlichen alten Mannes sein!«

Damit fiel die Tochter des Königs um und war tot.

Der arme Mann aber blieb irgendwo verwitwet zurück.

Wie der Mond vom Himmel fiel

Der ruhmreiche König der Belgier hatte einen Bären, zu dem sagte er: »Du hast dein Leben lang gedarbt, hast immer nur von trocken Brot gelebt, nun also sollst du Wasser trinken, solange, bis du platzt!«

Nun, der Bär stellte sich ins Wasser, bis zum Pimmel stand er drin, hielt seine Nase 'rein, sieben Jahre lang. Der belgische König dachte, sein Bär habe nun so viel Wasser gesoffen, daß er bersten werde. Als der Bär aus dem Wasser kam, der belgische König hatte ihn herausgelassen, fragte ihn der König: »Na, wie lange dauert es jetzt, bis du wieder durstig bist?«

»Lieber Herr Gebieter, wenn du willst, daß ich dir ein treuer Diener bin, gib mir was zu essen. Falls du mich nicht gut versorgst, gehe ich in den Wald und suche meine Familie auf, dann gehe ich zurück in meine Höhle! Doch wenn du mich gut versorgst, will ich dir ein so treuer Diener sein, daß dir keinerlei Leid geschieht. Solange ich an deinem Hofe bin, werde ich alles erledigen!«

»Also, was willst du?«

»Ich sag dir, wonach mich gelüstet! Schlachte mir zwei Schafe und zwei Ziegen und brate mir das Fleisch. Wenn das Fleisch gar ist, löse es von den Knochen, damit ich nicht diese Mühe habe, und das fresse ich dann auf!

Bring mir noch fünfzig Liter Wein, den trinke ich, weil meine Kehle gänzlich ausgetrocknet ist!«

»Wie ist das möglich? Du hast trinken können, soviel du wolltest! Sieben Jahre lang war deine Nase im Wasser. Ich dachte schon, du hättest so viel getrunken, daß du platzt!«

»Erhabener königlicher Vater, um es zu trinken, fand ich am Wasser keinen Gefallen. Aber seinen Dampf habe ich mit der Nase aufgenommen, weil dieser mir jene Kraft verleiht, die mich unbesiegbar macht. Es gibt keinen Stärkeren auf der Welt, jeden bringe ich zu Fall!«

»Na, laß sehn! Du sollst haben, was du verlangst, aber ich stelle dich auf die Probe! Ich, der ruhmreiche König, habe einen tausend Mann starken Kämpfer, wirfst du den nicht zu Boden, bringe ich dich persönlich um, und nicht etwa mit Schrot, mit einer Stahlkugel, die dich durchbohren wird, lade ich die Flinte!«

»Gut, erhabener König, ich stehe zu meinem Wort, ich bringe ihn zu Fall. Einer, der mich bezwingt, ist noch nicht geboren worden! Laß mich nur erst satt sein, bitte, richtet es mir nur erst her!«

Da ließ der König sogleich die Lämmer schlachten, so viele, wie der Bär verlangt hatte, und ebenso viele Ziegen, ließ sie braten, die Knochen auslösen und setzte ihm das Fleisch in einem großen Trog vor. Als der Bär alles gefressen hatte, ließ ihm der König fünfzig Liter erstklassigen Weines bringen. Der Bär trank ihn. Gleich danach rief der König den Kämpfer herbei. Und nun sollten die beiden übereinander herfallen und miteinander ringen. Sieben Jahre – sieben Augenblicke hielten sie sich fest umklammert, doch sie konnten einander nicht zu Boden zwingen. Der König war des Zuschauens schon müde und rief: »Ich möchte gern wissen, wann ihr endlich am Ende sein werdet!«

»Erhabener königlicher Vater! Hätte ich diesen Mann schon zu Boden geschlagen, so stünde es schlimm um die Welt, deshalb halte ich ihn nur fest. Wenn Ihr aber wollt, mein Herr und königlicher Vater, schlage ich ihn derart zu Boden, daß sich der Mond am Himmel mitten im Eismeer wiederfindet!«

»Je nun, das möchte ich schon gerne sehen!«

»Eines aber sage ich Euch, Herr König! Geht erst, holt Euch einen großen Berg Watte und stopft Eurer ganzen Familie damit die Ohren zu, denn von dem Getöse würden alle taub, auch Ihr selbst, und Ihr könntet dann nicht mehr hören, was in der Welt geschieht! Vergeblich lägen sich alle in den Ohren!«

Da sagte der König zu ihm: »Na, du Bär, wenn du nicht die Wahrheit sprichst, hole ich sofort die Flinte und schieße dich auf der Stelle tot!«

»Macht nur, was ich Euch sage!«

Der König ging hinein, trug alle Watte zusammen, die er fand, zupfte sie auseinander und stopfte sie seiner ganzen Familie mit einer Bleistiftspitze eigenhändig in die Ohren. Aber der Bär sagte: »Nehmt noch je einen Bausch in Eure Hände und haltet ihn Euch vor die Ohren, die Mädchen wie die Frauen und Ihr selbst!«

Also nahmen sie sich noch mehr Watte und hielten sie vor die ohnehin schon zugestopften Ohren. Dann packte der Bär den Kämpfer und schmetterte ihn derart zu Boden, daß der Mond – denn es war schon gegen Abend, und der Mond stand am Himmel – nur so das Laufen bekam und auf den Grund des Eismeeres fiel, zweiundsiebzig Meter tief.

»Oje, der Mond ist futsch! Und wo ist jetzt der Mann, der den Mond wieder an den Himmel holt? Riesenschaden wird dem ganzen Lande drohen! Wahrlich, wenn der Mond auch sonst nicht allzusehr gebraucht wird, jedoch im Herbst, zur Erntezeit, wenn also viele arme Bauern ihre Rüben und Kartoffeln, ihren Mais einbringen, kommt er dem Tag zu Hilfe, und die Menschen können länger sehen, besser vorwärtskommen. Als ich jenen Kämpfer durch den Bären niederschlagen ließ, lud ich eine Schuld auf mich, die ich vielleicht niemals wieder gutzumachen weiß. Würde dies die Welt erfahren, kämen alle über mich, brächten mich gar um. So will ich mich umtun, ob sich nicht einer dazu entschließen könnte, den Mond an den Himmel zurückzubringen. Ob er arm oder glücklich ist, ist mir einerlei; wer immer es auch sei, der soll meine Tochter haben! Meine Tochter ist so schön, daß die Sonne jeden Tag, zu Mittag um zwölf, ihren Lauf verhält. Aber meine Tochter soll nur jener Mann haben, der es vermag, den Mond an seinen Platz zurückzuschleudern, so daß wie früher wieder abends jener Glanz entsteht.«

Und sie kamen, viele hunderttausend Männer entschlossen sich, gingen ins Eismeer, doch keiner kam von dort zurück. Nun war da ein betrunkener Müller, schon sechzig Jahre alt war der Mann, und der sagte also: »Nun, Herr sehr hochwohlgeborener König, wenn Ihr mir, wenn Ihr mir Eure Tochter gebt, bringe ich, bringe ich den Mond von dort zurück, und am Abend kann ihn jeder schon am Himmel sehen!«

Der König machte große Augen.

»Das haben aber schon ganz andere versucht, und das waren nicht solche Wichte wie du einer bist. Du bist ja nicht einmal ein junger Mann, bist schon gegen die Fünfzig, wie ich sehe!«

»Schon die Sechzig habe ich erreicht, Herr König!«

»Na, was willst du dann mit der Königstochter anfangen?«

»Was ich anfangen will? Der König hat versprochen, daß er sie hergeben will!«

»Also gut, ich habe es gesagt! Wenn du ihn holen kannst, dann geh nur, wirf den Mond hinauf zum Himmel! Ich stehe schon zu meinem Wort und gebe dir meine Tochter!«

»Eines aber sage ich Euch noch, Herr König! Ich bin ein Freund von Pálinka! Also gebt mir nur ein wenig von dem Pálinka, Herr König, laßt mich etwas trinken, bevor ich ins kalte Wasser gehe, um den Mond auf dem Grund des Eismeeres zu suchen. Er liegt ja siebzig Meter unter dem Wasser!«

»Also, wenn du auf Pálinka aus bist, dann steht dir der Sinn doch nicht danach, den Mond zu suchen, ihn herbeizuschaffen! Deine Sorge ist die trockene Kehle, und die willst du mit Pálinka schmieren!«

»Hört, Herr König, eben gerade auf Euern Pálinka bin ich nicht so scharf, eher bin ich darauf aus, daß die Königstochter meine Frau wird! Meine Frau starb schon vor zehn Jahren, soll ich denn bis ans Ende meiner Tage allein bleiben?«

»Aber, aber! Mach dich nicht lächerlich, guter Mann! Ich gebe dir ein wenig Pálinka, trinke nur, auch, wenn du den Mond nicht zurückbringst. Sieh nur zu, daß du nicht umkommst auf dem Grund des Wassers!«

»Nun, mein König, eines sage ich Euch! Bringe ich den Mond nicht dorthin zurück, von wo er verschwunden ist, wird fortan niemals mehr ein Mond am Himmel sein, für alle Menschen und für alle Zeiten. Oder wollt Ihr vielleicht einen Mond aus Blech?«

»Ach du! Wenn ich nur wüßte, ob man einen Mond aus Blech an den Himmel hängen kann, der so leuchtet, wie unser Mond geleuchtet hat!«

»Ob er leuchten wird, kann ich nicht sagen, aber einen Mond aus Blech kann man schon machen, man müßte nur jemand haben, der ihn nach oben bringt! Ich würde ihn Euch ja hinauftragen, weil ich ein Mann bin, der, wenn er will, zu Fuß ist, wenn er will, auch fliegt oder aber, wenn er will, auch schlafen geht! Nur wenn ich besoffen bin, gehe ich natürlich nicht, und da fliege ich auch nicht, sondern lege mich aufs Bett und ruhe aus!«

»Nun, nun«, erwiderte der König, »jedes Wort von dir läuft darauf hinaus, daß du nur den einen Wunsch hast: Pálinka!«

»Das, mein König, sage ich ja die ganze Zeit, bringt ein wenig Pálinka, so daß ich gehen kann, um den Mond herbeizuschaffen!«

»Also holt ihm etwas, aber nicht so teures Zeug! – Guter Mann, wieviel willst du denn zu trinken?«

»Nun, fünf Liter schaffe ich, wenn ich wirklich trinken will!«

»Fünf Liter für einen Mann? Ja, wie willst du da den Mond vom tiefen Grund des Eismeeres holen?«

»Sogar noch einen Fisch zum Abendbrot bringe ich Euch mit, denn dort auf dem Grund des Meeres sind Fische, und die schlecken jetzt den Mond. Nun, ich presse sie gleich an den Mond und bringe sie mit. Welche Sorte wollt Ihr, Barbe, Hecht, Stör oder Bauernfisch? Jeden, den Ihr wollt, den bringe ich Euch!«

»Na, dann sage ich Stör, Stör habe ich am liebsten! Das Wasser ist dort sauber, es ist niemals trüb, denn dort unterm Eis kann es ja nicht trübe werden, es ist frisch und kalt. Also bringe mir einen Stör zum Abendbrot!«

Nun, der König glaubte, es sei alles Spaß. Der betrunkene Mann trank die fünf Liter Pálinka, warf das Hemd und die Hose von sich, lief zum Rand des Eismeeres, sprang ins Wasser und schwamm dorthin, wo der Mond badete.

»Na, nun höre mit dem Baden auf, denn ich will die Königstochter mit dir gewinnen! Wasch dich, wo du dich noch schmutzig oder moddrig findest, weil ich dich jetzt hole und an den Himmel zurückschleudere!«

»Laß mich noch, laß mich wenigstens noch ein Jahr im Bad, so kann ich mich doch einmal richtig ausruhen! Hier brauche ich all die bösen Worte nicht zu hören, denn einer schimpft und flucht besser als der andere unter euch Menschen. Auch dich hab ich schon fleißig lästern gehört!«

»Sprechen wir nicht darüber, sondern erkläre mir lieber, wo sich hier im Wasser die Störe aufhalten, weil ich dem König einen großen Stör mitbringen will, damit er was Gutes zum Abendbrot hat!«

»Oh, der steckt nochmal siebzig Meter tiefer mit dem Kopf im Schlamm, in der Feuchtigkeit des Schlammes lebt er doch!«

»Nun, dann will ich auch noch dorthin gehen. Inzwischen wasch dich, sonst nehme ich dich mit, so dreckig, wie du bist!«

Der Mond lachte sich eins. Der Mann aber tauchte auf den Grund des Meeres hinunter und griff sich sechs Störe, die acht, neun Kilo schwer waren. Er legte die Schwänze zusammen und umfaßte sie mit einer Hand. Als er wieder höher kam, dorthin, wo der Mond badete, packte er diesen, warf ihn sich auf die Schulter und brachte ihn nach oben auf die Erdoberfläche. Ein Stör aber sprang ihm aus der Hand. Er lief ihm nach, aber er konnte ihn nicht fangen, also ist der Stör noch heute im Wasser des Eismeeres.

›Was soll ich dem König nur sagen? Sechs hatte ich, und jetzt kann ich ihm nur fünf bringen. Na, es mag genug sein für ihn!‹

Zuerst aber legte er den Mond hinten in des Königs Garten ab, sollte er sich ein wenig ausruhen nach dem Bad! Und er brachte dem König die fünf Störe.

»Na, Herr König, hier ist der Stör. Laßt ihn nur herrichten, damit er zum Abendbrot fertig ist!«

»Guter Mann, den Stör, den sehe ich, den hast du bringen können, doch wo ist der Mond?«

»Kommt, schaut ihn Euch nur an, den Mond, er ist dort in Eurem Garten, seht! Er ruht sich aus, weil er allzuviel gebadet hat!«

Da machte der König große Augen! Doch als der König sich dem Mond auf ungefähr hundert Meter genähert hatte, da wollte der Mond ihn rundherum verbrennen.

»Wie kann denn der Mond so heiß sein? Hundert Meter ungefähr bin ich von ihm entfernt, und er verbrennt mir das Fell!«

»Seht Ihr, darum kann er ja auch des Nachts am Himmel leuchten!«

»Und wie kann man ihn nach oben bringen?«

»Gebt mir ein wenig Pálinka, und ich bringe ihn hinauf!«

»Wieviel kannst du trinken, guter armer Mann?«

»Wozu habe ich den Mond aus dem Wasser geholt und Euch fünf Störe gebracht, wenn ich immer noch ein armer Mann bin? Auch den sechsten hätte ich gebracht, aber der hatte Glück, der sprang mir aus der Hand. Nachgeeilt bin ich ihm, doch er verkroch sich so, daß ich ihn nicht wiederfand. Wozu sollte ich noch viel herumsuchen? Fünf sind auch genug!«

»Ja doch, von dem Stör habe ich genug. Aufgetragen hatte ich dir ja nur einen!«

»Na also, und ich habe Euch fünf gebracht!«

»Und wieviel Pálinka soll ich dir nun bringen lassen? Und wie soll ich dich jetzt nennen?«

»Wie mich nennen? Habt Ihr mir denn nicht Eure Tochter zur Frau versprochen? Ich denke, da bin ich doch wohl schon Euer Schwiegersohn! Und wenn nicht, wißt Ihr, was ich da mit Euch mache, Herr König? Da schleudere ich Euch zum Mond, und der Mond soll auseinanderplatzen und Ihr auch! Das mache ich mit Euch! Dann gibt es keinen König mehr und auch keinen Mond am Himmel, bis ans Ende der Welt, denn einen neuen Mond hat der liebe Gott nicht übrig für die Erde!«

»Aber, wer wird denn so etwas tun? Sag nur jetzt, wieviel Pálinka du brauchst, und dann kümmere dich um den Aufgang des Mondes am Ort seines Leuchtens!«

»Bringt mir fünf Liter Pálinka, den gönne ich mir, ich will nicht unbescheiden sein. Aber Eurer Tochter sagt, sie soll sich waschen, sich baden und schön machen, damit sie mir gefällt, denn wenn sie mir nicht gefällt, lange ich Euch eine!«

»Na, vielleicht gefällt dir meine Tochter nicht! Du alter schäbiger Mann! Häßlich bist doch du, und nicht meine Tochter!«

»Na, na, na, das werden wir noch sehen, wenn ich erst den Mond an seinen Platz gehängt habe! Jetzt ist es ja noch dunkel hier. Aber wenn ich den Mond oben habe und wieder unten bin, fallt Ihr auf Euern A…, sobald Ihr mich seht!«

Der arme alte Mann hob die Fünfliterflasche mit dem Pálinka an den Mund, leerte sie, rannte los, trug den Mond nach oben und brachte ihn an seinen Platz. Da leuchtete der Himmel, wie er nachts zu leuchten pflegt, wenn Vollmond ist, taghell schien der Mond. Darauf ging der arme Mann ins Königsschloß, aber er legte sein Hemd ab und behielt nichts weiter an als seine Beinkleider.

»Also, hör mal, Vater, meine Verpflichtung habe ich erfüllt, jetzt bin ich dein Schwiegersohn, und die Befehle gebe jetzt ich! Ich habe dir gesagt, daß ich von armer Herkunft bin, gib mir also Kleidung, denn ich habe keine, die dem Schwiegersohn des Königs angemessen ist!«

Als der König ihn jetzt ansah, war ein wunderschöner achtzehnjähriger junger Mann aus ihm geworden, und ob seines Glanzes fiel der König auf den A…

»Wo ist denn deine Tochter nun, zeig sie mir!« sagte der junge Mann, während er sich ankleidete.

Der König ließ seine Tochter rufen.

»Sieh, das ist dein Bräutigam!«

»Bräutigam?« fragte der junge Mann. »Erst jetzt eröffnest du deiner Tochter, daß sie meine Braut ist? Und eigentlich bin ich gar nicht mehr der Bräutigam, sondern bereits ihr Mann, denn wir hätten längst verlobt sein müssen! Gut, ich war im Wasser, im Eismeer, und habe nach dem Mond gesucht; inzwischen aber hättest du mich, Vater, deiner Tochter schon ankündigen können! Nun denn, Königstochter, sage mir, willst du meine Frau sein oder nicht?«

»Ja, warum denn nicht! Ein so schöner Mann wie du! Einen so schönen Mann wie dich habe ich in meinem ganzen Leben noch nicht gesehen.

Wie könnte ich einen solchen Mann nicht wollen, wenn er mich zur Frau erwählt!«

»Na, dann komm, wir verloben uns. Dein Vater soll mir einen Ring geben, damit ich einen habe, den ich mit dir tauschen kann!«

Dem König blieb nichts anderes übrig, er zog seinen Ehering vom Finger, denn er hatte keinen in Reserve in der Tasche, und die Prinzessin nahm einen Ring, in dem ihr Name stand, und beide tauschten die Ringe. Dann zeigte man die Hochzeit an, und sie sollte drei Monate währen, die Hochzeit der Königstochter mit dem tapferen jungen Mann, der es vermocht hatte, den Mond zum Himmel zurückzubringen.

Doch als der Mann wieder nüchtern war, wurde ein so runzliger Alter aus ihm, daß in den Furchen seines Gesichtes ein Karren entgleisen konnte. So ging er zur Königstochter und sagte: »Wie geht es dir, mein Täubchen, morgen wird unsere Hochzeit sein!«

Die Königstochter sah ihn an und fiel in Ohnmacht: »Dieser Mann soll mein Mann werden, der solche Furchen im Gesicht hat, daß ein Karren darin entgleisen kann? Ja, wie alt bist du denn?«

»Wie alt ich bin? Das fragst du noch? Habe ich es deinem Vater nicht gesagt? Die Sechzig habe ich schon längst erreicht, schon vor zehn Jahren!«

»Wie alt bist du denn dann insgesamt?«

»Rechne es dir doch aus, du bist doch eine Königstochter! Warst du in der Schule oder nicht?«

»Nun, nach meiner Rechnung bist du siebzig Jahre alt!«

»Das ist noch geprahlt! Eins mehr!«

»Na, dann um so schlimmer! Soll die Königstochter die Braut oder gar die Frau eines einundsiebzigjährigen Mannes sein?«

»Dein Vater hat es mir versprochen. Willst du mich nun nicht mehr heiraten?«

»Nein!«

»Na, ich sehe schon, da ist doch was im Busch! Einem andern Freier hast du dich versprochen, wie ich sehe. Also, dann schau her! Wer hat diesen Ring an meinen Finger gesteckt? Dein Name steht darin!«

»Den hab ich einem jungen hübschen Mann gegeben, und nicht dir!«

»Hör mal, wenn du ihn einem jüngeren gegeben hast, nicht mir, dann bist du der Schelm, nicht ich! Sieh doch her, erkennst du deinen Namen nicht im Ring?«

»Ich erkenne ihn! Alter Mann! Gestohlen hast du ihn von diesem jungen Mann! Hast ihn umgebracht oder was weiß ich mit ihm gemacht!«

Da schoß der alte Mann kreuz und quer Kobolz und verwandelte sich in den schönen achtzehnjährigen jungen Mann, der er war, als er sich mit dem Fräulein verlobt hatte.

»Bin ich's oder bin ich's nicht?«

»Ja, jetzt sehe ich, daß du es bist!«

»Na bitte! Dann heiraten wir also unverzüglich, länger warte ich nicht mehr!«

»Länger brauchst du nicht zu warten«, sagte die Königstochter, »mein Vater hat den Pfarrer schon bestellt, in zwei Stunden wird er hier sein!«

»Na, die zwei Stunden werden auch noch vergehen, zieh dir inzwischen das allerschönste Kleid an, und dann gehen wir zur Trauung!«

»Ich sagte dir doch schon, wir brauchen nicht zu gehen, hier im Zimmer ist die Trauung!«

Als sie den Treueid zur Hälfte ausgesprochen hatten, richtete die Königstochter ihren Blick auf den armen Mann und rief: »Halt! Nehmen wir unseren Eid zurück! Einen solch garstigen Mann will ich nicht!«

Daraufhin brach die Königstochter zusammen und starb, der Mann hingegen blieb irgendwo als Witwer zurück.

Das Himmelsschaf im Mondschein

Vor langer Zeit lebten im Xiao-Xiguan-Viertel von Shenyang nur in der ersten Straße der Südseite ein paar Huihui-Familien, die sich um die Moschee herum niedergelassen hatten. Der größte Teil war aus dem Landesinneren hierher geflohen. Sie wohnten in niedrigen, ebenerdigen Häusern, und mehrere Familien bildeten jeweils einen kleinen Hof. Damals wohnte in der letzten Straße nördlich der Landstraße noch niemand. Dort wuchs dichtes Unkraut, ein kleines Flüßchen floß gemächlich von Westen nach Osten, und wo heute der Hof der Hui-Grundschule ist, bildete es einen ausgedehnten Teich. Dort standen schattenspendende Weiden; Pappeln ragten hoch und gerade empor. Überall wetteiferten die Blumen in ihrer Pracht, das Gras war tiefgrün, und für die Hui war es ein idealer Ort zum Hüten von Rindern und Schafen.

Damals gab es unter den Hui eine große Schlachterfamilie namens Liu, die über hundert mongolische Schafe hielt. Eines Tages kam ein alter Hui namens Wang, der aus dem Landesinneren geflohen war. Auf die Empfehlung des Akhund (islamischen Autorität) hin stellte Geschäftsführer

Liu den Alten ein, die Herde mongolischer Schafe zu hüten. Geschäftsführer Liu baute am Nordufer des Teiches, das er sich schon früh dafür
ausgesucht hatte, einen Schafstall und errichtete dem Alten eine Hütte.
Von da an lebte der Alte in Ruhe und Frieden und hütete gewissenhaft die
Schafherde.

In der Herde gab es ein Mutterschaf, das, wenn es zwischen den anderen stand, diese um einen Kopf überragte. Da es besonders auffällig war,
wurde es zum Leitschaf gemacht. Wenn es Gras fraß, war es dabei sehr
sorgfältig, außerdem genoß es die Vorliebe des Alten, der sein Fell häufig
mit klarem Flußwasser wusch und bürstete. Zusätzlich fütterte er es noch
ein wenig außer der Reihe. Daher wurde es nicht nur kräftig und fett und
bekam eine lange, weiße Wolle, die fein war und glänzte, nein, es wurde
auch besonders zahm.

Eines Tages tauchte am Tag des Jum'a (Freitagsgebet) in der Moschee ein
blauäugiger Mann mit hohem Nasenrücken auf, der mit kanonischem
Namen »Abdullāshi Ali« hieß. Er war nicht nur während des Gebetes, sondern auch im täglichen Leben daran gewöhnt, sich den Kopf mit dem »Tai-
lasān« zu umwickeln. So sah er aus wie ein Perser, doch noch mehr ähnelte
er einem Araber. Er sprach fließend Chinesisch und verfügte nicht nur über
tiefe Kenntnisse der Glaubensvorschriften, sondern war auch mit den Sitten
und Riten der Hui gut vertraut. Da er den Respekt des Akhund und der
Gemeindeältesten genoß, wurde er respektvoll »Gemeindeältester Ali«
genannt.

Ali wollte nicht müßig in der Moschee herumsitzen; also nahm er
Quartier beim alten Schafhirten in der Strohhütte. Als die beiden Alten
sich trafen, begrüßten sie einander mit »Salām«. Sie glaubten beide an
Allah, und nachdem sie sich mit wenigen Worten besprochen hatten,
zogen sie zusammen in die Hütte. Gemeinsam hielten sie die fünf »Zeiten« (Gebetsstunden) ein, und in der freien Zeit diskutierten sie auf der
Weide oder am Fluß die Glaubenslehren, erörterten die Sitten der Menschen und hatten große Freude daran. Wenn Ali auf die Hadith (nicht-
koranische Überlieferungen des Propheten) zu sprechen kam, dann erwies
er sich als großer Kenner der heiligen Schriften, sprach er über die Orzu
(Doktrin), dann war es ganz lebensnah. So erlangte er den tiefen Respekt
des alten Schäfers.

Ali hatte eine seltsame Angewohnheit. Manchmal ging er mitten in der
Nacht hinaus und kehrte lange Zeit nicht zurück. Anfangs dachte der alte
Schäfer, daß der Mensch einen leichten Schlaf hat, wenn er alt geworden

ist, und es eigentlich auch etwas für sich hat, vor dem Beten des Bāmgāh, in tiefster Nacht, wenn die Menschen ruhten, müßig auf der Weide oder am Flußufer zu spazieren und die Freude der Stille zu genießen. Mit der Zeit fand der Alte heraus, daß Ali immer am fünfzehnten eines jeden Monats, in Nächten, in denen der helle Mond hoch stand, diese Anwandlung hatte. Dies weckte seinen Argwohn. Als einmal wieder der fünfzehnte eines Monats gekommen war, wollte der alte Schäfer aus Neugierde sehen, was geschah. Nachdem Ali um Mitternacht hinausgegangen war, warf er sich den Mantel über und folgte ihm. Da sah er, wie Ali aus dem Schafstall jenes Leitschaf, das jedermann eine Freude war, hinausführte. Am Flußufer angekommen, brachte er das Leitschaf dazu, sich nach Westen gerichtet niederzuknien. Dann zog er eine Schale hervor, die er an der Brust getragen hatte. Diese Schale begann im Schein des Mondes zu funkeln und zu glänzen. Nachdem ungefähr eine Doppelstunde vergangen war, sah man einen prächtigen Schafbock vom im Westen gelegenen Mekka kommend aus der Luft herabschweben und geradewegs auf Ali zusteuern. Nachdem er auf der Erde gelandet war, fraß er gemeinsam mit dem Leitschaf Futter aus der Schale in Alis Hand. Dann gingen die beiden Schafe zusammen zum Flußufer und tranken sich satt. Schließlich tummelten sie sich und spielten vertraut miteinander. Bevor die Bāmgāh-Stunde anbrach, sah man den Schafbock sich wieder in die Luft erheben und südwestwärts nach Mekka schwebend heimkehren. Als der alte Schäfer sah, daß Ali um Mitternacht lautlos ein Himmelsschaf fütterte, war er sehr erstaunt. So beobachtete der Alte immer, wenn die Zeit gekommen war, noch zweimal das Geschehen. Beide Male war er dabei Ali noch näher als beim ersten Mal. Doch das Himmelsschaf zeigte sich, nachdem es auf der Erde gelandet war, bedrückt, es fraß kein Getreide, trank auch kein Flußwasser, und mit dem Leitschaf tummelte und spielte es schon gar nicht. Das ließ in Ali die größten Sorgen aufkommen.

Es waren schon ein paar Tage vergangen, aber keiner von beiden hatte ein Wort über die Angelegenheit verloren. Eines Tages, als die beiden Alten wie immer gemeinsam das Bāmgāh gebetet hatten und nebeneinander knieten, streckte Ali den Zeigefinger der rechten Hand aus und sagte zum alten Schäfer: »Aufrichtiger Moslem, beim Imān frage ich Euch hochachtungsvoll, sagt mir bitte, habt ihr nicht um Mitternacht heimlich nach meinem Verbleib gesehen?«

Der alte Schäfer streckte ebenfalls den Zeigefinger der rechten Hand aus und antwortete: »Verehrter Gast, beim Imān sage ich Euch mit einem

Herzen, das jedem Menschen genauso wie Allah gegenübertreten kann, ich habe dich bereits dreimal um Mitternacht mein Leitschaf bevorzugt behandeln sehen. Einerseits ist mein Herz voll Dankbarkeit, andererseits bin ich auch verwirrt. Der funkelnde Gegenstand, den Ihr in den Händen hieltet, was ist das für ein Schatzding? Der Schafbock, den Ihr rief und der von Westen her kam, wie konnte er vom Himmel herabsteigen? Und weshalb habe ich bei den letzten beiden Malen den Schafbock betrübt und nicht munter, nicht fressend und nicht trinkend gesehen?«

Nachdem Ali dies gehört hatte, sagte er höflich zu dem alten Schäfer: »Ich habe großen Respekt vor Eurer Aufrichtigkeit, doch kann ich Euch diese Einzelheiten nicht preisgeben; bitte willigt ein, daß Ihr von heute an nicht mehr hinausgeht, um meinem nächtlichen Tun zuzusehen.«

Der alte Schäfer sagte: »Verehrter Gast, ich möchte Euch ganz offenherzig sagen, daß ich von jeher nicht den Dummkopf spielen wollte, der über etwas im Unklaren gelassen wird, und noch weniger möchte ich etwas Unüberlegtes tun, das ich nicht verstehe. Wenn Ihr an dem Entschluß festhaltet, den Hergang der Ereignisse nicht erklären zu wollen, dann verweise ich Euch nicht nur von diesem Ort, sondern dann werde ich es meinen Landsleuten offenbaren.«

Als der alte Ali das gehört hatte, antwortete er dem alten Schäfer: »Ich bewundere Eure Tugend, als anständiger Mensch nichts im Schilde zu führen. Also muß ich Euch wohl die Wahrheit erzählen.«

Während er die an der Brust verborgene funkelnde und glänzende Schale hervorholte, sagte er: »Dies ist eine Goldschale, ein Schatz, den ich, als ich in Euer Land kam, als Geschenk für eine Audienz beim Kaiser in Dadu (Peking) mitbrachte. Von diesem Schatz wissen andere Menschen nur, daß der Wert seines Goldes hoch ist, doch niemand weiß von seiner Kraft der direkten Verbindung zum Himmel. Wenn sich der Schatz nur an einem Ort befindet, an dem Himmel und Erde in einem günstigen Verhältnis zueinander stehen, kann er das Himmelsschaf zur Erde herabrufen, und wenn es ein geliebtes Mutterschaf als Partnerin findet, dann werden bald Schafherden die Wildnis bedecken, und die Menschen, die das Fleisch essen, werden klug, kräftig und haben ein langes Leben. Die Gemeinschaft der Rechtgläubigen wird gedeihen, die hundert Gewerbe werden florieren, in allen Familien wird Gesundheit und Wohlergehen herrschen, der Staat wird gefestigt, und das Volk lebt in Frieden. Ich bin durch alle Teile der Welt gewandert und habe entdeckt, daß dies Stück Land hier eine Schatzgegend ist. Dem Wunsch des Himmels gemäß ist die

Erde hier fruchtbar, in der kältesten Zeit des Winters ist es nicht zu kalt, in der heißesten Zeit des Sommers ist es nicht zu heiß. Die Gegend hat 72 Sha (gesegnete Orte), die Stadt wird von den Wassern des Shen begleitet, die fünf Getreide werden gleichermaßen geerntet, und die Menschen sind freundlich und gütig. Wasser und Boden waren also schon ausgezeichnet; ich entdeckte zudem, daß Ihr ein außergewöhnliches, großes Schaf habt. Schaut doch mal, der Fluß, aus dem es trinkt: Sein Wasser strömt ohne Unterlaß, es sammelt sich und verschwindet nicht. Ich sage voraus, daß an der westwärts fließenden Quelle dieses Flußlaufes eine großartige Moschee stehen wird. Die Weidestelle der Schafe, dort, wo das Flußwasser sich sammelt, ist ein aufblühender Ort, der in Zukunft weise und begabte Leute in großer Zahl hervorbringen wird. Aus diesem Grund kann das Leitschaf nur hier das Himmelsschaf dazu bewegen, herabzusteigen. Ich möchte diese Goldschale gegen Euer Leitschaf eintauschen. Sobald ihm Lämmer geboren werden, kann das Himmelsschaf herbeigeholt werden. Wenn dieser Zeitpunkt gekommen ist, werde ich das Schaf nehmen und gehen. Außerdem könnt Ihr, wenn Ihr erst die Goldschale besitzt, in den Genuß von Reichtum und Würden kommen.«

Also nahm er die Goldschale und schenkte sie dem alten Schäfer. Der Alte würdigte sie keines Blickes, schob sie mit beiden Händen fort und sagte: »Wenn ich die Goldschale bekomme, dann werde nur ich allein reich. Es darf aber auf keinen Fall geschehen, daß ich die natürliche Pflicht gegenüber meinem Volk aufgebe. Ich will mich auf die Schätze des guten Wetters, der Fruchtbarkeit des Bodens sowie des Friedens unter den Menschen verlassen und mit dem Leitschaf als Herzstück die Schafherde fleißig und sorgfältig hüten und vermehren. Aus einem werden zehn, aus hundert werden tausend; daß unser Volk der Huihui blühen und gedeihen kann, das ist der eigentliche Herzenswunsch dieses Schäfers.«

Als Ali diese tief aus dem Herzen kommenden Worte des alten Schäfers gehört hatte, sah er ihn mit einem Blick an, der tiefen Respekt ausdrückte, und sagte gerührt: »Ich bewundere Eure Tugendhaftigkeit sehr und habe erkannt, daß das Volk der Huihui den Massen der einfachen Menschen Achtung schenkt, der Heimaterde verbunden ist und aus einem Sinn für Gerechtigkeit heraus nicht auf den persönlichen Vorteil erpicht ist.«

Warmherzig sagte der Gemeindeälteste Ali dem alten Schäfer »Salām«, bedeckte mit der Hand seine Herzgrube und verbeugte sich. Dann ging er hinaus und im fahlen Licht der leuchtenden Sterne fort. Von da an hat niemand mehr den blauäugigen Gemeindeältesten Ali mit seinem hohen Nasenrücken und dem mit Tuch umwickelten Kopf wiedergesehen.

Weshalb die Eule bei Vollmond schreit

Es wird erzählt, daß früher einmal im Himmel ein Reich existierte, das von einem Raja (Fürst) mit seiner Gemahlin und den drei Söhnen regiert wurde. Wegen seiner Lage im Himmel erhielt das Reich den Namen ›Himmelland‹. Weiter wird erzählt, daß Himmelland ein blühendes Reich war, dessen Bürger einmütig und friedfertig lebten, so daß es nicht erstaunlich war, wenn viele Kaufleute und Händler dorthin zu Besuch kamen. Unter den Kaufleuten und Händlern, die kamen, waren auch Kaufleute aus Erdenland anzutreffen, dem größten Feind von Himmelland. Die ankommenden Kaufleute und Händler vergaßen nie, dem klugen und weisen Herrscher von Himmelland Geschenke und Gaben als Dankeszeichen zu übergeben.

Es verwundert nicht, wenn der Herrscher von Erdenland mißgünstig die schnelle Entwicklung in Himmelland ansah und immer nach einer günstigen Gelegenheit suchte, es zu vernichten. Allerdings mußte der Herrscher von Erdenland eine recht lange Zeit auf die von ihm ersehnte Gelegenheit warten, denn zunächst besaß der Herrscher von Himmelland noch keine Tochter. Der Herrscher von Erdenland beabsichtigte nämlich, seinen Feind erst dann anzugreifen, wenn der eine erwachsene Tochter besitze, um sodann die Prinzessin zu entführen und zu seiner Königin zu machen.

Doch zurück zum Leben der Familie des Herrschers von Himmelland. Schon lange sehnte sich der Herrscher nach einer Tochter, und eines Tages, so wird berichtet, versammelte er die Ulama, die Weisen, die Minister und die Generale und auch alle anderen Würdenträger des Landes um sich. Er wünschte von ihnen Auskunft darüber zu erhalten, ob er einmal eine Tochter bekommen werde. Da trat einer der anwesenden Weisen hervor, küßte des Herrschers Hand, gab sie wieder frei und studierte sie dann voller Aufmerksamkeit. Dann fiel er auf die Knie, verneigte sich und sprach: »Mein Herr! Zunächst möchte ich Euch meine Ergebenheit bekunden und um Gnade wegen meiner Dreistigkeit bitten, Euch zu prophezeien, was sich mit Euch zutragen wird. Nach Betrachtung der Rillen und Linien in Eurer Hand, mein Herr, werdet Ihr wohl in Kürze eine Tochter

bekommen. Diese Tochter wird ein schönes und anmutiges Mädchen werden, und kein Mensch im ganzen Erdenland wird sich mit ihr an Schönheit messen können. Doch Gnade, mein Herr! Tausendfach Gnade«, verneigte sich der Weise und fuhr in seiner Prophezeiung fort. »Durch diese Tochter, die demnächst geboren werden wird, wird Euer ruhmreiches Land zugrunde gehen, denn ein Herrscher von Erdenland, der Himmelland schon immer beneidet, wird Euch angreifen, weil er Euch Eure Tochter, die Ihr auf Händen tragt, entreißen will. Dann werdet Ihr, Herr, mit dem von Euch geliebten Himmelland und zusammen mit den Ministern, den Generalen, den Bürgern und dem gesamten Staat zugrunde gehen.«

Dann – nicht lange darauf – bewahrheitete sich die Prophezeiung für den Herrscher. Nachdem der Zeitpunkt gekommen war, den die allmächtigen Götter vorausbestimmt hatten, gebar die Königin dem Herrscher die langersehnte, reizende und anmutige Tochter. Alle Palastangehörigen und die gesamte Bevölkerung von Himmelland freuten sich mit und begrüßten die Geburt der Prinzessin. In allen Ecken des Landes hielten die Bürger Festlichkeiten ab, veranstalteten Wettkämpfe und die verschiedensten Spiele als Zeichen ihres Jubels und ihrer Mitfreude über das Glück, das die Angehörigen des Herrscherhauses durch die Geburt der Prinzessin erfahren hatten. Man verhätschelte die neugeborene Prinzessin und übergab sie einer Amme, die sie ordentlich versorgen und pflegen sollte. Und immer, wenn der Herrscher Zeit hatte, rief er nach der Amme, und die brachte dann die Prinzessin, damit der Herrscher sie sich anschauen konnte. So groß war die Liebe des Herrschers zu seiner neugeborenen Tochter.

Als dann die Prinzessin herangewachsen war, so wird erzählt, erinnerte sich der Herrscher an die Prophezeiung des Weisen damals in dem Palast, der erklärt hatte, Erdenland werde einmal sein Land angreifen und es vernichten, um die Prinzessin zu bekommen. Im Herzen des Herrschers entstand der Wunsch, die Prinzessin an einen Ort zu bringen, der als sicher angesehen werden konnte, wenn Erdenland tatsächlich einmal einen Angriff unternehmen sollte. Aber es sah so aus, als gäbe es keine andere Möglichkeit, die als sicher gelten konnte, als die Prinzessin zu nehmen und auf dem Mond zu verstecken und dort für einige Zeit zu lassen. Da befahl der Herrscher, auf dem Mond einen prächtigen Palast zu bauen; und an einem Tag, der vorher festgelegt worden war, brach die Prinzessin gemeinsam mit ihrer Amme zum Mond auf, begleitet mit aller Würde, wie es herrschaftlicher Brauch ist. Der Herrscher und die Königin – Begleiter der von ihnen sehr geliebten Prinzessin – vergossen nur Tränen und vermochten nicht das geringste zu sagen. All dies hatte seinen Grund in der Liebe des Herrschers zu der Prinzessin, der er ersparen wollte, in die Hände des als roh bekannten Herrschers von Erdenland zu fallen.

Unterdessen verbreitete sich unter den Bewohnern der Erde die Nachricht, daß der Herrscher von Erdenland eine große Armee zur Vorbereitung eines Angriffes auf Himmelland aufstellte, denn er begehre sehr die Tochter des Herrschers von Himmelland. Jeden Tag wurden Militärübungen abgehalten, und auch eine Art von Wehrpflicht für alle Bürger des Reiches wurde eingeführt. Alle Vorbereitungen für den Krieg wurden getroffen, um einen um so glänzenderen Sieg davontragen zu können. Als der vorher festgelegte Zeitpunkt dann gekommen war, drangen die Truppen von Erdenland in das Gebiet von Himmelland ein, und von flammender Begeisterung getragen, marschierten sie auf seinen Palast zu. Der Angriff auf den Palast wurde vom Herrscher von Erdenland persönlich geführt, und als sie ihn erreicht hatten, suchte er sogleich nach der Prinzessin. Sehr groß wurde der Zorn des Herrschers von Erdenland, als er erkannte, daß die Prinzessin versteckt worden war, um sie dem Zugriff der Erdenleute zu entziehen. Der Herrscher von Himmelland wurde zusammen mit seiner Königin, sämtlichen Ministern, den Generalen und allen Palastangehörigen durch die Streitkräfte von der Erde getötet, auch die Gebäude rings um den Palast wurden völlig zerstört und dem Boden gleichgemacht. Zunächst hatten die Armeen von Himmelland noch den Angriffen der Streitkräfte von Erdenland widerstehen können, doch weil dessen Truppen immer zahlreicher wurden, konnten die Heere im Himmel den entsetzlichen Angriffen nicht standhalten.

Es dauerte nicht lange, und die traurige Nachricht erreichte die auf dem Mond wohnende Prinzessin, und ihr Schmerz war groß, als sie hörte, daß Vater, Mutter und alle Palastangehörigen von den Armeen aus Erdenland getötet worden waren. Sie wünschte, das Grausame, das ihr der Herrscher von Erdenland angetan hatte, zu vergelten, doch was sollte sie tun? Sie, eine Prinzessin, dazu noch ohne Reichsinsignien und mit zerstörtem Kriegsgerät. Jetzt besaß sie nur noch eine Amme, die sie sehr liebte. Seitdem die Prinzessin die Unglücksbotschaft vernommen hatte, war sie immer traurig. Tagsüber war ihre einzige Tätigkeit, an einem Fenster des Palastes zu sitzen, zu grübeln und dorthin zu starren, wo früher der jetzt zerstörte Palast ihres Vaters gestanden hatte. Währenddessen suchte die Amme ständig nach einem Mittel, um die Prinzessin zu trösten, doch alles war vergeblich, denn die Prinzessin dachte immer nur an das Antlitz ihrer Eltern und an den Glanz ihres Palastes.

Eines Tages dann, so wird erzählt, als die Prinzessin so ins Leere starrte und an die ruhmvollen Zeiten früher in ihres Vaters Reich dachte, da fiel ihr Blick plötzlich auf eine Blume, die sich auf der Erdoberfläche entfaltete. Die Blume sah äußerst prächtig aus und funkelte, von den Strahlen der Sonne getroffen. Die Prinzessin wünschte sich, sie zu besitzen, doch was sollte sie tun? Die Blume befand sich auf der Erde, im Gebiet des Landes, das früher das Reich ihres Vaters zerstört hatte. Sie wollte gerne hinuntergehen, fürchtete aber, der Herrscher von Erdenland könne sie ergreifen. Dennoch bat sie die Amme, ihr die Erlaubnis zu geben, auf die Erde hinabzusteigen und jene Blume zu holen. Die Amme riet ihr, auf keinen Fall einen Fuß auf den Boden zu setzen, denn wenn sie einmal dorthin gegangen sei, werde sie bestimmt nicht mehr nach oben kommen können.

Die Prinzessin beachtete den Rat ihrer Amme nicht, und eines Tages stieg sie herab auf die Erde, ohne ihrer Amme vorher Bescheid zu geben, um die Blume, nach der sie sich schon lange sehnte, zu holen. Groß war ihre Reue, denn das, was sie als eine Blume angesehen hatte, waren offensichtlich nichts anderes als hier und dort verstreute Zuckerrohrabfälle. Auch erkannte sie, daß sie sich in eine Falle begeben hatte und daß Abfall und Schmutz nur ein Köder gewesen waren. Sie versuchte, zurück zum Mond zu fliegen, aber was sollte sie tun? Auf einmal konnte sie ihre Flügel nicht mehr bewegen. Da entfernte sie sich von jenem Ort und setzte sich verlassen und grübelnd unter einen Baum, wobei sie sich aus Furcht, ein Bewohner der Erde könne sie sehen, verborgen hielt. Als sie über ihr Geschick nachdachte, schoß es ihr auf einmal in den Sinn, den Baum zu ersteigen und von dort zu versuchen, zurück zum Mond zu fliegen. Offensichtlich war es der Prinzessin aus dem Himmel aber vorbestimmt, immer, wenn sie hochflog, zurückkehren zu müssen, denn ihre Bemühungen, zum Mond zu gelangen, blieben erfolglos. Dabei verwandelte sich ihr Körper, ohne daß sie sich dessen bewußt wurde, Stück für Stück in den eines Vogels, und mit der Zeit wurde sie zu einer richtigen Eule.

Das ist der Grund, warum man bei Vollmond immer eine Eule schreien hören kann, die dabei von Baum zu Baum fliegt und sich bemüht, zu ihrer Amme zurückzukehren.

Die Amme im Mond wartet schon lange auf ihre Ankunft, doch niemand kommt. So sitzt sie sinnend unter einem großen Waringin-Baum, und das ist das, was man bei Vollmond deutlich sieht: einen Waringin (Birkenfeigenbaum) und unter ihm einen sitzenden Menschen.

Die Mondblume

Es lebte einmal – so lange ist's her, daß ich nicht mehr daran denken kann –, es lebte einmal ein großer und mächtiger Häuptling, ein reicher Herr, der viele Herden besaß und dem viel Land gehörte. Er war ein König unter den Häuptlingen, so mächtig und so stark war er.

Dieser Mann hatte drei Söhne. Und als er alt wurde, fragten sie ihn eines Tages: »Du, Vater, sage uns, wer einmal deine Herden, deine Häuser und deinen Landbesitz erben soll. Sag du es uns, Herr, damit es keinen Streit zwischen uns Brüdern gibt.«

Der Vater aber liebte alle seine drei Söhne gleich, und er konnte sich nicht entscheiden, einen zu bevorzugen. Da dachte er lange nach und kam doch zu keinem Entschluß. Da ließ er alle Zauberer seines Landes rufen, und als sie vor seiner Hütte saßen, ging er hinaus und sagte: »Alte und weise Onkel, wie ihr wißt, habe ich drei Söhne: Subu, Boba und Bofa. Nun weiß ich nicht, wem ich alle meine Sachen vererben soll, und ich will aber auch nicht, daß nach meinem Tod ein Streit ausbricht und die Brüder sich gegenseitig umbringen. Was soll ich tun?«

Die Zauberer schwiegen lange, tranken Schnaps und rauchten ihre Pfeifen. Dann tuschelten sie untereinander, und endlich stand einer auf und sagte: »Hoher und weiser Herr. Wir wissen nichts, gar nichts. Aber der Älteste von uns wohnt auf einem Berg. Er ist schon so alt, daß er nicht mehr gehen oder reiten kann. Man muß zu ihm hingehen, wenn man etwas von ihm will. Aber er ist mächtig klug.«

Da sagte der König: »Gut, geht nach Hause! Morgen werden wir uns auf den Weg machen, um den Zauberer-Ältesten zu besuchen.«

Am andern Tag ließ er sich sein Reittier, einen Maulesel, bringen, und Subu mußte ihn führen, während Boba und Bofa die Lebensmittel und die Waffen des Vaters tragen mußten. So wanderten sie den ganzen Tag durch das Buschland, und am Abend befahl der Vater, zu halten und ein Lager aufzuschlagen. Dann schickte er seine Söhne aus, Holz für das Feuer einzusammeln. Als die drei Brüder durch die Gegend streiften, stießen sie auf eine Fallgrube, in der ein Elefant war. Boba und Bofa kümmerten sich nicht um das Tier, aber Subu hatte Mitleid mit dem Elefanten, und er warf so lange Steine und Erde in die Grube, bis der Elefant heraussteigen konnte. Und als er wieder in Freiheit war, sagte der Elefant zu Subu: »Du hast mir das Leben gerettet, denn morgen wären die Jäger gekommen und hätten mich getötet. Wenn du selbst einmal in Not kommen solltest, so rufe: ›Juijuijuijui‹, und dann werde ich kommen und dir helfen.«

In der Zwischenzeit waren Boba und Bofa zum Lager zurückgegangen und hatten ein Feuer angezündet. Der Vater fragte: »Wo ist denn euer Bruder Subu?« – »Er ist hingegangen, um sich mit einem Elefanten zu vergnügen«, sagten sie.

Als endlich auch Subu mit seinem Holz zum Lager kam, fragte der Vater: »Subu, wo bist du gewesen? Und was hast du getrieben, daß du erst jetzt kommst?« – »Vater, ich habe einen Elefanten befreit, der in eine Fanggrube gefallen war.« Da sagten Boba und Bofa: »Immer muß er sich in die Sachen anderer einmischen. Hättest du doch den Elefanten dort gelassen, wo er war. Morgen werden die Jäger kommen, und wenn sie merken, daß du den Elefanten befreit hast, dann werden sie böse sein und uns verfolgen.«

Der Vater aber sagte nichts.

Am nächsten Tag zog der Häuptling mit seinen drei Söhnen weiter, und am Abend waren sie am Fuße eines hohen Gebirges angekommen. Da befahl der Vater wieder, ein Lager aufzuschlagen und Holz für ein Feuer zu sammeln. Und die drei Brüder gingen weg, jeder in einer eigenen Richtung, denn sie brauchten viel Holz, um das Feuer die ganze Nacht brennen lassen zu können und damit die wilden Tiere abzuschrecken.

Subu war noch nicht weit gegangen, da stieß er auf eine Falle, in der ein Leopard gefangensaß. Er wagte es nicht, sich der Falle zu nähern, aber da sprach ihn der Leopard an und sagte: »Subu, wenn du mich herausläßt, sollst du es nicht bereuen, denn dann werde ich dein Freund sein und dir helfen.« Da ging Subu hin und half dem Leoparden aus seiner Falle heraus.

Auch diesmal kam Subu als letzter mit seinem Holz zum Lager zurück, und der Vater fragte ihn: »Subu, was ist das, daß deine Brüder schon lange da sind, und du kommst erst jetzt?« – »Herr, ich habe eine Falle gefunden, in der ein Leopard gefangensaß, und ich habe ihn befreit.«

Da wollten Boba und Bofa über Subu herfallen und ihn verprügeln, und sie schrien: »Immer läßt er die wilden Tiere laufen! Was nun, wenn der Leopard heute nacht kommt und uns auffrißt! Auch wir haben jeder eine Falle mit einem Leoparden gesehen, aber wir haben uns gehütet, die bösen Tiere herauszulassen, so sehr sie uns auch angefleht haben.«

Aber der Vater sagte: »Laßt Subu in Frieden, kocht lieber das Essen und geht zeitig schlafen. Morgen müssen wir auf den Berg steigen. Das wird sehr mühsam werden.«

Als die Brüder eingeschlafen waren, schlich sich Subu davon, und er suchte, bis er die beiden andern Leoparden gefunden hatte. Und er befreite auch sie aus ihren Fallen, dann kehrte er zum Lager zurück und legte sich schlafen.

Am nächsten Tag war Subu recht müde, denn er hatte nur wenig geschlafen; aber er beklagte sich nicht, und als der Berg so steil wurde, daß der Maulesel nicht mehr gehen konnte, nahm er willig seinen Vater auf die Schultern und stieg weiter den Berg hinauf.

Der Berg hatte keine Spitze, sondern er war oben rund wie ein Topf, und innen hatte er einen tiefen Krater. In dem Krater wohnte der Zauberer.

Als der Häuptling oben angekommen war, wurde es schon finster, und so konnte man nicht mehr den Weg suchen, der innen hinunterführte. So befahl der Vater wiederum, das Lager aufzuschlagen und ein Feuer zu machen.

Nun war es aber mit dem Feuer schwer, denn es wuchsen keine Bäume oder Büsche mehr oben auf dem Berg. Boba und Bofa begnügten sich daher damit, ein paar Büschel Gras auszurupfen und damit zum Lager zurückzukehren. Subu aber kletterte ein Stück in den Krater hinunter, bis er zu einem Gebüsch kam. In dem Buschwerk aber hatte sich ein Affe in einer Liane verfangen und konnte sich nicht befreien. Subu half ihm heraus, und der Affe sagte: »Subu, du bist jetzt mein Freund, und wenn du meine Hilfe brauchst, dann werde ich dasein.«

Als Subu mit dem Holz zum Lager kam, sagten die Brüder nichts, aber der Vater sprach: »Da seht, ihr Faulen: es gibt doch Holz, und ihr habt nur Gras gebracht.« Boba und Bofa schämten sich, aber auf ihren Bruder hatten sie eine Wut.

Am nächsten Tag suchten sie den Abstieg in den Kessel, und sie fanden eine Schlucht, die in den Krater hinunterführte. Sie kamen unten an und fanden die Hütte des alten Zauberers. Der Vater ließ die Söhne vor der Hütte zurück und ging hinein. Der Zauberer saß am Feuer und rührte in einem Topf um. Der Häuptling verbeugte sich und sagte: »Friede und langes Leben!« – »Setz dich, Häuptling!« sagte der alte Zauberer, ohne aufzusehen. »Ich weiß schon, warum du kommst. Du willst mich wegen der drei Söhne befragen. Ich könnte dir sagen, wer von ihnen der Tüchtigste ist. Aber du sollst sie selbst erproben, sonst glaubst du mir nicht. Darum rate ich dir: schicke sie aus, sie sollen die Mondblume bringen! Wer sie heimbringen kann, der soll dein Erbe und die andern seine Diener sein.«

Der Häuptling kehrte nach Hause zurück, dann schickte er die Söhne um die Mondblume aus. Sie wußten aber nicht, wo sie die Mondblume finden könnten, und so befragten sie die Zauberer, und die alten Onkel sagten: »Da müßt ihr auf das höchste Gebirge gehen, das es gibt. Oben auf dem höchsten Gipfel hat ein Storch sein Nest, und dieser Storch fliegt jeden Monat einmal auf den Mond. Und dort in einem Teich wächst die Mondblume. Da ist jedoch schwer hinzugelangen, denn eine große Schlange bewacht den Teich und frißt alle Wesen, die in ihre Nähe kommen.«

Die drei Brüder machten sich also auf den Weg. Sie wanderten und wanderten, bis ihnen die Füße weh taten, und als sie kaum mehr weiterkonnten, da waren sie erst am Fuße eines hohen Gebirges. Da sagte Boba: »Geht ihr weiter, wenn ihr Lust habt! Ich aber bleibe hier, und wenn ich mich ausgeruht habe, dann gehe ich wieder heim. Soll die Herden erben, wer will! Ich kann auch so leben und will mir nicht den Hals brechen".

Während Boba sich ins Gras legte und schlief, begannen Subu und Bofa auf das Gebirge hinaufzusteigen, und als sie schon meinten, sie seien oben angekommen, da sahen sie eine wüste Ebene, auf der abermals ein hoher Berg stand. Dieser Berg aber war so hoch, daß sein Gipfel in den Wolken verschwand. Die ganze Ebene aber war erfüllt von wilden Tieren.

Da verließ auch den Bofa der Mut, und er sagte zu Subu: »Nein, hier ist nichts zu erben. Sterben aber mag ich nicht. Komm, laß uns umkehren. Mag unser Vater die Herden unter uns aufteilen, oder mag er sie auch behalten. Ich gehe nicht weiter.« – »Versuchen wir es wenigstens!« meinte Subu. Aber Bofa wollte nicht, und so machte sich Subu allein weiter auf den Weg. Er durchquerte die Ebene und kam zu dem Berg, der war so steil wie ein Turm und so glatt wie Glas. Einen ganzen Tag versuchte Subu, auf den Berg hinaufzuklettern, aber wenn er einmal zwei oder drei Meter hoch gekommen war, rutschte er wieder aus und fiel auf den Boden herunter. Er wollte schon aufgeben, denn es wurde finster, und auf den nächsten Tag warten, da kam auf einmal jener Affe, den er befreit hatte, und sagte: »Subu, du und ich sind Freunde. Ich werde dir helfen, denn wenn du auf den Mond willst, mußt du noch heute auf die Spitze des Berges gelangen. Heute nacht ist Vollmond, und dann wird der Storch zum Mond fliegen. Wenn du aber heute nicht hinaufkommst, dann mußt du einen Monat lang warten. Komm, gib mir deine Hand, und ich werde dich hinaufziehen!«

Und er packte Subu bei einer Hand und kletterte den Berg hinauf, indem er Subu hinter sich herzog. Und ganz schnell waren sie oben an der Spitze, über den Wolken. Da sah Subu das Nest des Storches.

Der Affe aber sagte: »Gevatter, tust du mir einen Gefallen?« Der Storch antwortete: »Gevatter, was soll es denn sein?« – »Schau, Gevatter, dies hier ist mein Freund Subu, der mir das Leben gerettet hat. Er möchte auf den Mond hinauf. Kannst du ihn hinfliegen?« – »Was will er denn auf dem Mond?« – »Er will sich eine Mondblume aus dem Teich holen.« – »Soso! Das ist aber gefährlich. Wenn er in der Nacht hingeht, dann findet er die Blume nicht, und wenn er am Tag hingeht, dann frißt ihn die Schlange. Aber wenn er will, dann kann ich ihn hinauffliegen. Wie er wieder herunterkommt, ist dann seine Sache, denn ich muß noch diese Nacht zurückfliegen.«

Damit nahm der Storch Subu auf seinen Rücken und flog zum Mond hinauf. Und dort setzte er ihn ab, aber weit vom Teich weg, und sagte: »Warte, bis es Tag ist! Viel Glück!« Und flog davon.

Subu wartete bis zum nächsten Morgen, dann machte er sich auf den Weg zum Mondteich. Aber als er in die Nähe kam, roch ihn die Schlange, und sie kroch auf ihn zu, um ihn zu fressen. Subu ging zwar mutig mit einem Prügel auf sie zu, aber das hätte ihm nicht geholfen, denn die Schlange war so groß, daß sie hundert Männer hätte fressen können. In der größten Not erschienen jedoch plötzlich die drei Leoparden, die Subu aus ihren Fallen befreit hatte, und sie stürzten sich auf die Riesenschlange.

Es gab einen langen Kampf hin und her, denn die Leoparden konnten die Schlange nicht überwinden, aber auch die Kraft der Schlange reichte nicht aus, die Leoparden zu erwürgen, denn wenn sie einen umschlungen hatte, dann bissen sie die beiden andern so, daß sie ihn wieder loslassen mußte. So rangen sie lange, bis sie alle erschöpft waren. Da kroch einer der Leoparden zu Subu und sagte: »Geh du jetzt schnell zum Teich und hol die Blume. Wir werden inzwischen mit der Schlange weiterkämpfen. Aber beeile dich, denn wir sind schon müde und können der Schlange nicht mehr lange widerstehen.«

Da sprang Subu so schnell er konnte zum Ufer des Teiches. Er riß jedoch nicht eine Blume aus, sondern er grub ihre Wurzeln frei, wickelte sie in ein großes Blatt und lief zurück. Da gaben die Leoparden die Schlange frei und rannten mit Subu so weit, daß die Schlange ihnen nicht mehr folgen konnte. Sie ist nämlich an die Nähe des Teiches gebunden.

Nun saß Subu da auf dem Mond, wo es nichts zu essen und zu trinken gibt, und dachte: ›Wenn ich jetzt bis zum nächsten Vollmond warten muß, bis der Storch wieder heraufgeflogen kommt, dann bin ich schon vorher verhungert und verdurstet.‹ Und er war verzweifelt, weil er meinte, daß alles umsonst gewesen sei.

Aber was taten in der Zwischenzeit die Leoparden? Ja, was taten sie? Sie sprangen auf die Erde herunter und gingen den Elefanten suchen, jenen Elefanten, dem Subu aus der Fallgrube herausgeholfen hatte.

Als sie endlich den Elefanten gefunden hatten, riefen sie: »Onkelchen, unser Freund, der auch dein Freund ist, sitzt auf dem Mond und kann nicht mehr herunter.« – »Soso«, sagte der Elefant, der ein Witzbold war, »wenn er nicht kann, warum ist er dann hinaufgestiegen?« – »Aber Onkelchen, das mußt du doch selbst wissen: er wollte eine Mondblume holen.« – »Hm, hm«, machte der Elefant, »besser die Mondblume hätte sich den Subu geholt. Nun, das wird sie noch tun. Aber ihr versteht das ja nicht. Aber beruhigt euch, ich werde also unserm Freund Subu helfen!«

Damit machte er sich auf zu dem Gebirge, das unterm Mond liegt. Und dort blies er sich auf, daß er dick und groß wie ein Berg wurde. Und dann streckte er seinen Rüssel, der so dick wie der stärkste Baumstamm war. Er reckte und streckte ihn, bis er so dünn wurde wie ein Seil. Aber dabei wurde der Rüssel länger und länger und reichte bis zum Mond hinauf. Und da sagte der Elefant: »Los, Subu, rutsche an meinem Rüssel herunter! Aber schnell, schnell, denn ich kann nicht lange so stehen!«

Da nahm Subu das Blatt mit der Mondblume zwischen die Zähne und rutschte am Rüssel des Elefanten hinunter auf die Erde.

Drei Tage später war Subu bei seinem Vater. »Hier, Herr: da ist die Mondblume.« – »Gut gemacht, Söhnchen. Pflanze sie im Garten ein. Ich werde dir eine Frau suchen, dann sollst du heiraten und mein Nachfolger werden.«

Da ließ der Häuptling alle Mädchen seines Stammes zusammenrufen, und er zeigte sie Subu und sagte: »Hier wähle dir eine Frau aus!«

Aber Subu wollte keine gefallen, oder vielleicht gefielen ihm auch alle, und er wollte keine kränken, ich weiß es nicht. Jedenfalls mußten die Mädchen alle wieder heimgehen, denn Subu konnte sich nicht entscheiden. Und zu seinem Vater sagte er: »Vater, ich bitte dich, laß mir noch ein wenig Zeit, und ich werde schon eine Frau finden.«

Der Vater war damit zufrieden.

Die Mondblume aber war im Garten eingepflanzt und wuchs und gedieh gut. Und in der nächsten Vollmondnacht hörte Subu eine schöne Stimme singen:

»Mondblume nennt man mich,
Am Blütenkleid erkennt man mich.
Wer mich pflückt zur Vollmondnacht,
Wird von mir glücklich gemacht.«

Da stand er auf und ging der Musik nach, und so kam er in den Garten, und dort sah er, daß die Mondblume aufgeblüht war, und in der Blüte saß ein kleines Mädchen und sang. Er wagte sich nicht zu rühren und schaute die Blume an, bis sie sich am Morgen wieder schloß und das Mädchen damit verschwand.

Als sein Vater aufgewacht war, ging Subu zu ihm und erzählte ihm, was er in der Nacht gehört und gesehen hatte. Sein Vater hörte ihm ruhig zu und sagte: »Subu, wir müssen aufpassen. Wenn wir jetzt etwas falsch machen, dann werden wir es später bereuen. Es könnte sein, daß das Mädchen stirbt, wenn wir die Blume abreißen. Es ist das beste, du gehst zu dem alten Zauberer, bei dem wir damals waren, und fragst ihn um Rat.«

So machte sich Subu abermals auf und wanderte zu dem alten Zauberer. Der saß immer noch an seinem Feuer und sagte, ohne aufzusehen, zu Subu: »Friede mit dir, Söhnchen! Du hast meinen Kindern geholfen, und meine Kinder haben es wieder an dir gutgemacht; denn der Elefant, der Affe und die Leoparden sind meine Kinder. Nun, du willst wissen, wie du es machen mußt, daß du das Mädchen zur Frau bekommst, die in der Mondblume wohnt. Ich werde es dir sagen: Wenn wiederum Vollmondnacht ist und das Mädchen singt:

›Mondblume nennt man mich,
Am Blütenkleid erkennt man mich.
Wer mich pflückt zur Vollmondnacht,
Wird von mir glücklich gemacht‹,

dann mußt du selbst singen:

›Pflücken möchte ich dich gern:
Schöne wie der Morgenstern,
Doch ich fürchte, weh zu tun.
Sag mir schnell: was mach ich nun?‹

Dann warte ab, und tu das, was das Mädchen sagen wird.«

Subu kehrte nach Hause zurück und erzählte seinem Vater, was ihm der Zauberer geraten hatte. Und als die nächste Vollmondnacht kam, gingen sie gar nicht schlafen, sondern sie setzten sich in den Garten und warteten. Und um Mitternacht öffnete sich die Mondblume, und das Mädchen erschien und sang:

>»Mondblume nennt man mich,
>Am Blütenkleid erkennt man mich.
>Wer mich pflückt zur Vollmondnacht,
>Wird von mir glücklich gemacht.«

Da sang Subu zurück:

>»Pflücken möchte ich dich gern:
>Schöne wie der Morgenstern,
>Doch ich fürchte, weh zu tun.
>Sag mir schnell: was mach ich nun?«

Und darauf das Mädchen:

>»Liebster, pflücke mich nur gleich,
>Trag mich dann zum nächsten Teich,
>Laß mich auf dem Wasser treiben,
>Dann werd ich dir ewig bleiben.«

Da ging Subu hin, pflückte die Blüte ab und trug das Mädchen in der Blüte zum Teich, setzte sie aufs Wasser und ließ sie mit der Blüte dahintreiben. Dabei schlief Subu ein, und als er am nächsten Tag aufwachte, saß ein sehr, sehr schönes Mädchen neben ihm. Das war das Mondblumenmädchen. Am gleichen Tag haben sie geheiratet.

>»Freunde, was ich hier berichte,
>Ist das Ende der Geschichte.
>Hat sie jemand nicht gefallen,
>Soll er eine Runde zahlen!«

Das Haus des Mondes

Die Indianer von Pacasmayo (eine der Hauptsiedlungen der Chimu an der nordperuanischen Küste) und von den meisten anderen Tälern der Küstenebene beteten als Hauptgottheit und obersten Gott den Mond an, weil er über die Elemente herrsche, die Nahrung hervorbringe und Meeresbewegungen, Donner und Blitz verursache. Seine Kultstätte war eine Huaca namens Sian, das heißt in der Sprache der Yunca soviel wie: »Haus des Mondes«. Sie hielten den Mond für mächtiger als die Sonne, weil diese nicht in der Nacht scheine, der Mond dagegen sich sowohl bei Tag als auch bei Nacht blicken lasse, und auch weil der Mond die Sonne viele Male verdunkele, die Sonne aber niemals den Mond. Daher veranstalteten sie bei Sonnenfinsternissen Gastmähler, bei denen sie den Sieg des Mondes feierten, während sie bei Mondfinsternissen weinten und Trauertänze aufführten, solange die Verfinsterung dauerte. Die Indianer der Küstenebene glaubten, daß der Mond an den zwei Tagen, wenn er nicht sichtbar war (bei Neumond), ins Jenseits gehe, um dort die toten Diebe zu bestrafen.

Dereinst wie die Sonne so groß

Gott machte zwei große Lichter; ein großes Licht, das den Tag regiere, und ein kleines Licht, das die Nacht regiere, dazu auch Sterne; denn er sprach: Weil der Mond verkleinert worden ist, bestimme ich, daß ,wenn er aufgeht, die Sterne mit ihm aufgehen, und wenn er untergeht, die Sterne mit ihm untergehen.

Sonne und Mond waren beide gleich groß, wie es auch heißt: ›Gott machte zwei große Lichter.‹ Und ihrer beider Größe blieb so lange gleich, bis der Mond kam und sich darüber beklagte. Er sprach vor dem Herrn: »Herr der Welt, warum hast du die Schöpfung mit Bet*, dem zweiten Schriftzeichen, angefangen?«

Der Herr antwortete: »Auf daß allen meinen Geschöpfen kundgetan werde, daß ich die zwei an den Anfang gesetzt habe, denn auch zwei Welten schuf ich, und so soll auch nur zweier Zeugen Rede gehört werden.«

---

* Die Schöpfungsurkunde in der Schrift beginnt mit dem Worte »Bereschit«.

Der Mond sprach: »Aber welche von den Welten ist größer als die andere? Ist's das Diesseits oder ist's das Jenseits?«

Der Herr erwiderte: »Das Jenseits ist größer als das Diesseits.«

Da sprach der Mond: »Siehe, du schufest zwei Welten, ein Jenseits und ein Diesseits; das Jenseits ist groß, das Diesseits ist klein; du schufst einen Himmel und schufst eine Erde; der Himmel ist größer als die Erde; du schufst das Feuer und schufst das Wasser, und das Wasser verlöscht das Feuer. Nun schufst du Sonne und Mond, muß da nicht das eine größer sein als das andere?«

Da sprach der Herr: »Offen und klar ist es vor mir, du denkst, ich werde dich groß machen und die Sonne verkleinern. Weil du aber mit der Sonne Übles im Sinne hattest, sollst du der kleinere werden, und es soll dein Schein sechzigmal minder sein als der ihrige.«

Da sprach der Mond vor dem Herrn: »O Herr der Welt! Es war nur ein einziges Wort, das ich gesagt habe, und hierfür soll ich so schwer bestraft werden?«

Da sprach der Herr: »Dereinst wirst du wieder wie die Sonne groß sein; ›und des Mondes Schein wird sein wie der Sonne Schein.‹«

IX.
GANG ZU DEN GESTIRNEN, MONDREISEN

Fluß ohne Wiederkehr

Vor langer Zeit hatte einmal ein Mann am Oberlauf des Sepik ein großes *aibika*-Feld. Er jätete es ständig und freute sich auf eine reiche Ernte.

Eines Morgens, als er wieder einmal aufs Feld ging, erlebte er eine große Überraschung. Die halbe Ernte war gestohlen und davongetragen worden. Nur ein ganzes Dorf konnte das geschafft haben. Er entdeckte viele Fußspuren, die zu einem großen Baum in der Mitte des Feldes führten. Der Mann wunderte sich und kehrte ins Dorf zurück. Das Erlebnis behielt er für sich.

Am nächsten Morgen bezog er Wachposten in der Nähe des Feldes. Verwundert sah er schöne Mädchen aus dem Baum kommen. Die Mädchen kamen dem Alter nach heraus, die jüngste vorneweg. Der Mann verhielt sich ruhig und zählte sie. Sie sammelten das übrige (spinatähnliche) *aibika* auf und schlüpften wieder in den Baum, die älteste als erste. Der Mann wartete ein paar Augenblicke und lief dann ins Dorf.

Er ging schnurstraks ins Männerhaus und erzählte alles. Eine öffentliche Versammlung wurde einberufen, und der Mann berichtete noch einmal alles bis in alle Kleinigkeiten. Die Dorfbewohner beschlossen, den Baum zu fällen und die Mädchen zu töten und zu essen. Sie sammelten Bananen, Yams, Taro, Sago und andere Lebensmittel für dieses große Fest.

Am verabredeten Tag zogen alle Dorfbewohner aufs Feld. Die starken jungen Männer hieben mit ihren Äxten auf das tote Holz des Baumes ein. Nachdem er umgestürzt war, stellte sich jeder Mann darauf und schlug und hackte ihn in kleine Stücke. Sie fanden die Mädchen und töteten sie und stapelten sie auf dem Boden in der Nähe des Baumes auf. Zufrieden schauten die Dorfbewohner zu, wie der Eigentümer des Feldes jedes Mädchen überprüfte und zählte. Die jüngste fand man auf der Spitze eines Astes, und alle anderen gemäß ihrem Alter unter ihr. Das älteste Mädchen wurde als letztes in der Wurzel gefunden.

Alte weise Männer wurden gebeten, die Mädchen zu verteilen, und die Dorfbewohner kehrten mit ihrem Beuteanteil nach Hause. Das Dorf lärmte mit den Vorbereitungen für das Fest.

Eine alte Frau, die Tongefäße unter ihrem Haus herstellte, hatte keinen Appetit. Sie hatte das älteste Mädchen erhalten. Sie drehte eine Schüssel um und steckte das Mädchen darunter. Als sie mit ihrer Arbeit fertig war, hob sie die Schüssel hoch und fuhr vor Schreck in die Höhe. Die Mädchenleiche leuchtete. Sie wurde immer größer und heller, bis die ganze Umgebung erleuchtet war. Die alte Frau wollte sie festhalten, aber sie schwebte in den Himmel. Die feiernden Dorfbewohner flohen in ihre Häuser. Ein paar Männer befragten die alte Frau. Sie beobachteten, wie die Leiche immer höher und höher schwebte und dabei immer heller leuchtete. Schließlich hielt sie an und bewegte sich nicht mehr. Ein Dörfler nach dem anderen kam hervor und starrte auf das Ungeheuer, das da vom Himmel herunterschien.

Die alte Frau bat ein paar junge Männer, hinaufzuklettern und ihr die Leiche zurückzubringen. Sie bat sie, viele lange Bambusstangen herzubringen und sie miteinander zu verbinden. Sie setzte sich mit gekreuzten Beinen hin, und die Männer richteten die Bambusstangen auf beiden Seiten des Halses zwischen Schlüsselbein und Schulterblatt auf. Drei Männer begannen hinaufzuklettern. Dann stach ein Moskito die alte Frau. Sie wackelte mit dem Kopf, der Bambus brach, und die drei Männer stürzten ab und kamen um. Wieder wurden Bambusstangen zusammengebunden, und drei andere Männer kletterten hinauf. Auch sie kamen um, als die alte Frau mit dem Kopf wackelte. Dann kletterten zwei Männer hinauf, einer auf jeder Seite. Sie erreichten den Mond. Sie entdeckten, daß der Mond so groß war wie die Erde, und daß es keine Möglichkeit des Abstiegs mehr gab. Nach ein paar Tagen hatten die Männer keine Nahrung mehr. Sie aßen ihre Tapas. Dann sahen sie einen Schwarm Fliegender Hunde vorbeifliegen. Sie trugen ein Bündel Sagoblätter für ein Hausdach. Die Männer baten sie, sie zur Erde hinunterzutragen. Die Fliegenden Hunde versprachen, zurückzukehren, aber die Männer warteten vergeblich.

Ein Mann beschloß abzuspringen. Sollte er gut auf der Erde ankommen, wollte er erst Sago und Schweinefleisch essen und dann einen besonderen Rhythmus auf der *garamut* (Schlitztrommel) schlagen, um seinem Freund mitzuteilen, daß er gut angekommen sei. Aber bis zum Abend hörte der Freund keine *garamut*. Die Nacht ging vorüber, und der Mann wurde durch Flügelschlagen wach. Es waren wieder die Fliegenden Hunde. Wieder bat er sie, ihn zur Erde hinunterzubringen. Wieder versprachen sie es, aber keiner kehrte zurück. Schließlich erklärte sich der kleinste Fliegende Hund bereit, ihm zu helfen. Er flog heim und bat seine Frau, ein Mahl aus Sago und Schweinefleisch zu bereiten. Sie holte ein Bündel Betelnüsse, Ingwer, ein paar Kokosnüsse und eine neue Tapa und steckte alles mit der Mahlzeit in ein Netz. Dann flog er zu dem Mann zurück.

Nachdem der Mann gegessen und sich gekleidet hatte, sagte der Fliegende Hund zu ihm: »Setze dich auf meinen Rücken, halte aber nicht die

Flügel fest.« Dann brachen sie auf. Der Mann bat den Fliegenden Hund, ihn auf dem Fruchtbaum hinter seinem Haus abzusetzen. Sie landeten auf dem Baum, und der Mann bat seinen Helfer, zu warten. Er wolle ein Fest veranstalten und ihn mit Muschelgeld und Geschenken schmücken, die er seiner Frau auf dem Mond mitbringen könne.

Frau und Söhne liefen auf den Mann zu, um ihn zu begrüßen. Er sagte, er sei abgesprungen. Dann schickte er seine Frau in den Wald, Sago klopfen. Als sie sich zum Essen setzten, sah er Blut und schwarze Farbe in der Sagoschüssel. Da wußte er, daß seine Söhne den Fliegenden Hund getötet hatten. Er schob Krankheit vor und stieß den Sago zurück.

Die drei Söhne hatten den Fliegenden Hund im Baum hängen sehen. Sie nahmen Pfeil und Bogen ihres Vaters aus dem Haus. Der älteste Bruder schoß zuerst und traf daneben. Auch der zweite Bruder schoß daneben. Als der jüngste an der Reihe war, riß ihm der älteste Pfeil und Bogen aus der Hand und sagte: »Du bist voller Geschwüre. Du eignest dich nicht zum Schießen.« Der jüngste Knabe ging auf die Latrine, aber statt Kot kam eine Speerschleuder, und statt Urin kam ein Speer heraus. Er zielte mit der Speerschleuder und dem Speer. Sein erster Wurf durchbohrte die Brust. Die beiden älteren Brüder staunten. Sie kochten den Fliegenden Hund und ließen ihn für die Eltern in der Schüssel. Als Mann und Frau zurückkamen, brüsteten sich die Söhne ihrer Tat. Der Vater tat, als höre er sie nicht, und ging stracks in den Schlafkorb.

Um Mitternacht stand der Mann auf. Er stampfte fest auf den Boden, um sich zu überzeugen, daß Frau und Söhne fest in ihrem Schlafkorb schliefen. Dann holte er etwas zu essen, Kochgefäße und Messer und verstaute alles in seinem Kanu. Er hob den schweren Korb mit Frau und Kindern auf und setzte ihn mitten ins Kanu. Er verschnürte die Korböffnung. Dann legte er noch einen Feuerstab (zum »Sägen«, das heißt Anzünden des Feuers) ins Kanu.

Er stieß das Kanu hinaus und zog es mit weißem Weinen wieder zurück. Er stieß es wieder hinaus und zog es mit rotem Weinen wieder zurück. Er tat es ein drittes Mal mit einem schwarzen und endgültigen Weinen. Das vierte Mal stieß er fest zu und zog seine Hände zurück. Dann wandte er sich um und ging bitterlich weinend heim. Das Kanu trieb den Fluß hinab. Kurz vor der Morgendämmerung kräuselte die Landbrise das Wasser und näßte den Schlafkorb. Die Mutter wurde unruhig und fühlte, ob sich ein Kind oder ein Hund naßgemacht hatte. Sie spürte keine Nässe und wunderte sich. Dann fühlte sie die Bewegungen des Kanus und hörte das Wasser plätschern. Sie weckte ihre Söhne und Hunde und zerschnitt die Schnüre mit einem Muschelmesser. Die Tür fiel ab. Sie sah, daß sie viele Meilen flußabwärts in einem fremden Gebiet waren. Sie sagte ihren Söhnen, ihr Vater sei böse mit ihnen und habe sie verstoßen, weil sie den Fliegenden Hund getötet hätten. Sie bekamen Angst und fröstelten in der Morgenkühle.

Die Frau sah Rauch unter einem nahegelegenen Männerhaus hervorquellen. Mehrere Männer wärmten sich daran. Sie befahl ihrem größten Hund, Auroapa, einen Feuerstab in die Nase zu stecken. Sollten die Männer ihn um das Feuer bitten, solle er mit dem Schwanz wedeln. Der Hund schwamm hinüber und tat, wie ihm geheißen war. Die Männer freuten sich über seine Geschicklichkeit und gaben ihm einen Feuerbrand. Aber die kleinen Wellen löschten das Feuer. Beim zweiten Mal befestigten die Männer den Feuerbrand am Schwanz des Hundes. Er erreichte mit brennendem Feuer das Kanu, und die Frau kochte Essen.

Die Frau erzählte ihren Söhnen, sie habe einen Bruder, der dort irgendwo im Fluß hause. Sie warf eine wilde Baumfrucht in das Wasser der verschiedenen kleinen Flüsse, die in den Sepik flossen. Trieb die Frucht nicht weiter, so bedeutet das, ihr Bruder hause hier unten. Nachdem sie die Frucht fünf Mal ausgeworfen hatte, trieb das Kanu in einen kleinen Nebenfluß. Die Frau paddelte dreißig Meter flußabwärts und warf die Frucht nochmal aus. Die Frucht verschwand. Die Frau befestigte ein langes Seil am Arm und gab das andere Ende ihren Söhnen. Traf sie ihren Bruder, wollte sie ein Bündel Betelnüsse und Ingwer an das Seil binden. Gab das Seil nach, sollten sie es heraufziehen. War nichts daran befestigt, sollten sie wegpaddeln und sich in Sicherheit bringen. War etwas daran befestigt, sollten sie das Kanu zum Kentern bringen und ihr folgen.

Die Frau tauchte ins Wasser und landete auf dem Dach ihres Bruders. Er bat seine Frau, nach dem Gepolter zu sehen, und sie stellten eine Leiter an, damit sie herabsteigen konnte. Sie kaute Betelnuß und Ingwer und band die Überbleibsel an das Seil. Die Söhne zogen es herauf. Sie brachten das Kanu zum Kentern und landeten samt Hunden und Habseligkeiten auf dem Dach ihres Onkels. Da lebten sie einige Zeit.

Nach langer Zeit wurde der Vater einsam. Er folgte seiner Familie. Er warf einen geschnitzten Speer ins Wasser, um den Aufenthalt seiner Familie herauszufinden. Als er an die betreffende Stelle kam, trieb der Speer nicht mehr nach oben. Er steckte im Bein seiner Frau. Sie wußte, daß es ihr Mann war, und rief ihren Bruder, er solle den Besitzer dieses Speeres töten. Der Bruder befahl ihr, ihren Mann aufzunehmen und zu trösten.

Die Frau packte ihre Habseligkeiten ein und zog mit ihren Kindern in ein anderes Haus im Dorf. Als ihr Mann ebenfalls in dieses Haus zog, zog sie wiederum in ein anderes. So ging es immer weiter, bis der Bruder der Frau schließlich einen Zauber sang, der die Haltung der Frau änderte. Danach vereinigten sich Mann, Frau und Kinder wieder und lebten fortan glücklich miteinander.

Die Sonne, der Mond und der Rabe Rabewitsch

Es lebten einmal ein Mann und eine Frau, die hatten drei Töchter. Der Alte ging in den Kornspeicher Grütze holen; er nahm von der Grütze und trug sie ins Haus, aber der Sack hatte ein Loch: die Grütze rieselte und rieselte auf die Erde. Er kam ins Haus. Die Alte fragte: »Wo ist die Grütze?« Der Sack war leer. Der Alte ging zurück und wollte die Grütze auflesen. »Würde die Sonne mich wärmen, würde der Mond mir leuchten, würde der Rabe Rabewitsch mir helfen, die Grütze aufzulesen: Der Sonne gäbe ich meine älteste Tochter zur Frau, dem Mond die mittlere und dem Raben Rabewitsch die jüngste!« Der Alte las seine Grütze auf – die Sonne wärmte ihn, der Mond leuchtete ihm, und der Rabe Rabewitsch half ihm, die Grütze aufzulesen. Der Alte kam ins Haus und sagte zu seiner ältesten Tochter: »Putz dich und stell dich vor die Haustür!« Sie putzte sich und stellte sich vor die Haustür; und schon nahm die Sonne sie mit. Auch die mittlere Tochter mußte sich putzen und sich vor die Haustür stellen. Sie putzte sich und stellte sich vor die Haustür; der Mond holte die zweite Tochter. Und auch zu der jüngsten Tochter sagte er. »Putz dich und stell dich vor die Haustür!« Sie putzte sich und stellte sich vor die Haustür. Der Rabe Rabewitsch trug sie davon.

Der alte Mann sagte: »Ich sollte meinen Schwiegersohn besuchen.« Er machte sich auf den Weg zu der Sonne; schließlich kam er an. Die Sonne sagte: »Womit können wir dich bewirten?« – ›Ich brauche nichts.‹ Die Sonne sagte zu der Frau, sie solle Pfannkuchen backen. Die Frau bereitete den Teig. Die Sonne setzte sich mitten auf den Fußboden, die Frau stellte die Pfanne auf die Sonne, und schon waren die Pfannkuchen gebacken. Sie bewirteten den Alten mit Pfannkuchen. Der Alte kam nach Hause und befahl seiner Alten, den Teig für Pfannkuchen anzurühren. Dann setzte er sich auf den Fußboden und hieß sie, ihm die Pfanne mit den Pfannkuchen auf den Kopf zu stellen. »Wie sollen sie auf deinem Kopf backen?« fragte die Alte. »Nitschewo«, sagte der Alte, »stell sie nur auf, sie werden schon gut werden.« Sie stellte die Pfanne auf den Alten, aber wie lange auch die Pfannkuchen stehen blieben – der Teig wurde nur schlecht. Es war nichts zu machen, die Alte schob die Pfanne in den Ofen, buk die Pfannkuchen, und der Alte aß sich satt.

Am nächsten Tag besuchte der Alte seinen zweiten Schwiegersohn, den Mond. Er kam zu ihm. Der Mond fragte: »Womit können wir dich bewirten?« – »Ich brauche nichts«, antwortete der Alte. Der Mond heizte für ihn die Badestube. Der Alte sagte: »Aber in der Badestube wird es dunkel sein!« Darauf sagte der Mond: »Nein, dort ist es hell; geh nur hinein.« Der Alte ging in die Badestube, der Mond steckte seinen Finger durch eine Ritze in der Wand, und in der Badestube wurde es ganz hell. Der Alte badete nach Herzenslust, kam nach Hause und befahl seiner Frau, nachts die Badestube zu heizen. Die Frau heizte die Badestube; dann schickte er sie zum Baden. Die Frau sagte: »Es ist doch zu dunkel zum Baden!« – »Geh hinein, es wird schon hell sein!« Die Alte ging hinein, und der Alte, der gesehen hatte, wie der Mond ihm Licht gemacht hatte, schlug mit dem Beil ein Loch in die Wand der Badestube und steckte seinen Finger hindurch. Aber in der Badestube blieb es stockfinster. Die Alte rief immerfort: »Es ist dunkel!« Endlich lief sie hinaus, holte sich einen brennenden Kienspan und konnte nun nach Herzenslust baden.

Am dritten Tag begab sich der Alte zu dem Raben Rabewitsch. Er kam zu ihm. »Womit können wir dich bewirten?« fragte der Rabe Rabewitsch. »Ich brauche nichts«, sagte der Alte. »Nun, dann wollen wir wenigstens auf der Stange zusammen schlafen.« Der Rabe stellte eine Leiter an und kletterte mit dem Alten hinauf. Der Rabe Rabewitsch nahm den Alten unter seinen Flügel. Als der Alte eingeschlafen war, fielen beide herunter und waren tot.

Die Jungfrau Maria als Gevatterin

Weit, weit von hier, in einem großen Wald wohnten ein paar arme Leute. Die Frau kam ins Kindbett und gebar ein allerliebstes Töchterchen; aber da die Leute so arm waren, wußten sie nicht, wie sie das Kind getauft bekommen sollten. Da mußte der Mann sich aufmachen und zusehen, ob er nicht Gevattern bekommen könne, die für ihn das Taufgeld bezahlten. Er ging den ganzen Tag von einem zum andern, aber Gevatter wollte niemand sein.

Gegen Abend, als er nach Hause ging, begegnete ihm eine sehr schöne Frau, die hatte so prächtige Kleider an und sah so gutmütig und freundlich aus und erbot sich, das Kind zur Taufe zu schaffen, wenn sie es nachher behalten solle. Der Mann antwortete, er müßte erst seine Frau fragen. Aber als er nach Hause kam und ihr die Sache vorstellte, sagte sie platt aus nein.

Am andern Tage ging der Mann wieder aus; aber Gevattern wollten sie alle nicht sein, wenn sie selbst das Taufgeld bezahlen sollten, und wie viel der Mann sie auch bitten mochte, so half doch alles nichts.

Als er am Abend nach Hause ging, begegnete ihm wieder die schöne Frau, die so sanft aussah, und sie machte ihm wieder dasselbe Anerbieten. Der Mann erzählte nun seiner Frau, was ihm abermals begegnet war, und die sagte darauf, wenn er auch den nächsten Tag keine Gevattern zu dem Kind bekommen könne, so müßten sie es wohl der Frau überlassen, da sie doch so gut und freundlich aussähe. Der Mann ging nun zum dritten Mal aus, bekam aber auch an diesem Tage keine Gevattern; und als ihm daher am Abend wieder die freundliche Frau begegnete, versprach er ihr das Kind, wenn sie es wollte taufen lassen.

Am andern Morgen kam die Frau in die Hütte des Mannes und hatte noch zwei Männer bei sich. Sie nahm nun das Kind und ging damit in die Kirche, und da wurde es getauft; darauf nahm sie es mit sich, und das kleine Mädchen blieb bei ihr mehrere Jahre lang, und die Pflegemutter war immer gut und freundlich gegen sie.

Als nun das Mädchen so groß geworden war, daß es schon unterscheiden konnte, und Verstand bekam, wollte die Pflegemutter einmal eine Reise machen. »Du darfst in alle Zimmer gehen, in welche du willst«, sagte sie zu dem Mädchen: »nur in diese drei Zimmer darfst du nicht gehen«, und darauf reiste sie fort. Das Mädchen konnte es aber nicht unterlassen, die Tür zu dem einen Zimmer ein wenig zu öffnen – und wutsch! so flog ein Stern heraus. Als die Pflegemutter nach Hause kam, betrübte es sie sehr, daß der Stern herausgeflogen war, und so unwillig war sie auf ihre Pflegetochter, daß sie ihr drohte, sie fortjagen zu wollen. Aber das Mädchen bat und weinte so lange, bis sie endlich doch bleiben durfte.

Nach einiger Zeit wollte die Pflegemutter abermals verreisen und verbot nun dem Mädchen, beileibe nicht in die zwei Zimmer zu gehen, in welchen sie noch nicht gewesen sei. Das Mädchen versprach ihr nun auch, sie wolle diesmal gehorsam sein. Als sie aber eine Zeitlang allein gewesen war und sich allerlei Gedanken gemacht hatte, was doch wohl in dem zweiten Zimmer sein möchte, konnte sie sich nicht enthalten, auch die zweite Tür ein wenig zu öffnen – und wutsch! flog der Mond heraus. Als die Pflegemutter zurückkehrte und sah, daß der Mond herausgeschlüpft war, ward sie wieder sehr betrübt und sagte zu dem Mädchen, nun könne sie sie durchaus nicht länger behalten, sie müsse jetzt fort. Aber da das Mädchen wieder so bitterlich weinte und gar zu artig bat, so durfte sie denn auch noch diesmal bleiben.

Nach einiger Zeit wollte die Pflegemutter abermals verreisen, und da legte sie es dem Mädchen, das nun schon halb erwachsen war, recht ernstlich ans Herz, es ja nicht versuchen zu wollen, in das dritte Zimmer zu gehen, oder auch nur hineinzugucken. Als aber die Pflegemutter eine Zeitlang verreist war, und das Mädchen so allein ging und sich langweilte, konnte sie es zuletzt nicht mehr aushalten. »Ach«, dachte sie, »wie artig es sein müßte, ein wenig in das dritte Zimmer zu gucken!« Sie dachte zwar erst, sie wollte es doch nicht tun, der Pflegemutter wegen; aber als sie wieder auf den Gedanken zurückkam, konnte sie sich doch nicht länger halten; sie meinte, sie solle und müsse durchaus hineingucken, und da machte sie die Tür ein ganz klein wenig auf – und wutsch! flog die Sonne heraus. Als die Pflegemutter nun zurückkehrte und sah, daß die Sonne hinausgeflogen war, ward sie so herzlich betrübt und sagte zu dem Mädchen, nun könne sie durchaus nicht länger bei ihr bleiben. Die Pflegetochter weinte und bat noch artiger als zuvor; aber es half alles nichts. »Nein, ich muß dich jetzt strafen«, sagte die Pflegemutter: »aber du sollst die Wahl haben, entweder das allerschönste Frauenzimmer zu werden und nicht sprechen zu können, oder das allerhäßlichste und sprechen zu können; aber weg von hier mußt du.« Das Mädchen sagte: »So will ich denn lieber das allerschönste Frauenzimmer werden und nicht sprechen können« – und das ward sie denn auch; aber von der Zeit an war sie stumm.

Als nun das Mädchen ihre Pflegemutter verlassen hatte und eine Zeitlang fortgewandert war, kam sie in einen großen, großen Wald; aber so weit sie auch ging, so konnte sie doch nie das Ende erreichen. Als es Abend wurde, kletterte sie auf einen hohen Baum, der oberhalb einer Quelle stand, und setzte sich darin zum Schlafen nieder.

Nicht weit davon aber lag ein Königsschloß, und aus diesem kam früh am andern Morgen eine Magd und wollte Wasser zum Tee für den Prinzen aus der Quelle holen. Als nun die Magd das schöne Gesicht in der Quelle sah, glaubte sie, es wäre ihr eignes; sie warf sogleich den Eimer hin, lief nach Hause, hielt den Nacken steif und sagte: »Bin ich so schön, so bin ich auch wohl zu gut, um Wasser im Eimer zu holen.« Nun sollte eine andre hin und Wasser holen; aber mit der ging es ebenso: Sie kam auch zurück und sagte, sie wäre viel zu schön und zu gut, um nach der Quelle zu gehen und Wasser für den Prinzen zu holen.

Da ging der Prinz selbst hin; denn er wollte sehen, wie das zusammenhing. Als er nun zu der Quelle kam, erblickte er ebenfalls das Bild, und sogleich sah er nach dem Baum hinauf. Da ward er denn das schöne Mädchen gewahr, das dort in den Zweigen saß. Er schmeichelte sie herunter und nahm sie mit nach Hause und wollte sie durchaus zur Gemahlin haben, weil sie so schön war. Aber seine Mutter, die noch lebte, machte Einwendungen: »Sie kann nicht sprechen«, sagte sie: »es mag daher wohl ein Trollmensch sein.« Aber der Prinz gab sich nicht eher zufrieden, bis er sie bekam.

Als er nun eine Zeitlang mit ihr zusammengelebt hatte, ward sie schwanger, und wie sie gebären sollte, stellte der Prinz eine starke Wache um sie her. Aber in der Geburtsstunde schliefen alle ein; und als sie geboren hatte, kam ihre Pflegemutter, schnitt das Kind in den kleinen Finger und bestrich der Königin mit dem Blut den Mund und die Hände und sagte: »Nun sollst du ebenso betrübt werden, wie ich damals war, als du den Stern hattest hinausschlüpfen lassen«, und darauf verschwand sie mit dem Kind. Als die, welche der Prinz zur Bewachung hingestellt hatte, die Augen wieder aufschlugen, glaubten sie, die Königin hätte ihr Kind aufgefressen, und die alte Königin wollte daher, daß man sie verbrennen solle; aber der Prinz hatte sie so herzlich lieb, und nach vielem Bitten gelang es ihm, sie von der Strafe zu befreien, aber es war nur mit genauer Not.

Als die Königin zum zweiten Mal ins Wochenbett sollte, wurde eine Wache um sie gestellt, die war doppelt so stark wie die erste. Aber es ging wieder eben so, wie das vorige Mal, nur daß jetzt die Pflegemutter zu ihr sagte: »Nun sollst du ebenso betrübt werden, wie ich damals war, als du den Mond hattest hinausschlüpfen lassen.« Die Königin weinte und bat – denn wenn die Pflegemutter da war, konnte sie sprechen –, aber es half alles nichts. Nun wollte die alte Königin durchaus, daß sie verbrannt werden sollte; aber der Prinz bat sie auch noch dieses Mal frei.

Als die Königin zum dritten Mal ins Kindbett sollte, ward eine dreidoppelte Wache um sie gestellt. Aber es ging wieder ganz so, wie zuvor: Die Pflegemutter kam, während die Wache schlief, nahm das Kind, schnitt es in den kleinen Finger und strich der Königin das Blut um den Mund; nun, sagte sie, solle sie eben so betrübt werden wie sie selbst damals gewesen sei, als sie die Sonne hatte hinausschlüpfen lassen. Jetzt konnte der Prinz sie auf keine Weise mehr retten, sie mußte und sollte verbrannt werden.

Aber gerade in dem Augenblick, da man sie auf den Scheiterhaufen brachte, erschien die Pflegemutter mit allen drei Kindern, die beiden ältesten führte sie an der Hand, und das jüngste trug sie auf dem Arm. Sie trat auf die junge Königin zu und sprach: »Hier sind deine Kinder, ich gebe sie dir jetzt zurück. Ich bin die Jungfrau Maria, – und so betrübt, wie du nun gewesen bist, so betrübt war ich damals, als du den Stern, den Mond und die Sonne hattest hinausschlüpfen lassen. Jetzt hast du für das, was du getan, deine Strafe erlitten, und von nun an sollst du wieder sprechen können.«

Wie froh da der Prinz und die Prinzessin waren, das läßt sich wohl denken, aber nicht beschreiben; sie lebten nachher immer glücklich zusammen, und auch des Prinzen Mutter hatte von der Zeit an die junge Königin recht lieb.

Der Kaiser von China zu Besuch auf dem Mond

Der Kaiser Xuan-zung saß einmal beim Mondfest (Mittherbst, 15. Tag des achten Monats), zusammen mit dem Himmelsmeister Shen und dem Taoistenmeister Hung Tu-k'o. Als es spätabends war, vollführte der Himmelsmeister einen Zauber. Er nahm eine Bambusstange und warf sie in die Luft. Da wurde eine Himmelsbrücke daraus, und auf ihr stiegen die drei zum Mond hinauf. Zuerst durchschritten sie ein riesiges Tor. Dahinter sahen sie, glänzend vor Edelsteinen, eine Fülle fliegender Paläste, die immerzu auf- und niederschwebten. Ein eisiger Hauch machte ihnen zu schaffen, und ein Nebelregen durchnäßte ihre Kleider. Nach einer Weile sahen sie vor sich plötzlich einen Palast, worauf geschrieben stand: »Palast des weiten Frostes und der klaren Leere«. Die Soldaten vor dem Portal sahen ehrfurchtgebietend aus, ihre weißen Schwerter blitzten, und sie wirkten von ferne wie aus Eis und Schnee.

Die drei Männer blieben eine Zeitlang unten am Palast stehen und konnten nicht hinein, dann aber führte der Himmelsmeister den Kaiser hinauf. Ihre Körper schwebten, als träten sie auf Nebel oder Dunst. Unter sich sahen sie die königliche Stadt liegen wie eine Gebirgslandschaft. Sie spürten den reinen Duft von Weihrauch, und als ihre Blicke wieder abwärts gingen, war ihnen, als läge über zehntausend Meilen hingestreckt eine Fläche mit gläsernen Felsen vor ihnen, zwischen denen Unsterbliche und Taoistenmeister spielerisch auf Wolken dahinglitten oder auf Kranichen ritten.

Als die drei sich aber noch einige Schritte weiter vorwagten, fühlten sie jäh einen eisblauen Schein und einen kalten Glanz, daß es ihnen schwindlig wurde vor Augen. Die Kälte war so schneidend, daß sie keinen Schritt mehr vorwärts konnten. Unter sich erblickten sie nun etwa ein Dutzend Mondfeen, die, in weißglänzenden Gewändern auf dem Rücken weißer Luan-Vögel herumtollend, im Schatten riesiger Zimtbäume am Palastberg tanzten und lachten. Dazu hörte man die verschiedensten Melodien, auch sie von äußerster Klarheit und Schönheit. Der Kaiser liebte Musik besonders, er genoß das Schauspiel mit Begeisterung und war wunschlos glücklich. Bald aber schon drängte der Himmelsmeister zur Rückkehr, und so sausten denn die drei wie in einem Wirbelsturm wieder hinab auf die Erde.

Als der Kaiser wieder zu sich kam, war ihm, als sei er aus einem rauschhaften Traum erwacht. Am nächsten Abend äußerte er den Wunsch, wieder eine Reise dorthin zu unternehmen. Aber der Himmelsmeister entschuldigte sich lächelnd und meinte, das ginge nicht. Der Kaiser mußte jedoch immer an die Mondfeen denken, wie sie, im Winde fliegend, mit wehenden Ärmeln und Umhängen getanzt hatten. So begann er zu komponieren und verfaßte die Melodie zu dem Tanz »Wolkengewand und Federkleid«. Von alters her bis heute hat es nie etwas Reineres und Schöneres gegeben.

Schamanenflug

Ein mächtiger Angakoq, der einen Bären als Tornaq (Schutzgeist) besaß, beschloß einst den Mond zu besuchen. Er setzte sich in den Hintergrund seiner Hütte, den Lampen, die ausgelöscht waren, den Rücken zukehrend; seine Hände waren zusammengebunden, und ein Strick lief ihm um Knie und Hals. So vorbereitet, rief er seinen Tornaq herbei, der ihn rasch durch die Lüfte trug und zum Mond brachte. Er sah, daß der Mond ein Haus war, sauber bedeckt mit weißen Rentierfellen, die der Mann im Mond in der Nähe zu trocknen pflegte. Zu jeder Seite des Eingangs bemerkte er ferner den Oberkörper eines riesigen Walrosses, das den Kühnen, der hier einzudringen wagte, in Stück zu reißen drohte. Obgleich es also recht gefährlich war, an den wilden Tieren vorbeizukommen, gelang es dem Angakoq doch, unter dem Schutz seines Tornaq ins Haus einzutreten.

Im Türgang erblickte er den einzigen Hund des Mannes im Mond, der Tirietiang hieß und weiß und rot gefleckt war. Als er den Hauptraum betrat, wurde er eines kleinen Anbaues zu seiner Linken gewahr, in dem eine schöne Frau, die Sonne, vor ihrer Lampe saß. Sobald sie den Angakoq eintreten sah, blies sie ihr Feuer aus und verbarg sich hinter dem aufsteigenden Qualm. Der Mann im Mond kam freundlich auf den Angakoq zu, nachdem er sich von seinem Sitz auf der Schlafbank erhoben hatte, und hieß ihn willkommen. Hinter den Lampen waren hohe Haufen von Wildbret und Seehundsfleisch aufgestapelt, doch bot ihm der Mann im Mond vorerst noch nichts davon an, sagte vielmehr: »Mein Weib Ululiernang wird bald hereinkommen, und wir werden dann einen Tanz aufführen. Gib acht, daß du nicht lachst, sonst schlitzt sie dir den Bauch mit ihrem Messer auf, nimmt dir die Eingeweide heraus und wirft sie meinem Hermelin vor, das draußen in jenem kleinen Haus dort lebt.«

Nicht lange danach trat eine Frau ein, die einen länglichen rechteckigen Kessel trug, in dem ihr Ulo (das halbmondförmige »Weibermesser«) lag. Sie stellte ihn auf den Boden und beugte sich vornüber, wobei sie den Kessel wie einen Kreisel herumwirbelte. Dann begann sie zu tanzen. Als sie dem Angakoq ihren Rücken zuwandte, stellte es sich heraus, daß sie hinten hohl war. Rücken, Rückgrat und Eingeweide fehlten ihr ganz, sie besaß nur Herz und Lunge. Der Mann im Mond begann nun mitzutanzen; ihre Körper- und Gesichtsverrenkungen sahen so komisch aus, daß sich der Angakoq nur mit Mühe das Lachen verbeißen konnte. Aber gerade im richtigen Augenblick rief er sich die Warnung des Mannes im Mond ins Gedächtnis zurück und sprang aus dem Hause hinaus. Der Mann rief hinter ihm her: »Versieh dich mit deinem großen Eisbären-Tornaq!« So entkam er unverletzt.

Bei einem erneuten Besuch gelang es ihm, seiner Lachlust Herr zu werden, und er wurde, nachdem die Vorführung zu Ende war, gastfreundlich von dem Mann im Mond aufgenommen. Dieser zeigte ihm das ganze Haus und ließ ihn auch einen Blick in einen kleinen Anbau nahe dem Eingang tun. Da sah er große Herden von Rentieren, die dem Anschein nach über weite Ebenen schweiften. Der Mann im Mond gestattete ihm, sich ein Tier auszusuchen, das sogleich durch eine Öffnung auf die Erde hinabfiel. In einem anderen Gebäude sah er eine Unmenge von Seehunden, die in einem Ozean herumschwammen, und wieder durfte er sich einen von diesen herausgreifen.

Schließlich entließ der Mann im Mond ihn, und sein Tornaq trug ihn mit derselben Schnelligkeit, mit der er zum Himmel aufgestiegen war, wieder zu seiner Hütte zurück. Während seines Besuches beim Mond hatte sein Körper unbeweglich und unbeseelt dagelegen, nun aber erwachte er wieder zum Leben. Die Stricke, mit denen seine Hände gebunden waren, fielen zu Boden, obwohl sie zu festen Knoten geschürzt waren. Der Angakoq war völlig erschöpft; erst als die Lampen wieder angezündet waren, konnte er den aufmerksam lauschenden Männern von seinen Abenteuern beim Flug zum Mond berichten.

Mit dem Schlitten zum Mond

Es war einmal ein Fänger, der wohnte ganz allein mit seiner Frau. Sie mußten immer Buße tun, denn jedesmal, wenn die Frau ein Kind gebar, starb es. Schließlich wurde es dem Mann leid, und als sie wieder ein Kind bekamen, das starb, sagte er: »Diesmal will ich nicht Buße tun, denn es nützt doch nichts.« Darum ruderte er wie immer in seinem Kajak hinaus und ging auf den Fang, und es stieß ihm auch nichts Ungewöhnliches zu.

Als er eines Tages nach Hause kam, entdeckte er ein kleines Loch in seinem Kajak und bat seine Frau, an den Strand hinunterzugehen und es zu nähen. »Das geht nicht«, sagte sie, »ich tue ja Buße für das Kind, das gestorben ist, und darf nicht nähen.« – »Was nützt es, Buße zu tun? Geh an den Strand und näh für mich.« – »Du könntest wenigstens das Boot zum Haus tragen, damit ich nicht an den Strand hinunterzugehen brauche.« Der Mann aber erwiderte: »Geh nur hinunter an den Strand und fürchte dich nicht!«

Da wagte die Frau ihrem Mann nicht länger zu widersprechen, ging hin und begann zu nähen. Als sie aber eine Weile genäht hatte, war es, als ob der Faden eine Stimme bekäme, eine seltsam knurrende Stimme, die lauter und lauter wurde, und als sie fast fertig war, schien sie aus einer anderen Richtung zu kommen. Sie blickte übers Meer und sah, wie ein großer Hund herangeschwommen kam. Es war der Hund des Mondmannes. Die Frau stieß einen Schrei aus, und gleich kam der Mann mit seiner großen Lanze angelaufen; als der Hund ein Vorderbein aufs Land setzte, harpunierte er ihn von der einen Seite, und als er das andere Bein hob, sprang er auf die andere Seite und harpunierte ihn von dort. Mühsam schleppte sich der Hund an Land, dort fiel er um und verendete. »Jetzt haben wir nichts mehr zu befürchten, mach deine Arbeit fertig«, sagte der Mann, und die Frau nähte weiter.

Es wurde Abend, bevor sie fertig war. Dann gingen sie ins Haus, und als sie im Bett lagen, sagte der Mann: »Laus mich!« – »Du weißt doch, daß ich es nicht darf, wenn ich Buße tue.« – »Der Hund des Mondmannes ist tot, wir brauchen nicht mehr Buße zu tun.« Die Frau wagte ihrem Mann nicht zu widersprechen und fing an, ihn zu lausen. Da ertönte von draußen eine furchtbare Stimme: »Wer hat meinen Hund getötet?« Keiner antwortete. Da hörten sie die Stimme noch ein zweites und drittes Mal: »Wer hat meinen Hund getötet?« Schließlich antwortete der Mann: »Ich habe es getan.«

Da geriet der Mondmann außer sich vor Wut und schrie und drohte so furchtbar, daß der Mann sich von seinem Lager erhob und hinausging, um mit ihm zu ringen. Sie rangen lange und schienen einander gewachsen zu sein, plötzlich aber hob der Fänger den Mondmann hoch und schleuderte ihn so heftig zur Erde, daß er auf dem Rücken liegenblieb.

Der Mondmann war wie ein Mensch gekleidet, mit einer Kapuze aus dickem Bärenfell. Diese schnürte der Fänger dem Mondmann so fest um den Hals, daß er fast erstickte. Der Mondmann, der glaubte, daß er sterben müsse, rief verzweifelt: »Soll denn nie mehr Ebbe auf Erden werden?« – »Was liegt daran«, antwortete der Mann. »Soll denn nie mehr Flut werden?« – »Was liegt daran.« – »Sollen die Seehunde nie mehr Junge bekommen?« stöhnte der Mondmann. Diese Drohung wagte der Mann nicht zu überhören und ließ den Mondmann los. Als der Mondmann wieder zu Kräften gekommen war, machte er sich zur Abreise bereit und rief seine Hunde. Er hatte nur noch drei, den vierten hatte der Fänger getötet.

Bevor er aufbrach, sagte er zu ihm: »Hast du nicht Lust, mich zu besuchen?« – »Wie soll ich dich besuchen? Ich kann nicht fliegen.« – »Ich werde dir zeigen, wie man es macht.« – »Ich habe keinen Schlitten.« – »So kannst du dir einen anfertigen.«

Und als der Mann schließlich einwilligte, sagte der Mondmann: »Tu nur, was ich dir vormache! Zuerst wirfst du deine Hunde in die Luft, einen nach dem andern, darauf deinen Schlitten; doch mußt du dich an ihn festklammern. Bist du erst einmal in der Luft, brauchst du nur dem geraden Weg zu folgen, der zu meinem Hause führt. Unterwegs wirst du zu einer Insel kommen. Bei dieser Insel gabelt sich der Weg, und du darfst nicht nach links fahren; denn jener Weg führt zu Nalikateq, der Menschenfresserin. Wenn du vorbeifährst, wirst du ihren lockenden Ruf »Mat-ta, Matta!« hören. Laß dich das nicht kümmern. Gib nur acht, daß du nicht nach jener Seite blickst und folge dem geraden Weg.« So sprach der Mondmann, nahm seine Hunde, einen nach dem andern, und warf sie in die Luft, wo sie schwebend stehen blieben. Zuletzt kam der Schlitten an die Reihe und mit ihm der Mondmann selbst, und dann fuhren sie davon. Jedesmal, wenn er über den klaren Himmel fuhr, hörte man die Schlittenkufen klingen, als ob sie über hartes Glatteis liefen, durch Wolken aber fuhr er lind und weich, wie über Neuschnee.

Der Mann blieb stehen und folgte dem Mond mit den Augen, solange er ihn sehen konnte; dann ging er ins Haus, riß ein Stück Holz vom Pritschenrand und begann einen Schlitten zu bauen. Ein hübscher Schlitten wurde es nicht, dazu hatte er es viel zu eilig, und als er fertig war, trug er ihn geschwind auf den Gipfel eines kleinen Berges. Vielleicht schlage ich nur meine Hunde zuschanden, dachte er, aber ich will es trotzdem versuchen.

Darauf warf er einen von seinen Hunden in die Luft, und siehe! er blieb oben schweben. Dann ließ er die anderen Hunde folgen und zuletzt den Schlitten, an den er sich selber festklammerte; so schwebte er nun mit Hunden und Schlitten in der Luft. Die Spuren des Mondmannes waren noch deutlich sichtbar, und ihnen folgte er. Zu seiner Verwunderung aber ging der Weg gar nicht aufwärts, sondern schien über eine glatte Ebene zu führen.

Er war schon eine ganze Weile gefahren, als er eine Insel gewahr wurde. Der klare Himmel war wie Glatteis und die Wolken wie Meereis, von Schnee bedeckt. Auf dem Weg war nichts Besonderes zu sehen; als er aber die Insel erreichte, entdeckte er eine Spur, die nach links abbog, und gleichzeitig hörte er fernen Gesang, eine schöne lockende Frauenstimme, der er kaum widerstehen konnte: »Mat-ta, Mat-ta!« Die Stimme klang so lieblich, daß er wider Willen ein ganz klein wenig zur Seite blicken mußte. Und schon schlugen die Hunde die Spur ein und sausten mit ihm auf das Haus zu, woher die wunderschöne Stimme kam. Die Hunde krochen in den Hausgang hinein, und ihm blieb keine Wahl, er mußte mit hineingehen.

Drinnen im Haus saßen sich ein altes Weib und ein Mann gegenüber. Der Mann sagte nichts, die Frau aber war freundlich und einschmeichelnd gegen den Fremden und forderte ihn auf, näherzutreten. Er nahm am Fenster Platz, und sogleich ergriff die Frau eine Trommel und machte sich zum Singen bereit. Sie war nur mit einem Gürtel bekleidet, vor ihrem Unterleib aber hing der Kopf eines Hundes, der hin und her baumelte und lächerlich aussah. Sie fing an zu singen und schlug die Trommel mit einem Messer. Da war es, als ob der Hundekopf lebendig würde, manchmal verschwand er zwischen ihren Beinen, kam dann wieder zum Vorschein und reckte sich nach dem Besucher; dazu sang das Weib und machte alle möglichen komischen Bewegungen. Das alles wirkte so lächerlich, daß der Mann merkte, wie es ihm gegen seinen Willen in den Mundwinkeln zuckte; im nächsten Augenblick aber fühlte er einen stechenden Schmerz unter seinem Schlüsselbein, und bevor er sich wehren konnte, hatte das Weib einen Schnitt in seine Brust gemacht und seine Lunge herausgezogen. Todesmatt eilte er zu seinem Schlitten hinaus und fuhr zum Mondmann. Halbtot kam er dort an.

»Ich habe dich gewarnt vor dem Gesang der Frau«, sagte der Mondmann. »Nun siehst du, wie es dir ergangen ist.« Und damit spannte er seine Hunde vor und fuhr schleunigst zur Lungenverzehrerin. Sie hatte die Lunge vor sich auf einer Schüssel liegen und wartete nur darauf, daß sie abkühlen sollte. Als der Mondmann hereinkam, ergriff er die Schüssel, nahm die Lunge an sich und warf die Schüssel so hart auf den Boden, daß sie zerbrach. Da öffnete der Alte, der Mann der Lungenverzehrerin, den Mund und sagte traurig: »Nun ist die Schüssel entzwei und wir haben niemand, der uns eine neue macht.«

Der Mondmann aber eilte hinaus und erreichte seinen Gast, bevor er ganz tot war. Er legte die Lunge vor ihm hin und sagte: »Du mußt deine eigene Lunge essen, sonst kannst du nicht wieder lebendig werden.« Der Mann aß seine Lunge Stück für Stück und hatte sie fast verzehrt, als er sagte: »Ich kann keinen Bissen mehr essen.« – »Du mußt, wenn du wieder gesund werden willst«, sagte der Mondmann. Da versuchte es der Mann von neuem, und mit großer Mühe gelang es ihm, die letzten Stücke herunterzuschlucken. Im selben Augenblick aber war er auch wieder gesund.

Er blieb noch lange beim Mondmann und lernte sein Haus mit allen Merkwürdigkeiten kennen und sah viele Dinge, die ihm vordem verborgen gewesen waren. Erst als die Sehnsucht nach der Erde ihn überkam, nahm er Abschied und erreichte ohne Unfall seinen Wohnplatz und seine Frau, die ihn schon für tot gehalten hatte.

Dies ist die Geschichte von dem Fänger, der stärker war als der Mondmann.

Lukians Mondreisen

Menippus berichtet einem Freund von seiner Vorbereitung zum Flug: wie er sich einen Adler- und einen Geierflügel anmontiert habe (denn mit dem Klatschen des Adlerflügels, so sagte ihm der umherreisende Mondbewohner Empedokles, würde er mit dem rechten Auge ebenso scharf sehen wie ein Adler); wie er einige Testflüge unternommen, unter anderem auf den Olymp, und wie er dann den großen Sprung zum Mond gewagt habe.

»Ich hatte kaum mit dem rechten Flügel zu klatschen angefangen, als mich plötzlich ein großes Licht umleuchtete, und alles, was mir bisher verborgen geblieben war, auf einmal sichtbar wurde. Ich sah nun, indem ich auf die Erde herabschaute, ganz deutlich Städte und Menschen und alles, was die letzteren nicht nur unter freiem Himmel, sondern sogar was sie in ihren Häusern taten, wenn sie von niemand gesehen zu werden glaubten. Ich sah den König Ptolemäus bei seiner Schwester liegen, den Lysimachus seinem Sohne nach dem Leben stellen und den Antiochus, Seleukus' Sohn, verstohlnerweise nach seiner Stiefmutter Stratonike schielen. Ich sah, wie Alexander von Thessalien von seiner eignen Gemahlin ermordet wurde, Antigonus seine Schwiegertochter verführte und Attalus einen Becher mit Gift austrank, den ihm sein leiblicher Sohn gereicht hatte. (…) Auf diese Weise unterhielt ich mich eine Weile mit den Angelegenheiten der Könige. Bei den Privatleuten ging es schon komischer zu; denn da sah ich den Epikuräer Hermodikus für tausend Drachmen falsch schwören, den Stoiker Agathokles mit seinen Schülern um den Lehrlohn prozessieren, den Rhetor Klinias eine Opferschale aus Äskulaps Tempel stehlen, und Herophilus, den Zyniker, die Nacht in einem schmutzigen Hurenwinkel zubringen und so fort. – Kurz alle die Schelmenstücke und Bübereien, die ich von Leuten, die keinen so aufmerksamen Zuschauer zu haben glaubten, ausüben sah, gaben mir ein sehr abwechselndes und unterhaltendes Schauspiel.

Nachdem ich nun alles zur Genüge betrachtet und belacht hatte, schüttelte ich mich und flog in die Paläste, wo Zeus mit den anderen Unsterblichen thront. Ich war noch kaum einen Bogenschuß weit geflogen, als mir Luna mit einer zarten weiblichen Stimme zurief: ›Ich bitte dich, Menippus, so lieb dir ein glücklicher Ausgang deiner Himmelfahrt ist, sei so gut und richte mir einen kleinen Auftrag an Jupiter aus.‹ – ›Von Herzen gern‹, antwortete ich, ›insofern es nur nichts zu tragen ist.‹ – ›Es ist nichts weiter‹, erwiderte sie, ›als eine Bitte, die du dem Jupiter von mir überbringen sollst. Ich verliere alle Geduld, lieber Menippus, mich länger von den Philosophen so mißhandeln zu lassen, man dächte, sie hätten nichts anderes zu tun als sich um meine Sachen zu bekümmern und zu fragen, wer ich sei, und wie groß, lang und breit ich sei, und warum ich zu gewissen Zeiten wie ein halber Teller aussehe oder Hörner bekomme. Die einen sagen, ich werde bewohnt, andere, ich hänge wie ein Spiegel über das Meer hinab; kurz jeder sagt von mir, was ihm einfällt; ja was das Schlimmste ist, sie bringen sogar unter die Leute, mein Licht sei nicht echt, und ich stehle es der Sonne (dem Sol), so daß es nicht an ihnen liegt, wenn sie mich meinem Bruder nicht verdächtig machen und Unfrieden zwischen uns stiften: als ob es an den Beschimpfungen nicht schon genug wäre, die sie der Sonne selbst angetan, da sie vorgaben, daß sie ein Stein und eine durchglühte Masse sei. Sie hätten wahrlich nicht Ursache, mir so übel mitzuspielen! Denn was für schändliche Dinge könnte ich ihnen erzählen, die sie bei nächtlicher Weile treiben, wiewohl sie bei Tage so ernsthaft und männlich aussehen, so gravitätisch einhertreten und sich bei den Unwissenden in so große Ehrfurcht zu setzen wissen.‹

Ich versprach ihr alles, was sie wollte, und steuerte nun geraden Weges dem Himmel zu. In kurzem kam mir auch der Mond sehr klein vor, und die Erde verbarg sich gänzlich hinter ihm.«

»Um die Mittagszeit faßte ein plötzlicher Wirbelwind unser Schiff, drehte es etlichemal mit entsetzlicher Geschwindigkeit im Kreis herum und führte es wohl dreitausend Stadien hoch in die Lüfte, setzte es aber nicht wieder auf dem Meere ab, sondern es blieb in der Höhe schweben und segelte mit vollem Winde über den Wolken daher.

Wir waren bereits sieben Tage und ebenso viele Nächte in dieser Luftfahrt begriffen gewesen, als wir am achten Tag eine Art von Erde in der Luft erblickten, gleich einer großen, glänzenden, kugelförmigen Insel, die ein sehr helles Licht um sich her verbreitete. Wir fuhren auf sie zu, legten unser Schiff an und stiegen an Land; und als wir uns darin umsahen, fanden wir, daß es bewohnt und angebaut sei. Zwar bei Tage konnten wir nichts unterscheiden: aber sobald die Nacht einbrach, zeigten sich uns noch andere Inseln in der Nähe, einige größer, andere kleiner, und alle feuerfarb; auch wurden wir tief unter uns eine andere Erde gewahr, welche

Städte und Flüsse und Meere und Wälder und Berge in sich hatte – woraus wir denn schlossen, daß es vermutlich die unsrige sei.

Da wir nun weiter fortgehen wollten, stießen wir auf eine Anzahl Pferdegeier, oder Hippogypen, wie sie hierzulande heißen, die sich sogleich unsrer Personen bemächtigten. Diese Hippogypen – Männer, die auf großen, meist dreiköpfigen Geiern reiten – haben den Auftrag, überall auf der ganzen Insel herumzureiten und, wofern sie einen Fremden antreffen, ihn vor den König zu führen; welches dann auch wir uns gefallen lassen mußten. Sobald uns der König erblickte, schloß er vermutlich aus unsrer Kleidung, was für Landsleute wir wären; denn das erste Wort, das er uns sagte, war: »Die Herren sind also Griechen?« Da wir dies nicht in Abrede waren, fuhr er fort: »Wie habt ihr es denn gemacht, um die große Strecke Luft zurückzulegen, die zwischen eurer und dieser Erde liegt?« Wir erzählten ihm, wie es damit zugegangen war, und dies setzte ihn in die Laune, uns auch von seiner Geschichte etwas mitzuteilen. Er sagte uns, er sei ebenfalls ein Mensch, und der nämliche Endymion, der einst im Schlafe aus unsrer Erde entführt und in diese hier versetzt worden, wo er nun den König vorstelle, und welche eben die sei, die uns da unten als Mond erscheine.

Aber ehe ich den Mond wieder verlasse, muß ich euch doch auch erzählen, was ich während meines dortigen Aufenthaltes Neues und Außerordentliches bemerkt habe. Das erste ist, daß die Seleniten nicht von Weibern, sondern von Männern geboren werden, denn hier heiraten die Männer einander, und das weibliche Geschlecht ist ihnen etwas so Unbekanntes, daß sie nicht einmal einen Namen in ihrer Sprache dafür haben. Ihre Einrichtung ist diese: Jeder Selenit wird geheiratet, bis er fünfundzwanzig Jahre alt ist, von dieser Zeit an aber heiratet er selbst. Ihre Leibesfrucht tragen sie nicht wie die Weiber bei uns, sondern in der Wade. Sobald ein junger Selenit empfangen hat, fängt ihm die Wade an dicker zu werden; einige Zeit darauf wird ihm die Geschwulst aufgeschnitten, und man zieht die Kinder tot heraus: sobald sie aber mit offnem Munde an die freie Luft gebracht werden, fangen sie an zu leben.

Wenn ein Selenit alt geworden ist, so stirbt er nicht wie wir, sondern zerfließt, wie Rauch, in der Luft. Die ganze Nation hat nur einerlei Art, sich zu nähren: sie braten nämlich Frösche (die bei ihnen haufenweis in der Luft herumfliegen) auf Kohlen, setzen sich um den Herd, wo sie gebraten werden, wie um einen Tisch her, schlürfen den aufsteigenden Dampf ein, und darin besteht ihre ganze Mahlzeit. Wenn sie trinken wollen, so drücken sie Luft in einen Becher aus, der auf diese Weise mit einer dem Tau ähnlichen Feuchtigkeit angefüllt wird.

Bei einer so feinen Nahrung wissen sie nichts von den Exkretionen, denen die Erdenbewohner unterworfen sind; sie sind auch nicht an eben dem Orte gebohrt wie wir, sondern haben bloß (zu dem oben angedeuteten Gebrauch) eine Öffnung in der Kniekehle ...

Auch sah ich im Palast des Königs noch ein anderes Wunder, und das ist ein Spiegel von ungeheurer Größe, der auf einem nicht allzu tiefen Brunnen liegt. Wer diesen Brunnen hinabsteigt, hört alles, was auf unsrer Erde gesprochen wird; und wer in den Spiegel schaut, sieht darin alle Städte und Völker der Erde so genau, als ob sie vor ihm stünden. Ich sah bei dieser Gelegenheit meine Familie und mein ganzes Vaterland: ob sie aber auch mich gesehen haben, kann ich nicht für gewiß sagen. Wer mir nicht glauben sollte, was ich von der Tugend dieses Spiegels gemeldet habe, wird sich, wenn er einmal selbst hierher kommen wird, mit eigenen Augen überzeugen können, daß ich die Wahrheit sage.«

QUELLENNACHWEIS

Das Arrangement der Texte in einer ausschließlich dem Mond gewidmeten Anthologie erforderte die Umbenennung einer Vielzahl von Überschriften; die Märchentitel der Vorlagen werden im folgenden nachgewiesen.

Die meisten Mondmythen und -märchen finden sich in der Diederichs-Reihe »Die Märchen der Weltliteratur« (MdW), die seit kurzem historisch-bibliographisch erschlossen ist. Die Numerierung des jeweiligen MdW-Bandes (als Textquelle) bezieht sich auf eben diese Bibliographie: Ulf Diederichs, »Die Märchen der Weltliteratur 1912–1996«. In: Marginalien, Zeitschrift für Buchkunst und Bibliophilie, 145.–147. Heft, Wiesbaden 1997.

I. DAS GESTIRN DER VERWANDLUNG

Die Geschichte vom Prinzen, seinem rätselkundigen Freund und der mondschönen Padmavati: Indische Märchen, (aus dem Sanskrit) übertragen von Friedrich von der Leyen. Halle 1898. S. 12–25 (dort in Versform u. d. T. ›Der Königssohn und sein kluger Freund‹, als erstes Märchen des Vetālapañcaviṁśatikā, ›25 Erzählungen eines Leichendämons‹, 10. Jh.; dann einbezogen in somaderas Kathāsaritsāgara, ›Ozean der Märchenströme‹, 11. Jh.).

Agisa besucht den Mond: Märchen aus Papua-Neuguinea. Herausgegeben und übersetzt von Ulla Schild. Düsseldorf / Köln 1977 (MdW 109). Nr. 30, S. 79–82 (dort u. d. T. ›Wie der Mond entdeckt wurde‹; Überlieferung der Motu, aus dem papuanischen Zentral-Distrikt).

Die Geschichte von Sina, der Mondfrau: Augustin Krämer, Die Samoa-Inseln. 1. Bd.: Verfassung, Stammbäume und Überlieferungen. Stuttgart 1902. Nr. 13, S. 124–127 (dort zweisprachig, eingedeutscht als ›Die Geschichte von Sina‹).

Das Mädchen Egigu: Südseemärchen, herausgegeben von Paul Hambruch. Jena 1916 (MdW 12). Nr. 54/1, S. 220–222 (dort u. d. T. ›Das Mädchen im Mond‹; erste Fassung einer Überlieferung aus Nauru). – In der Ausgabe Düsseldorf / Köln 1979 (MdW 116) unter Nr. 43/1.

Das Mädchen Egodin und seine Großmutter, die Schildkröte: Paul Hambruch, Nauru I. Hamburg 1914. S. 414–417 (dort zweisprachig, eingedeutscht als ›Die Geschichte der Egodin‹ – im Auszug).

Akalapijéima: Theodor Koch-Grünberg, Vom Roroima zum Orinoco. Bd. II. Mythen und Legenden der Taulipáng- und Arekuná-Indianer. Berlin 1916. Nr. 13, S. 51–53 (dort u. d. T ›Akalapijéima und die Sonne‹ – erzählt vom Arekuná Akuli).

Selene und Endymion: Nach L. Preller, Griechische Mythologie. 1. Bd. (1854) 2. Auflage. Berlin 1860. S. 345–348 ›Selene‹.

Der Mond und seine Mutter: Plutarch, Das Gastmahl der sieben Weisen. In: P., Moralische Schriften. 3. Bd. (Aus dem Griechischen) Übersetzt von Otto Apelt. Leipzig 1927 (Philosoph. Reihe, Bd. 206). S. 162. – Kinder- und Hausmärchen der Brüder Grimm. Erster Band. Berlin 1812. S. XXI–XXII (Anmerkungen zum Märchen *Die drei Raben*). Vgl. Heinz Rölleke (Hrsg.), Die älteste Märchensammlung der Brüder Grimm. Synopse der handschriftlichen Urfassung von 1810 und der Erstdrucke von 1812. Cologny-Genève 1975. S. 207 und 374 f.

Die Verjüngung des Aison: Ovid, Metamorphosen VII, 159–190 (Kap. ›Neugeschenkte Jugend‹). Aus dem Lateinischen von Gerhard Frick. Zürich / München 1989. S. 161–164. – Mit freundlicher Genehmigung des Verlages Artemis und Winkler, Düsseldorf.

Osiris, der Gott im Zeichen des Mondes: Plutarch, De Iside et Osiride. Übersetzt von Emma Brunner-Traut (Altägyptische Märchen, MdW 60, Nr. 12) und Günther Roeder (Mythen und Legenden um ägyptische Gottheiten und Pharaonen, Zürich 1960, S. 236).

Flucht vor der Schwester: Märchen aus dem Kaukasus. Herausgegeben von Isidor Levin. Übersetzt von Gisela Schenkowitz. Düsseldorf / Köln 1978 (MdW 110). Nr. 5, S. 35–37 (dort u. d. T. ›Der Mond‹ – aus ossetisch-digorischer Überlieferung).

II. SCHÖPFUNGSAKTE, WELTANFÄNGE

Der Kazike von Sogamoso: Märchen der Azteken und Inka, Maya und Muisca. Übersetzt und herausgegeben von Walter Krickeberg. Jena 1928 (MdW 34). Nr. 32/2, S. 221 f. (dort u. d. T. ›Die Schöpfung‹). Unter gleicher Nr. in der Neuausgabe Düsseldorf / Köln 1968 (MdW 81).

Kadifukke, der Gestirnefänger: Dichtkunst der Kassaiden. Herausgegeben von Leo Frobenius. Jena 1928 (Atlantis, Bd. XII). S. 160–163 (dort u. d. T. ›Der Selbstgewordene und die Fesselung der Gestirne‹).

Die Färber des Mondes: Finnische und estnische Volksmärchen. Herausgegeben (und übersetzt) von August von Löwis of Menar. Jena 1922 (MdW 19). Nr. 70, S. 220–224. – Unter gleicher Nr. in der Ausgabe Düsseldorf / Köln 1962 (MdW 57).

Mani: Edda. Zweiter Band. Götterdichtung und Spruchdichtung. (Aus dem Altnordischen) Übertragen von Felix Genzmer. Jena 1920 (Thule, Bd. 2). S. 89: aus dem Wafthrudnirlied – und S. 102: aus dem Alwislied.

Das Ochsenauge: Volksmärchen der Kabylen. Erster Band. Weisheit. Herausgegeben von Leo Frobenius. Jena 1921 (Atlantis, Bd. 1). Kap. 2, Nr. 14, S. 84 f. (dort u. d. T. ›Der Ursprung von Sonne und Mond‹). Auch in: Märchen der Kabylen, Düsseldorf / Köln 1967 (MdW 78), Nr. 5, S. 23 f.

Wie der Makai die Erde und den Himmel machte: Indianermärchen aus Nordamerika. Herausgegeben von Walter Krickeberg. Jena 1924 (MdW 28). Nr. 44a, S. 305–307 (dort u. d. T. ›Die Schöpfung‹).

Wie Sonnengott und Mondfrau die Tiere und Menschen schufen: Märchen aus Mexiko. Herausgegeben von Felix Karlinger und Maria Antonia Espadinha. Düsseldorf / Köln 1978 (MdW 111). Nr. 2, S. 9 f. (dort u. d. T. ›Wie die Welt belebt wurde‹). Auch in: Märchen aus der Karibik. Köln 1983 (MdW 133). Nr. 65.

Die Quirlung des Milchmeeres. Heinrich Zimmer, Maya. Der indische Mythos. Berlin 1936 (aus den Purâna). Hier zitiert nach der Neuausgabe Frankfurt a. M. 1978, S. 132–134. Mit freundlicher Genehmigung des Insel Verlages, Frankfurt a. M.

König Soma: Indische Märchen. Herausgegeben von Johannes Hertel. Jena 1919 (MdW 15). Nr. 5, S. 69 (dort u. d. T. ›Entstehung der Mondphasen und der Schwindsucht‹ – aus den Brâman). Unter gleicher Nr. in der Ausgabe Düsseldorf / Köln 1953 (MdW 42)

Der Gott aus dem Land der Meerschnecke und der Gott der kleinen Beule: Märchen der Azteken und Inkaperuaner, Maya und Musica. Übersetzt und herausgegeben von Walter Krickeberg. Jena 1928 (MdW 34). Nr. 5, S. 15–21 (dort u. d. T. ›Zwei Götter werden Sonne und Mond‹). Unter gleicher Nr. in der Neuausgabe Düsseldorf / Köln 1968 (MdW 81).

Keri und Kame: Indianermärchen aus Südamerika. Herausgegeben von Theodor Koch-Grünberg. Jena 1920 (MdW 17). Nr. 80, S. 216–222 – erzählt von den Bakairi in Zentralbrasilien. – Unter der Nr. 17 auch in Brasilianische Märchen. Düsseldorf / Köln 1972 (MdW 92).

Meri und Ari: Brasilianische Märchen. Herausgegeben und übersetzt von Felix Karlinger und Geraldo de Freitas. Düsseldorf / Köln 1972 (MdW 92). Nr. 4 (›Der Tod der Sonne‹) und Nr. 5 (›Tod und Auferstehung des Mondes‹), S. 7–13 – erzählt von den Bororó.

Die Zwillinge: Indianermärchen aus Südamerika. Herausgegeben von Theodor Koch-Grünberg. Jena 1920 (MdW 17). Nr. 79, S. 213–215 – erzählt von den Guaraní.

So rot wie die Sonne, so weiß wie der Mond: Südamerikanische Indianermärchen. Herausgegeben von Felix Karlinger und Elisabeth Zacherl. Düsseldorf / Köln 1976 (MdW 105). Nr. 94, S. 253 f. (dort u. d. T. ›Die ersten Menschen und Sonne und Mond‹ – erzählt von den Charrua in Argentinien.

Der ungeliebte Sohn: Westafrikanische Märchen. Herausgegeben von Ulla Schild. Düsseldorf / Köln 1975 (MdW 101). Nr. 84, S. 236–240 (dort u. d. T. ›Sonne und Mond III‹ – erzählt von den Ekoi in Nigeria).

Der Sonne- und Mondfels: Märchen aus der Mandschurei. Aus dem Chinesischen übersetzt und herausgegeben von Jörg Bäcker. München 1988 (MdW 143). Nr. 1, S. 5–8.

III. Mann im Mond oder Frau im Mond

Der Mann im Mond. I: H. Volkmann, Der Mann im Monde. In: Monatsschrift für Volkskunde, 3. Jg. 1892, S. 290 f. (aus Schleswig-Holstein). – II: Will-Erich Peuckert (Hrsg.), Schlesische Märchen. Breslau 1931. Nr. 277, S. 593. – III: Legendenmärchen aus Europa. Herausgegeben von Felix Karlinger und Bohdan Mykytiuk. Düsseldorf / Köln 1976 (MdW 77). Nr. 56, S. 178 f. (dort u. d. T. ›Der heilige Georg spielt auf dem Mond‹ – aus Polen).

Thang kuoi, der Mann vom Mond: Märchen aus Vietnam. Aus dem Vietnamesischen übertragen und herausgegeben von Otto Karow. Düsseldorf / Köln 1972 (MdW 93). Nr. 2, S. 7–10 (dort u. d. T. ›Der Mann vom Mond‹).

Der Kopf des Marinaua: Indianermärchen aus Südamerika. Herausgegeben von Theodor Koch-Grünberg. Jena 1920 (MdW 17). Nr. 85, S. 232–241 (dort u. d. T. ›Der Mond‹ – Überlieferung der Kaschinaua). – Unter Nr. 49 auch in: Südamerikanische Indianermärchen. Herausgegeben von Felix Karlinger und Elisabeth Zacherl. Düsseldorf / Köln 1976 (MdW 105).

Die Mondgöttin Coyolxauhqui: Nach einer Reportage von Friedrich Kassebeer, ›Mexiko, die Auferstehung der Mondgöttin‹. In: Süddeutsche Zeitung vom 16./17.1.1982, S. 3.

Der Mondmann als Geliebter: Indianermärchen aus Nordamerika. Herausgegeben von Walter Krickeberg. Jena 1924 (MdW 28). Nr. 26, S. 189 f. (dort u. d. T. ›Der Mondmann als Buhle‹ – erzählt von den Bilchula).

Die Frau, die den Mond und den Kele heiratete: Märchen aus Sibirien. Herausgegeben von Hugo Kunike. Jena 1940 (MdW 40). Nr. 31, S. 121–132 – erzählt von den Tschuktschen im äußersten Nordosten.

Chang Ou, die Frau im Mond: Südchinesische Märchen. Herausgegeben und übersetzt von Wolfram und Alide Eberhard. Düsseldorf / Köln 1976 (MdW 107). Nr. 52, S. 118 f. (dort u. d. T. ›Die Frau im Mond‹ – erzählt von einem Hakka auf Taiwan). – Vgl. Chinesische Volksmärchen. Übersetzt und herausgegeben von Richard Wilhelm. Jena 1914 (MdW 8). Nr. 19, S. 45 f. ›Die Mondfee‹ (unter gleicher Nr. auch in späteren Ausgaben).

Die verwundete Sonne: Japanische Volksmärchen. Übersetzt und herausgegeben von Fritz Rumpf. Jena 1938 (MdW 36). Nr. 127, S. 309 f. (dort u. d. T. ›Sonne und Mond‹ – erzählt von den Seiban auf Formosa / Taiwan).

Die Spinnerin im Mond: Franz Xaver von Schönwerth, Aus der Oberpfalz. Sitten und Sagen. II. Teil. Augsburg 1869. S. 59–61 (Um Sonne und Mond, 4 – aus Neuenhammer).

Hina, die Frau im Mond: Märchen aus Hawaii. Herausgegeben und übersetzt von Gabriele Hartinger-Irek und Roland Irek. München 1997 (MdW 175). Nr. 6, S. 74–76.

IV. Die schreckliche Mondfamilie

Eine unglückliche Liebe: Xaver von Schönwerth, Aus der Oberpfalz. Sitten und Sagen. II. Teil. Augsburg 1869. S. 57–59 (Um Sonne und Mond, 1–3).

Unmögliche Heirat: Südchinesische Märchen. Herausgegeben und übersetzt von Wolfram und Alide Eberhard. Düsseldorf / Köln 1976 (MdW 107). Nr. 11, S. 40 (dort u. d. T. ›Mond und Sonne‹ – erzählt von den Hakka auf Taiwan).

Das Aufeinandertreffen: Philippinische Märchen. Gesammelt und herausgegeben von Hazel Wrigglesworth. München 1993 (MdW 159). Nr. 37, S. 124 f. (dort u. d. T. ›Der Anfang der Sonnenfinsternis, als Sonne und Mond einander begegneten‹ – erzählt von den Tabagawa auf Mindanao).

Der böse Bruder: Märchen aus Papua-Neuguinea. Herausgegeben und übersetzt von Ulla Schild. Düsseldorf / Köln 1977 (MdW 109). Nr. 27, S. 72 f. (dort u. d. T. ›Warum die Sonne im Osten und der Mond im Westen aufgeht‹- erzählt auf den Admiralitätsinseln).

Erauarauin und das Ungeheuer: Südseemärchen. Herausgegeben von Paul Hambruch. Jena 1916 (MdW 12). Nr. 53, S. 218 f. (erzählt auf Nauru). Unter der Nr. 42 auch in der Ausgabe Düsseldorf / Köln 1979 (MdW 116).

Eno im Reich des Kadoa: Paul Hambruch, Nauru I. Hamburg 1914. S. 405–409 (Auszug aus der dort zweisprachig wiedergegebenen Astralmythe ›Die Geschichte von der Eno‹).

Der Zorn der Fledermäuse: Märchen aus Australien. Traumzeitmythen der Aborigines. Herausgegeben von Anneliese Löffler. Düsseldorf / Köln 1981 (MdW 124). Nr. 48, S. 75 (dort u. d. T. ›Warum der Mond nur sein Gesicht zeigt‹– erzählt von den Yupungatti in Queensland).

Antü und Küyén: Indianermärchen aus den Kordilleren. Märchen der Araukaner. Gesammelt und übertragen von Bertha Kößler-Ilg. Düsseldorf / Köln 1956 (MdW 44). Nr. 32, S. 118–121 (Auszug aus ›Schöpfung, Sonne und Mond, Sintflut‹).

Sonnengott und die zwölf Mondmädchen: Märchen aus Mexiko. Herausgegeben und übersetzt von Felix Karlinger und Maria Antonia Espadinha. Düsseldorf / Köln 1978 (MdW 111). Nr. 3, S. 11 f. (dort u. d. T. ›Vom Sonnengott und den Mondmädchen‹ – erzählt von den Yukateken). – Unter der Nr. 66 auch in: Märchen aus der Karibik, Köln 1983 (MdW 133).

Die Beifuß-Probe: Märchen aus der Karibik. Herausgegeben und übersetzt von Felix Karlinger und Johannes Pögl. Köln 1983 (MdW 133). Nr. 54 (dort u. d. T. ›Warum der Mond ein fleckiges Gesicht hat‹ – überliefert von den Cuna in Panama).

Sidi erlangt Macht über den Mond: Dämonen des Sudan. Allerhand religiöse Verdichtungen. Herausgegeben von Leo Frobenius. Jena 1924 (Atlantis, Bd. VII). Kap. IV Haussa, Nr.4, S. 299 f. (dort u. d. T. ›Sidi‹ – überliefert von den Borileuten im Norden).

Die Mondkinder. I: Afrikanische Märchen. Herausgegeben von Carl Meinhof. Jena 1917 (MdW 14). Nr. 45, S. 191 f. (dort u. d. T. ›Mond und Sonne‹ – überliefert von den Fon in Südbenin/Dahomey). Hier zitiert in der stilistischen Überarbeitung durch Ulla Schild. In: Westafrikanische Märchen. Düsseldorf / Köln 1975 (MdW 110). Nr. 83, S. 235 f. – II: Heinrich von Wlislocki, Volksdichtungen der siebenbürgischen und südungarischen Zigeuner. Wien 1890. S. 180 f. (dort u. d. T. ›Die Feindschaft des Sonnenkönigs und des Mondkönigs‹).

»Laßt uns zum Himmel gehen, meine Töchter!«: Theodor Koch-Grünberg, Vom Roroima zum Orinoco. Bd. II. Mythen und Legenden der Taulipáng- und Arekuná-Indianer. Berlin 1916. Nr. 14, S. 53 f. (dort u. d. T. ›Wie der Mond zum Himmel kam‹ – erzählt vom Taulipáng Mayuluaípu).

Das Blutmal: Theodor Koch-Grünberg, Vom Roroima zum Orinoco. Bd. II. Mythen und Legenden der Taulipáng- und Arekuná-Indianer. Berlin 1916. Nr. 15, S. 54 f. (dort u. d. T. ›Wie der Mond zu seinem schmutzigen Gesicht kam‹ – erzählt vom Arekuná Akuli).

Das Lampenlöschspiel: Eskimo-Märchen. Herausgegeben und übertragen von Heinz Barüske. Düsseldorf / Köln 1969 (MdW 84). Nr. 4, S. 14 f. (dort u. d. T. ›Die Sonne und der Mond‹ – erzählt im Kap-York-Distrikt, Grönland).

Das Erdzeichen: Aus dem Guaraní übersetzt von Curt Unkel Nimuendajú (um 1920), Handschriftlich hinterlegt im Museu Paulista, São Paulo. Eine Überlieferung der Guaraní aus Südbrasilien; vgl. C. U. Nimuendajú, Die Sagen von der Erschaffung und Vernichtung der Welt als Grundlagen der Religion der Apapocuva-Guaraní. In: Zeitschrift für Ethnologie, Jg. 46, Berlin 1914.

V. Mond, ewiger Tod und Wiedergeburt

Uwolowu: Afrikanische Legenden. Herausgegeben von Carl Einstein. Berlin 1925. Kap. Togo, S. 5 f. (dort u. d. T. ›Warum die Menschen sterben /2‹). – Quellenangabe ungenau, vermutlich aus: P. F. Müller, Die Religionen Togos in Einzeldarstellungen (Zs. Anthropos, Bd. III, 1908).

»Ich habe genug, ich gehe zum Himmel«: Dämonen des Sudan. Allerhand religiöse Verdichtungen. Herausgegeben von Leo Frobenius. Jena 1924 (Atlantis, Bd. VII). Kap. I Mande, Abschnitt g: ›Sonne. Mond. Jahrezeiten. Sterne‹. S. 18 f.

Muntu: Dichtkunst der Kassaiden. Herausgegeben von Leo Frobenius. Jena 1928 (Atlantis, Bd. XII). Kap. Der Mythos, Nr. 6 Der Selbstgewordene, S. 140 f. (dort u. d. T. ›Der Ursprung des Todes‹ – Überlieferung der Bassonge).

Verkehrte Botschaft: Märchen aus Namibia. Volkserzählungen der Nama und Dama. Herausgegeben und übersetzt von Sigrid Schmidt. Düsseldorf / Köln 1980 (MdW 122). Nr. 1 und Nr. 2, S. 5–6 (dort u. d. T. ›Die verlorene Unsterblichkeit I / II‹ – letztere erzählt von einem Dama aus der Karibib-Gegend).

Hasenlohn: Märchen aus Namibia. Volkserzählungen der Nama und Dama. Herausgegeben und übersetzt von Sigrid Schmidt. Düsseldorf / Köln 1980 (MdW 122). Nr. 3, S. 6 f. (dort u. d. T. ›Der Hase verwandelte das Essen in Steine‹ – erzählt von einer Dama-Frau aus Gibeon).

Die Mondpforte: Die Geheimlehre des Veda. Ausgewählte Kapitel der Upanishads. Aus dem Sanskrit übersetzt von Paul Deussen. 6. Auflage. Leipzig 1921. S. 138–142 (Kap. ›Der Weg ins Jenseits‹, Kaushitaki-Upanishad 1, in Auszügen).

Der Besuch im Totenreich: Märchen aus Thailand. Herausgegeben und übertragen von Christian Velder. Düsseldorf / Köln 1968 (MdW 83). Nr. 46, S. 128–133.

Tjarapa: Märchen aus Australien. Traumzeitmythen der Aborigines. Herausgegeben von Anneliese Löffler. Düsseldorf / Köln 1981 (MdW 124). Nr. 8, S. 11 f. (›Der erste Tod‹) und Nr. 13, S. 16 (›Der Mondmann‹). – Erzählt von den Tiwi in Arnhemland.

Balu und die Dens: Südseemärchen. Aus Australien, Neu-Guinea, Fidji … Herausgegeben von Paul Hambruch. Jena 1916 (MdW 12). Nr. 5, S. 13 f. – erzählt von den Aborigines.

Der freigebige Hase: Buddhistische Märchen aus dem alten Indien (Jatakam). Ausgewählt und übersetzt von Else Lüders. Jena 1921 (MdW 18). Nr. 53, S. 333–337. – Unter gleicher Nr. in der Ausgabe Düsseldorf / Köln 1961 (MdW 52).

Der Hase, das Lingzhi-Kraut und das Paar am Himmel: Märchen der Völker Nordost-Chinas. Herausgegeben von Ingo Nentwig. München 1994 (MdW 163). Nr. 21,

S. 156–162 im Auszug (dort u. d. T. ›Warum Sonne und Mond ein Paar sind‹ – erzählt von Mongolen aus dem autonomen Kreis Harqin: eine moderne Version der altchinesischen Mondmythe).

VI. Der Mond, das Wasser und etliches Mondgetier

Das Schlangenungeheuer: Malaiische Märchen. Herausgegeben von Paul Hambruch. Jena 1922 (MdW 20). Nr. 19, S. 80 f. (dort u. d. T. ›Warum der Neumond ist‹ – erzählt auf Sumatra)

Der Mondmann und die Wasserschlange: Märchen aus Australien. Traumzeitmythen der Aborigines. Herausgegeben von Anneliese Löffler. Düsseldorf / Köln 1981 (MdW 124). Nr. 31, S. 43–45 – erzählt von den Kakadu in Arnhemland.

Wasser kommt zu Besuch: Westafrikanische Märchen. Herausgegeben und übersetzt von Ulla Schild. Düsseldorf / Köln 1975 (MdW 101). Nr. 82, S. 234 f. (dort u. d. T. ›Sonne und Mond / I’ – überliefert aus Südnigeria).

Der Sohn des Kimanaueze und die Tochter von Sonne und Mond: Afrikanische Märchen. Herausgegeben von Carl Meinhof. Jena 1917 (MdW 14). Nr. 34, S. 153–161. Überliefert von den Mbundu-Bantus in Angola, vgl. die zweisprachige Ausgabe von Heli Chatelein, Folklore Tales of Angola, Boston 1894, S. 131–141. – In der Neuausgabe München 1991 (MdW 152) die Nr. 33.

Wie die Söhne des Luchses Sonne und Mond wurden: Indianermärchen aus Nordamerika. Herausgegeben von Walter Krickeberg. Jena 1924 (MdW 28). Nr. 17, S. 127–130 (dort u. d. T. ›Wie Wildkaters Söhne Sonne und Mond wurden‹ – erzählt von den Kutenä im Nordwesten.

Das Seil, das vom Himmel kam: Märchen aus Korea. Aus dem Koreanischen übersetzt und herausgegeben von Hans-Jürgen Zaborowski. Düsseldorf / Köln 1975 (MdW 102). Nr. 14, S. 32–35 (dort u. d. T. ›Sonne und Mond‹ – aufgenommen 1954).

Wie zwei Vögel ein Stück Mond befestigten: Märchen aus Papua-Neuguinea. Herausgegeben und übersetzt von Ulla Schild. Düsseldorf / Köln 1977 (MdW 109). Nr. 29, S. 78 f. (dort u. d. T. ›Als der Mond noch größer war‹ – erzählt auf der Insel Bougainville).

Der Sperber und der Mond:. Märchen aus Australien. Traumzeitmythen der Aborigines. Herausgegeben von Anneliese Löffler. Düsseldorf / Köln 1981 (MdW 124). Nr. 53, S. 84 f. (dort u. d. T. ›Wie der Mond in den Himmel gesetzt wurde‹ – erzählt in Queensland, Princess Charlotte Bay).

VII. Mond–Erscheinungen

Die Einsetzung des Mondschiffes: Die Religionen der Babylonier und Assyrer. Herausgegeben von A. Ungnad. Jena 1921 (Religiöse Stimmen der Völker). Nr. 6a: Sumerischer Text, S. 58 (dort u. d. T. ›Erschaffung von Mond und Sonne‹).

Die Holzschüssel: Volksmärchen der Kabylen. I. Bd. Weisheit. Herausgegeben von Leo Frobenius. Jena 1921 (Atlantis, Bd. I). Kap. II Die Schöpfungsmythen und das Weltbild. Nr. 7, S.74 f. (dort u. d. T. ›Die erste Sonnenfinsternis und das erste Menschenopfer‹).

Weiberrache: P. Josef Meier, Mythen und Sagen der Admiralitätsinsulaner. In: Anthropos, Bd. III (1908), S. 669–671 (dort zweisprachig, eingedeutscht als ›Rache zweier Japweiber an einem Moanusmann wegen verschmähter Liebe‹).

Die ersten Tränen der Welt: Volksmärchen der Kabylen. I. Bd. Weisheit. Herausgegeben von Leo Frobenius. Jena 1921 (Atlantis, Bd. I). Kap. II Die Schöpfungsmythen und das Weltbild. Nr. 8, S. 76 (dort u. d. T. ›Das erste Weinen und die Flecken im Monde‹).

Sonne und Mond streiten sich um ein Waisenmädchen: Märchen aus Sibirien. Herausgegeben von Hugo Kunike. Jena 1940 (MdW 40). Nr. 14, S. 64 f. (dort u. d. T. ›Das Mädchen und der Mond‹ – erzählt von den Jakuten im Nordosten).

Woher Gold und Silber kommen: Provenzalische Märchen. Herausgegeben und übersetzt von Felix Karlinger und Gertrude Gréciano. Düsseldorf / Köln 1974 (MdW 98). Nr. 34, S. 166–171 – erzählt im Val d´Aosta.

Sonnenblut und Mondblut: Märchen aus Argentinien und Paraguay. Herausgegeben und übersetzt von Felix Karlinger und Johannes Pögl. Köln 1987 (MdW 142). Nr. 19, S. 98–100 – erzählt von den Pirquitas in der argentinischen Provinz Salta.

Die Jagd nach dem Mond: Isländische Volksmärchen. Übersetzt von Hans und Ida Naumann. Jena 1923 (MdW 25). Anhang: Von den Färöern. Nr. 77, S. 304 f. (aus dem Färöischen von Otto Luitpold Jiriczek).

VIII. Die Magie des Mondes

Mondmagie: Franz Xaver von Schönwerth, Aus der Oberpfalz. Sitten und Sagen. Teil II. Augsburg 1869. S. 65 f. (ohne Titel – überliefert aus Neuenhammer).

Der Mond im Brunnen: Franz Xaver von Schönwerth, Aus der Oberpfalz. Sitten und Sagen. Teil II. Augsburg 1869. S. 63 f. (ohne Titel – aus Neuenhammer).

Das heilende Bad im Mondteich: Sephardisches Märchen aus Marokko (Sammlung Thordis von Seuss). Übersetzt von Felix Karlinger. Mit freundlicher Genehmigung des Übersetzers.

Der begrabene Mond: Englische Volksmärchen. Herausgegeben von Katharine Briggs und Ruth Michaelis-Jena. Aus dem Englischen übertragen von Uta Schier. Düsseldorf / Köln 1970 (MdW 87). Nr. 51, S. 172–178 – erzählt in Lincolnshire.

Der Hirte Hersch: Ostjüdische Märchen. Gesammelt, übersetzt und herausgegeben von Claus Stephani. München 1998 (MdW 178). Nr. 1, S. 9–12 – erzählt in Oberwischau, Marmatien.

Das Mondenlicht: Heinrich Pröhle, Märchen für die Jugend. Halle 1854. Nr. 39, S. 161–163. – Dieses *erfundene* Märchen wurde die Vorlage für Grimms Märchen »Der Mond« (KHM 175), erstmals in der 7. Auflage 1857 veröffentlicht, siehe Grimms Kinder- und Hausmärchen, herausgegeben von Hans-Jörg Uther, München 1996, Bd. 3 (MdW 172). Nr. 175, S. 83–85.

Das verschwundene Mondlicht: Ungarische Volksmärchen. Herausgegeben von Agnes Kovács. Übertragen von Jeanette Hajdu. Düsseldorf / Köln 1966 (MdW 73). Nr. 29, S. 147–157 – erzählt von dem Roma Lajos Ami.

Wie der Mond vom Himmel fiel: Zigeunermärchen aus aller Welt. Herausgegeben von Heinz Mode. 3. Sammlung. Leipzig 1984. Nr. 164, S. 246–257 – erzählt von dem Roma Lajos Ami (aus Ungarn). Mit freundlicher Genehmigung des Insel Verlages, Frankfurt a. M.

Das Himmelsschaf im Mondschein: Märchen der Völker Nordost-Chinas. Herausgegeben von Ingo Nentwig. München 1994 (MdW 163). Nr. 16, S. 126–133 – erzählt von den Hui.

Weshalb die Eule bei Vollmond schreit: Indonesische Märchen. Herausgegeben und aus dem Indonesischen übertragen von Ernst Ulrich Kratz. Düsseldorf / Köln 1973 (MdW 96). Nr. 28, S. 162–166 – erzählt in Süd-Sulawesi.

Die Mondblume: Brasilianische Märchen. Herausgegeben und übersetzt von Felix Karlinger und Geraldo de Freitas. Düsseldorf / Köln 1972 (MdW 92). Nr. 64, S. 171–180 – erzählt vom Straßensänger Pai Jó.

Das Haus des Mondes: Märchen der Azteken und Inkaperuaner, Maya und Muisca. Übersetzt und herausgegeben von Walter Krickeberg. Jena 1928 (MdW 34). Nr. 45/1, S. 284 (dort u. d. T. ›Mond und Sterne‹ – überliefert von den Chimu in Nordperu). Unter gleicher Nr. in der Neuausgabe Düsseldorf / Köln 1968 (MdW 81).

Dereinst wie die Sonne so groß: Die Sagen der Juden. Gesammelt von Micha Josef bin Gorion. Bd. I. Berlin 1913, S. 16 (Auszug aus ›Sonne und Mond‹, aus den Midraschim). – Hier zitiert nach der einbändigen Gesamtausgabe Berlin 1935. S. 25 f.

IX. Gang zu den Gestirnen, Mondreisen

Fluß ohne Wiederkehr: Märchen aus Papua-Neuguinea. Herausgegeben und übersetzt von Ulla Schild. Düsseldorf / Köln 1977 (MdW 109). Nr. 28, S. 73–77 (dort u. d. T. ›Die Entstehung des Mondes‹ – erzählt von den Leuten am Sepik-Fluß).

Die Sonne, der Mond und der Rabe Rabewitsch: A. N. Afanasjew, Russische Volksmärchen. In neuer Übertragung von Swetlana Geier. Bd. 1. München 1985. Nr. 92, S. 92–94. – Mit freundlicher Genehmigung des Verlages Artemis und Winkler, Düsseldorf.

Die Jungfrau Maria als Gevatterin: Norwegische Volksmärchen. Gesammelt von Peter Chr. Asbjörnsen und Jörgen Moe. Übersetzt von Friedrich Bresemann. 1. Bd. Berlin 1847. Nr. 8.

Der Kaiser von China zu Besuch auf dem Mond: Ulf Diederichs (Hrsg.), Unter dem Märchenmond. Lieblingsmärchen aus aller Welt. München 1996. S. 12–14 – aus dem Chinesischen von Wolfgang Bauer (niedergelegt im Longcheng lu, Tang-Zeit).

Schamanenflug: Indianermärchen aus Nordamerika. Herausgegeben von Walter Krickeberg. Jena 1924 (MdW 28). Nr. 2, S. 2 f. (dort u. d. T. ›Der Flug zum Monde‹ – erzählt von den Inuit in Baffinland).

Mit dem Schlitten zum Mond: Knud Rasmussen, Grönlandsagen. Übersetzt von Julia Koppel. Berlin 1922. S. 34–39 (dort u. d. T. ›Nalikateq‹).

Lukians Mondreisen: Lukian von Samosata, Lügengeschichten und Dialoge. Aus dem Griechischen übersetzt von Christoph Martin Wieland (l. Teil, Leipzig 1788). Zitiert nach der Ausgabe Nördlingen 1985, S. 66–68, 72–73, 92–94, 102, 103 f., 105 f. (Die Andere Bibliothek, Bd. 1).